書不盡言
言不盡意
有覺聖智
完成人格

辛卯冬 二〇二年
九四週歲
南懷瑾

列子臆说（上册）

南怀瑾 著述

复旦大学出版社

出版说明

《列子》为道家重要典籍之一,与老庄并列。它高深莫测,易读而难懂,以故事、神话的形态,阐释道家的学术及观念。

《列子臆说》是南怀瑾先生关于《列子》的讲记,共分上中下三册。南怀瑾先生讲述列子,深入浅出、生动自在,以《列子》的内容为研究重点,带领读者进入广阔的视野、深入难测的奇妙境界,并打破了意识的种种局限。列子,这个御风而行的人,要我们从一切自设的框架中突围,成就天地间的自在逍遥。

本书原由台湾老古文化事业公司出版。兹经版权方台湾老古文化事业公司授权,复旦大学出版社将老古公司二〇一〇年八月版校订出版,以供研究。

复旦大学出版社
二〇一七年六月

前　言

《列子》这本古代的子书，为道家重要典籍之一，与《老子》《庄子》并列，但是其流传颇不及老庄之广，原因无他，该书易读而难懂之故，一般莫测其中心真正意涵。

一九八二年，台北十方书院开了《列子》的课程，南师怀瑾先生为教授师，惟在学期终结时，尚余最后半篇未克讲完。

此后，物换星移，直到廿八年后，南师始在编者再三催请下，于庙港太湖大学堂完成补讲。世事之变迁无常，令人嗟叹，结果终致圆满，又令人无限欣慰，并为读者庆幸。

经过一年的整理工作，已粗成章篇。日昨，偶示书稿予一高人，高人曰："是谁讲的？怎么那么好！"真的太好了，听众和读者被带入广阔的视野、深入难测的奇妙境界，并且打破了意识的种种局限。

《列子》以故事神话的形态，阐释道家的学术及观念，具体展示脱胎换骨、由人走上超人的途径。列子，这个御风而行的人，千多年来敲打着人们的灵魂，要人们从一切自设的框架中突围，成就天地间的自在逍遥……伟哉！

列子!

  本书先由张振熔将录音转成文字,宏忍师担任电脑排字,二人并负责查核资料,后王爱华亦参与查对资料工作。最后补讲部分,系马宏达记录整理,全书小标题则为编者所加。

刘雨虹　记
二〇一〇年五月于庙港

目录

出版说明 / 1

前言 / 1

上册

第一讲 / 1

《列子》这本书 / 2
你会说话吗 / 3

（一）说符篇 / 5

壶子教的第一句话 / 6
你和你的影子 / 8
好听话　难听话 / 10

第二讲 / 13

另一种影子 / 14
谨言慎行 / 15

器识　神通　先知 / 17

爱和被爱 / 18

精明能干就成功吗 / 21

第三讲 / 23

存亡废兴的法则 / 24

重利轻道的结果 / 26

鸡狗禽兽之流 / 29

自重　自尊 / 31

第四讲 / 33

列子学射 / 34

射击与修身治国 / 35

什么人可修道　可讲道 / 37

你会用人吗 / 39

第五讲 / 43

技艺与道德 / 44

不能接受的赠与 / 47

有智慧判断的人 / 50

第六讲 / 53

学识同　遭遇不同 / 54

得时者昌　失时者亡 / 56

知时知量　心灵智慧 / 58

会说话的公子 / 61

第七讲 / 63

会识别窃盗的人 / 64

如何消灭盗乱 / 65
　　什么是神道设教 / 68
　　孔子见到一个奇人 / 69
　　奇人说忠信 / 71

第八讲 / 73
　　白公请教孔子微言 / 74
　　什么是《春秋》微言大义 / 76
　　诸葛亮的微言 / 78
　　孔子微言　禅宗机锋 / 79
　　对谁说微言 / 81
　　孔子再说微言 / 83

第九讲 / 85
　　问不孝有三 / 86
　　赵国领导人的忧患 / 87
　　孔子谈忧患 / 89
　　以强示弱而胜的人 / 91
　　幸与不幸的道理 / 94

第十讲 / 97
　　有特技的不同遭遇 / 98
　　伯乐说良马天下马 / 100
　　九方皋相马 / 103
　　相马与相人 / 106

第十一讲 / 109
　　治身与治国 / 110

人生的三种麻烦 / 112

孙叔敖的智慧 / 114

人在人情在 / 116

第十二讲 / 119

遇到抢匪怎么办 / 120

财多又好客的下场 / 122

江湖侠义 社会百态 / 125

为道德而死的人 / 127

为不知己而死的人 / 129

第十三讲 / 131

实为怨恨而死 / 132

杨朱论因果 / 133

羊追不回 杨朱戚然 / 135

仁义的三种解释 / 137

杨朱答话 / 138

大道多歧而失羊 / 140

第十四讲 / 143

狗吠缁衣 / 144

做善事 要小心 / 146

幸臣说了高明话 / 150

会方法 做不到 / 152

第十五讲 / 155

放生的问题 / 156

动植物为谁而生 / 157

谁不是乞丐 / 159
心理作用的影响 / 161
精神专注的结果 / 163

第十六讲 / 167

（二）杨朱篇 / 169

私心的名利 / 171
真名利 / 173
齐国的两个宰相 / 174
真实则无名　有名则不真 / 177
真假谦让 / 179

第十七讲 / 181

人生好日子有多少 / 182
人生是为了什么 / 184
太古人的生活 / 186
生命你能自主吗 / 188

第十八讲 / 193

伯夷与柳下惠的欲望 / 194
善乐生　善逸身 / 195
生前死后的人情 / 197
管仲说养生 / 200
不可压抑　快活自在 / 202

第十九讲 / 205

死和死后的事 / 206

宰相的兄弟们 / 209
教化家中子弟 / 212

第二十讲 / 215

享乐人的人生观 / 216
治外与治内 / 218
善恶的定义 / 220
子贡的财力　后代的作风 / 221

第二十一讲 / 227

江湖豪气　风月情怀 / 228
是狂人　是达人 / 231
长生不死可能吗 / 233
随遇而安　随缘自在 / 235

第二十二讲 / 237

一毛利天下的问题 / 238
为公为私之辩 / 240
可怜的大舜 / 242
一生忧苦的大禹 / 244

第二十三讲 / 247

痛苦一生的周公 / 248
多灾多难的孔子 / 250
生前死后　名实不符 / 252
浪漫的夏桀　放荡的纣王 / 253
四圣二凶俱往矣 / 255
成大功者不成小 / 256

第二十四讲 / 259

中国历史有多久 / 260
是非成败皆成空 / 262
东西方的宗教 / 265
人靠智慧而活 / 267

第二十五讲 / 269

真正的我 / 270
四种要求　四种惧怕 / 272
快乐人的生活 / 274
野人献曝是谁 / 276
忠义有什么用 / 278
生命的现实　客位的名利 / 280
逸乐与解脱 / 280

第一讲

列子臆说

《列子》这本书

《列子》这一本书,现在留下来的一共八篇,究竟是不是列子本人所作,在考据学上是非常严重的问题。一般学者的看法,认为这是后人的伪造。所谓后人,当然不是指现在的人。考据的问题是很难分辨的,不过,认为不完全是列子本人所著,这个观念是成立的。现在人考据,认为《列子》是魏晋时代的作品,因为里面有些文字是魏晋时代才有的。但是,假使是魏晋时代发现了残缺的《列子》,而做了修订呢?所以我们现在不讲考据,不管作者、编者是谁,《列子》的内容很重要,这是我们研究的重点。

中国文化历史上,每当天下大乱、拨乱反正的时候,都是道家的人物以道家的思想来救这个社会,救这个世界;等到天下太平了,道家的人物正如《老子》所说的"功成,名遂,身退",自己都隐去了。所以在历史上所谓建立功业的,多半归到儒家的人物。庄子列子的思想,更能代表道家,与一切的政治、军事都有关系,与谋略学更有绝对的关系。

道家的思想,在历史上的评论,尤其庄列的思想,素来被认为是阴谋的鼻祖。实际上所谓阴谋、阳谋,本来是一个很难讲的问题,都属于谋略方面;讲到真正的谋略,与《老子》《庄子》《列子》这三种思想是脱离不开的。所以我们看《列子》所引用的故事,同它的理论,就可以发现,很多内容在人生应用上,不但与《庄子》有相同之处,而且与战国时代诸子百家之中的内容,也有许多相同之处。

我们今天开始研究《列子》,为了易于了解、深入,我们采用倒过来开始的方法。请诸位翻到《列子》最后第八卷《说符》,我们先从这一篇开始,因为如果从第一篇开始,就先牵涉到宇宙从哪里来,天地万物从哪里生,这些问题就很麻烦了。

你会说话吗

中国文化中法家的著作《韩非子》,其中有一篇《说难》,意思是讲说话非常困难。尤其是古代的帝王时代,一个好的建议,或者一个批评,讲的时候就要准备有被杀头的后果。话讲对了,也许只是"片言",却可能立刻晋入卿相之位,拿现在讲,几句话就可以入阁,甚至当部长以上的官,所以说话很难。

非常奇妙的是,《列子》这一篇《说符》,显示了说话与思想观念是同时的。从哲学的立场讲,言语在没有表达以前,这个内在的叫做思想,思想表达出来就是言语,把言语记录下来就是文字了。所以言语文字就是思想,而这个思想言语文字,要怎么样能够相符合呢?拿现在观念来讲,就是把话说对了。如何才是对?内容的意义包括很多,必须把《说符》全篇了解后,才可以得一个结论。

历史上这种事情很多,我们举一个故事为例。唐代有一位诗人叫做温庭筠,学问好,诗也好,名气也大,当时出入于令狐宰相的书馆,待遇也好。有一天宰相问他一个问题,他回答说:宰相啊!你大概事情太忙,但公余之暇也要翻一下古书啊,你问的就是《庄子》第二篇里的一句话啊!宰相听了很不高兴。温庭筠同现在年轻人一样,不会说话,假使他学过道家,一定会答复宰相说,这个不知道是不是《庄子》里的一句话?我也记不得了。再不然就装做不知道,再偷偷地给他递一个条子,宰相一看自己就知道了,那更好,大概会给他升官了。可是他不会说话啊!直言那是《庄子》里的话,好像你身为宰相,连一二三加起来等于多少你都答不出来,这不是让宰相难堪吗！从此前途没有了。后来温庭筠有两句诗形容，"因知此恨人多积，悔读南华第二篇"，后悔自己读书，尤其更不该读《庄子》第二篇。人生这样不好的遭遇，很多人都有经验。

现在青年同学们出去做事，看到这里不对，那里不对，动辄上报告，上万言书，恐怕将来也会"悔读南华第二篇"，这就是《说难》，说话之难。人生的境界，善于说话，善于处理事，就是个艺术，并不是光学滑头哦。现在的教育，很多青年看不起父母，因为以为自己大学毕业，拿到硕士、博士学位了，爸爸妈妈好像大字只认识七八个，所以对父母看不起，那是非常混账的。我们千万要注意这些道理，然后才可以了解《列子》中《说符》的精神。

还有一个交代，我们说《老子》《庄子》《列子》是道家的基本三经，属于诸子百家之言，也就是"子书"。到了唐朝李世民当了皇帝，必须找个本家来捧场，就找到姓李的老子，封老子为太上老君，所以唐朝的国教是道教。到了唐玄宗的时候，更把道家的学术系统宗教化，把《老子》称为《道德经》，《庄子》称为《南华经》，《列子》叫做《冲虚经》了。

(一) 说符篇

子列子学于壶丘子林。壶丘子林曰："子知持后，则可言持身矣。"列子曰："愿闻持后。"曰："顾若影，则知之。"列子顾而观影，形枉则影曲，形直则影正。然则枉直随形而不在影，屈伸任物而不在我。此之谓持后而处先。

"子列子学于壶丘子林"，我们看古文，"子列子"，在春秋战国的时候，我们文化中的"子"是尊称，等于我们称人家先生，称老师。现在我们普遍流行叫老师了，像我们小的时候读书，对老师要称先生，非常恭敬，比现在教育叫老师恭敬多了。在春秋战国的时候，儒家的传统习惯称老师为夫子，普通称一般前辈也是称"子"。所以孔子那个"子"是尊敬的意思，"子"就是一个尊称。这里"子列子"，则是特别的称呼，凡是特别有成就的先辈、先生老师们，在名字前统统先称子，这个"子"包含有特称的意思。

壶子教的第一句话

"壶丘子林曰"，壶丘子林是列子的老师，他是道家的一个高士，得道的高人。这位老师告诉他一个原则，"子知持后，则可言持身矣。"我们先注意"持身"，持是保持，儒家的观念就是"诚意正心"。持身是如何保持自己的身心；换句话说，如何建立你的生命，如何爱惜你的生命。同时也有第三个意义，就是中国文化经常提到的四个字"立身处世"。我们一个人活在世界上，自己如何站起来？其实我们谁也没有躺着，所谓站起来，是一个人在社会上，自己要有所建树。不管你学问的成就如何，官做到多大，财发到多么多，一切功名富贵都不是事业，那只是职业问题。

什么叫做事业呢？我们文化里有个定义，就是孔子在《易经》中下的定义，"举而措之天下之民，谓之事业"。一个人一生的作为，能够影响到社会国家天下，这个叫事业。至于上当皇帝，或者下做乞丐，只是职业不同。我们通常把职业跟事业两个观念混淆了，搞错了，问你做什么事业，实际上是问你做什么职业。真正的事业并不是钱多少，地位多高，而是对历史的贡献，对社会的影响力。有事业的人，才叫做站起来的人，那叫做"立身"，是顶天立地，站在天地之间，不冤枉做一个人，对历史时代有贡献，有影响。"处世"两个字的意思，就是我们怎么活得有价值，活得很合适，受人的重视爱护。所以"立身处世"就包含《列子》这里提出来的"持身"这个观念。

列子是从学于壶丘子林的，这位老师所告诉他的"子知持后"这句话，照文字看来，似乎容易懂，好像是保持后面，就可以保持到身体了。实际上真正的意思是告诉他，一个人讲一句话，做任何一件事，都要晓得后果。譬如你今天去买股票，就要晓得后果，也许赚大钱，也许蚀本，这叫做知道"持后"，后果是非好坏，事先已经很清楚了。所以要这样高度智慧的人，才可以言"持身"，才懂得人生，懂得人生就可以了解立身处世了。我们看这一句话非常简单，也许要到了年龄相当的时候，回想自己半辈子做事的经验，才知道有许多事情事先太不聪明，所以人生大部分都在后悔当中，或者是机会过后又后悔，详细的申论我们看下文。

"列子曰：'愿闻持后。'"当老师壶丘子林告诉列子以后，列子还是不懂，他说我愿听"持后"这个名词的观念和含义，希望你告诉我。我们曾经讲过，许多古文上写"敢问""愿闻"，那都是谦虚之称，在前辈之前表示不敢随便问问题，但是不得已只好请教了，所以"敢问"。这是一个文化而又礼貌的说法。现在这里是"愿闻"，很直接的，愿意听一听怎么叫"持后"。

你和你的影子

"曰:'顾若影,则知之。'""愿闻"之后,这个壶丘子林告诉他说,你不要问这个问题了,你回头看看你的影子就知道。这个很妙,我们如果研究教育,这是很好的教育方法。一个名词,或一个高深的哲理,不须讲理论,他说你回头看看你的影子就知道了。

"列子顾而观影",于是列子就回头看自己的影子。这就是古文,我们现在一看,不通,没有交代清楚,应该文字里头说那一天正好天晴,列子站在太阳底下,所以看到影子。后人的文章就要来这一套,不然不合逻辑,东一逻,西一逻,把文章那个味道逻得没有了。古文写法这个不须交代,管他站在蜡烛光里,或日光下面,反正他回头看影子。

"形枉则影曲,形直则影正",列子回头一看自己的影子,就知道了。所谓"形"就是这个身体,身体"枉",枉就是弯起来,形体一弯,自己的影子也弯了,枉跟曲是同一意义,用法不同。身体站直了,后面的影子也正了。"然则枉直随形而不在影",所以这个影子是跟着身体走,影子的本身没有作用,它的作用完全在于自己身体的变动。"屈伸"屈是弯下来,伸就是伸直了,"任物",都跟着物体而变化,我们做不了主。懂了这个道理才懂得"持后"。

懂了"持后"之后,"而处先"这个结论引出了道家的祖师爷老子的思想,"后其身而身先"。老子告诉我们一个原则,道家的思想,认为人毕竟是自私的,不自私不叫做人、好像天生万物,人的自私是应该的。不过人要完全自私,必须先要大公,尤其《老子》这一句话。譬如军事哲学上,做领袖的人、带兵的人,乃至当家长、班长都要懂"后其身而身先"。利益先给别人,自己放在最后,最后的成功才会是你。如果碰到利益、机会自己先抓,最后不但失败,恐怕这一条命也会丢掉。所以,真正的道理"后其身而身先",就是危险事自己先冲锋,尤其一个好的带兵官,什么艰苦都是自己来,你一上前后面统统跟着上了,如果你叫别人去打,自己向后面倒退,你早完了。

这个思想观念,在我们文化里,也有范仲淹的千古名言:"先天下之忧而忧,后天下之乐而乐",表示应该如此立志,才是知识分子的气度。自己挑起来天下一切的痛苦,眼光远大,帮助社会国家,天下安定了,大家都得到了安乐,然后自己才敢求安乐。

千古名言是不错,范仲淹这是偷老子"后其身而身先"的观念。不过写文章不怕偷,偷得巧妙就是好文章。偷来当然要改头换面,要装扮一番,那就是好句子了。我们晓得,列子所说的"持后而处先",也是由老子的观念来的,不过中间他提到,一个人回头看影子就懂得人生了,影子的变化,是因为身体的变化而形成的。

一个人做一件事情、讲一句话,就像是自己的第二生命,因为大家都看到他的影像了。事情做错了,中国的社会习惯,不大喜欢当面说穿,但背后一定批评,这个就是你的影子。所以我们做任何的事情,都要顾到后影如何。所谓历史上万世留名,名就是个影子,这个影子究竟好不好,在你做的时候就先要考虑,这也就是自己的"持身"。

第二个观念呢?所谓"枉直随形而不在影",枉就是弯,这个影子是弯是直,是随形体而变。这也告诉我们,人生想要完成一件了不起的事业时,暂时不要管一切难堪与批评,因为一般人只看最后的结果。譬如要建一个伟大的建筑,必须先破坏很多东西,当时一定遭遇许多困难,万人唾骂;等到建筑完成了,大家说你很伟大,尤其后来的人,会说我们祖先多伟大。所以我们晓得,做一件大事，立一件大功，所遭遇的这些都是影子，如果要顾全影子的弯曲，就不能做事了，从生下来就躺在床上睡觉，睡到殡仪馆为止，那绝不会遭遇做事的痛苦。所以我们想有所作为，就不要受影子的影响。

"屈伸任物而不在我"，这个第二句话，我们可以写在案头，做人生的修养之用。人们对你的不好，长官及父母对你的不了解，当时的确是委屈，但是，人要有独立的人格，要建立一个非常之事功，就要记住这一句话，"屈伸任物而不在我"。外面的环境是外物，我，始终要独立而不遗，顶天立地站住。壶子说，你懂了这个道理，你就可以知道"持后"，也就能进一步了解道家老子的思想"后其身而身先"的道理，才可以建立一个事功，做一番事业。

这一段，已经提出《说符》的精神，可是他没有明说。这是壶丘子林告诉列子所说的话，符合一个最高的原理，人生最高哲学的原则。这是一段故事。我们晓得"子书"里内容丰富，《列子》《庄子》都走这个路线，一段一段的故事摆在那里，兜起来则是一篇完整的文章。像现在最高的艺术，把很多的线条兜拢来构成了一个图案，把它拆开了，每个线条、每个图案，都单独地成立。

  关尹谓子列子曰："言美则响美，言恶则响恶；身长则影长，身短则影短。名也者，响也；身也者，影也。故曰：'慎尔言，将有和之；慎尔行，将有随之。'是故圣人见出以知入，观往以知来。此其所以先知之理也。"

好听话　难听话

"关尹谓子列子曰"，关尹子是老子的徒弟，老子传给关尹子，关尹子传给壶子，壶子传给列子，列子传给庄子，这样一路下来，这是道家、道教的说法。关尹子告诉列子，一个人说话，或者写一篇文章，"言美则响美"，好的话影响很大很好，"言恶则响恶"，这两个"恶"字有两样读法，"言恶（音饿）则响恶（音勿）"，讲了坏的话，这个影响也是很令人讨厌的。"身长（音常）则影长（音涨）"，我们现在的中文，反正涨也是长，长也是涨。一个人身体长，站在太阳下面，这个影子也长。"身短则影短"，身体短，影子当然也很短。这是当然的道理，看起来很简单，他引用这个比喻说明一个哲学道理，所以"名也者，响也"，名是一种影响。我们中国文化流传到日本去了，日本明治维新的宰相伊藤博文，有两句名言，我经常引用告诉青年人："计利应计天下利，求名当求万世名。"这是中国文化，到他手里气派很大，他自我勉励，求利不是为个人打算，要赚天下的大利，赚一个国家天下，才算本事。求名是求万世之名，流芳千古，他做到了。日本明治维新以后，成为强国，他功不可没。

我到日本时，听那里一些老教授说，"这是我们东方文化"，我就笑一笑，什么东方文化！这是中国文化，你们日本哪里有文化，你们的文化本来就是中国的嘛！从明治维新起统统是中国文化。日本这些学者谈到伊藤博文、东方文化、仁义之道，他们那个摇头摆尾啊！非常得意。那一年我去日本正好是秋天，看到黄菊花很好看，我有无限感叹，那是黄花的文化，黄种人的文化，虽然非常美，可惜快要凋零。这是说到东方文化的这个道理。

讲到"名也者，响也"，名是客位的、客观的东西，主观是你的本身，你本身有所成就，那个名就是真的；你本身无所成就，那个名就是假的。很多人在社会上有知名度，但很快就下去了，我经常问年轻同学们，我说这一千多年来你们数得出来几个状元？能背出来十五个宰相的名字吗？很难吧！关键并不在你做过皇帝，做过宰相，考过状元，而是留万世之名非常难。

倒是有一个人——小说家创造的孙悟空，天下人都知道。另外小说捧出来关公、诸葛亮、赵子龙、张飞，谁都知道。孔子嘛！乡下人不一定知道。还有我们上有老子，中间有儿子（倪子），下有孙子，作《孙子兵法》嘛！这三个子，恐怕乡下老太太也不知道。

由此看来，一个人所谓名，真的名，价值何在？"*名也者，响也；身也者，影也。*"这就严重了，我们这个身体还不是自己真的生命，是真生命的一个影子。我们先让影子休息一下再讲。

列子臆说

第二讲

"名也者，响也"，一个真正了解人生哲学的人，不要被虚名所骗，因为名是个假东西。这个名包括了名誉，别人对你的恭维。许多年轻同学说，某人说我怎么……我说你怎么那么笨！谁当面说你混账啊？混账两个字是在背后骂的。他刚才说你了不起，千万不要听这些，一个立大功建大业的人，只问自己真正所建立的是什么，一切好坏的名誉都是虚假的，靠不住。人家讲我多么好，徒有虚名，我实在没有那么好。这个道理也就是"名也者，响也"，是有些影响，但不要被它欺骗，我们要认清楚自己。

另一种影子

"身也者，影也"，这就是道家哲学，碰到形而上了。我们这个身体都不是真的生命，只是个影子。不但在太阳所照下的身体是个影子，进一步要了解，连我们现在这个身体都是影子，这就是高深的哲学了。

讲到哲学，因为接触各方面宗教的朋友，讲到基督教的耶稣，也算是圣人。你们不要把标准抠得很紧。有些同学说，耶稣怎么叫圣人？我说不是圣人是什么人啊？当然是圣人嘛！我说你看，被钉在那个架子上流血，又痛，那么难过，然后还说："原谅他们，不要恨他们。"这不是圣人是什么人啊？我们做不到耶！这就是圣人。当然这个新旧约全书不是全部，可是基督教的经典里说："神就按着自己的形象创造人，乃是按着神的形象创造他；创造他们有男有女。"没有错啊！只是给他们解释错了。实际上也是"身也者，影也"这个道理。

整个的宇宙，整个人类，后面有个东西，宗教家叫它是上帝，或者叫它是主，叫它是神，叫它是菩萨，随便你叫嘛！只是一个代号而已。中国禅宗祖师就叫做"这个"。"这个"就是"那个","那个"就是"这个",就是这个那个的代号。所以一切宇宙万有,包括地球山河大地,包括我们这个生命,都是个影像,是第二、第三重投影。我们要追求的,是生命后面那个本有才对,不要被影像骗住了,欺骗了自己。

如果研究哲学的同学们,懂了自己的文化,就知道几千年前道家已经提出来"身也者,影也",这一句话概括了西方的宗教哲学。不管是旧的约,新的约,管他是契约也好,什么约也好,我们一句话就解决了,而西方人说了一大堆,说得活灵活现的。中国文化没有穿宗教的外衣,不套上这种形式,真正的道理就是"身也者,影也",这一句话的哲学意义就很多了。

谨言慎行

"故曰",所以关尹子告诉列子说:"慎尔言,将有和之;慎尔行,将有随之。"我们同学们打坐修道要求神通,现在《列子》传你神通的原理。神通怎么来?他说"慎尔言",告诉我们人生哲学,在这个社会上讲话要小心、不要随便讲话是《说符》的道理,一句话也不要随便说,要非常谨慎。古文这个"尔"字就是你,譬如在湖北、湖南、四川、贵州的山区里,少数的地方,有时候喊你就是尔。我一听,哎哟!这还是中国上古文化的保留。湖北客气话称你就是尔的变音,到了北方,你字下面加个心字——您,这些都是古文"尔"这个字的变音,因为言语是三十年一变,我们几千年文化,变来变去,各地的叫法不同了,古文就是古代当时的白话。

现在的青年千万注意,不要认为现在的白话比古文明白,三百年以后的人,如果研究我们现在写的白话,比韩愈的古文还难懂。现在随便写一个"梅花牌卫生纸",三百年后考据起来,起码可以写一部博士论文了。

所以懂了这个道理,读古书时也就很有趣了。我们的"四库全书"保留有十三经注解,有时为了解释一个字,写了十几万字的文章,看得人又佩服又头痛,最后是叹气。原来古人做学问,一生只研究一个字,你们都看过《三国演义》,诸葛亮舌战群儒,骂江东这一批了不起的读书人,都是"青春作赋,皓首穷经"的人物,年纪轻轻开始读书,会联考,写文章,头发都白了,还在那里一个字一个字抠那个书本,然后戴了一千多度的近视眼镜,讲起来那个学问,钻到牛角尖里,还摇头摆尾,不晓得多舒服啊!实际上米长在哪棵树上他也不知道,这就是读书人。所以诸葛亮骂他们"坐议立谈,无人可及,临机应变,百无一能"。讲理论、吹牛的时候,那个口水答答滴,本事之大,学问之高,天下国家大事,什么都懂;等到天下大事真出了问题,什么都不懂。可是诸葛亮自己也是读书人,他骂读书人,那叫做内行人骂内行人,骂得最痛快。我们大家在座的,自己号称是知识分子,千万注意,不要被眼孔里有一个光明的人骂了,他叫做"孔明"。

我们讲到"慎尔言"这个"尔"字,引出来很多的理论,所以古人为了一个字,考据文章写了一二十万字,有时候又不能不看,怕人家说你某一本书不懂,就吃瘪,所以古人做学问,有些真是可怜。好了,现在我们把话收回来,闲话少说。

所以关尹子告诉列子谨言慎行,人生要学的是说话谨慎,不要随便说话。"将有和之",一个善于说话的人,说出来会引起共鸣,大家都会唱和他。所以我经常给青年同学们讲,民主时代你想去竞选,能够一句话引起大家的共鸣,那非常难;不是站在那里哀叫:

"你们投我一票"！我们一听只好去睡觉。真正高明的人，就懂这个原则，善于说话"将有和之"。所以苏轼评韩愈的文章，"匹夫而为百世师，一言而为天下法"。韩愈的一生，文起八代之衰，说的话天下人都效法他，影响到千秋万代。一个普通人，像孔子一样，为万世的师表，这才是我们的目标。我们知识分子、青年同学们要注意，这也就是"慎尔言，将有和之"。

"慎尔行"，自己的行为要小心，任何事情不要随便，行为更不能随便，"将有随之"，有好的行为，自然有很多人拥护，跟着你走。我们做一件事业，做一件事情，自己要再三考虑价值在哪里，它的影响在什么地方，这就是《列子》说的，"知持后才可以言持身"，"慎尔言"，"慎尔行"。

器识　神通　先知

因此他的结论说："是故圣人见出以知入"，这个圣人是代号，指有智慧、有道德、有高度修养的人。"见"就是眼光，儒家的文化是用"器识"表达，一个知识分子有见解，有远大的眼光，就是有器识，所以古人说"先器识而后文艺"，有器识，然后才养成雄伟的气魄。不过，这一句有人也倒过来用。现在我们讲到"见"，有先见之明的人，看到某人的行为及言语，就可以判断他的结果了。由"出"已经知道"入"是什么了，"出""入"两个相对，就是一进一出。所以有远见的人，由一个动因就晓得后果。

青年人常问，未来的时代，将来的变化会是怎么样？你要懂历史的演变，知道过去就知道未来，所以"观往以知来"，完全是智慧的成就，神通是智慧的成就。"此其所以先知之理也"，先知就是神通，原理就是这样。好了，现在我们知道另外一件事情了，佛家把预知的能力翻译为神通，刚才讲到《圣经》，基督教不能用神通，只用"先知"。"先知的预言"，这个"先知"的名词，是哪里来的呢？是从《列子》里头抄出来的，"先知"的出典就在这里。

爱和被爱

"度在身，稽在人。人爱我，我必爱之；人恶我，我必恶之。汤武爱天下，故王；桀纣恶天下，故亡。此所稽也。稽度皆明而不道也，譬之出不由门，行不从径也。以是求利，不亦难乎！"

"度在身，稽在人"，什么叫做度？中国有三个字，"度、量、衡"，过去政府有度量衡局。度就是尺码，譬如一英尺、一公尺，这个是度。一斗啊、一升啊，这个是量。衡就是秤、天平，一斤啊、一两啊，那个是衡。因为我们中国文化几千年，度量衡每一代都不统一。汉唐的制度，一直到明清都有问题，而且各地方的制度不同。譬如我们现在去买菜，还要问是台斤还是公斤，对不对？台湾几百年来习惯用的是台斤，它的秤同公斤不同。我们现在是根据西方文化，所谓的公斤、公尺，是从英国人开始，大家照这个尺码，公认统一使用，叫公斤、公尺，是这一个道理。这个度讲尺度，一个人有多高、多重？就是"度在身"。

"稽在人"，稽就是稽核，考察你，研究一下你究竟有多高？六尺啊？六尺半？这是别人的看法。你的高矮胖瘦长短，是别人看到比较来的。所以比较人的高度则在于别人，这是讲一个人的形体。同样一个哲学的原理，一个人的所做所为、讲话做事，都看在别人眼里。所以我们有时候想想也蛮痛苦的，人活着很多事情不是为自己做，是做给人家看的。在家中要做到家人喜欢，在社会要做到大家叫好。像穿一件衣服，本来是爱怎么穿就怎么穿，可是事实上穿衣服就是给人家看的，所以买衣服时要在镜子前比来比去，研究心理，不是自己觉得好就对了，还要别人看到好才对，因为"*度在身，稽在人*"。人到了高位的时候，在公司里升个科长，薪水加一点，旁边的同事都冷眼在看你，即使当一个董事长，也是一样。

我们看历史上一个经验。南宋的时候，贾似道上来当宰相，朋友写了一首诗送给他："劝君高举擎天手，多少旁人冷眼看。"你好好地干，尤其是当了宰相，一只手要把天撑住不倒下来，别人歪起眼睛坐在那里，专门在批评，在看你。地位越高，所有箭头都会对你而来的。所以人生要想过得舒服，要不出名，谁也不认识你，才是天下最幸福的人。有一点知名度，大家都了解你认识你，那是最痛苦的人。因为他变成所有箭头的目标，有一点缺点，万人都看到，就完了。他如果也不出名，也没有地位，他可以在地上打滚、睡大觉，谁也不看他啊！这是道家的思想，所以告诉我们"*度在身，稽在人*"。

"*人爱我，我必爱之*"，这是当然的道理，相反的，《列子》又说，你要大家对你好，你问自己对别人怎么样？你对别人都是冷眼相看，要别人热眼看你，也做不到。所以"*人恶我，我必恶之*"，这是当然的因果关系。

说了这个原理，下面说一个中国政治哲学的大原则，"*汤武爱天下，故王*"，商汤、周武王，他们爱天下，所以称王天下。我们晓得爱天下是爱得很大，拿现在工商业的观念来看，汤武是做大生意的，投资下去，赚了一个天下国家，后代称王几百年，因为他们爱的是天下。不像我们爱的就是十块、二十块，在那里拼命争，加薪加了五百，爱的就是这一点点，他的价值永远就是五百块。人家汤武爱的是天下，你五百美金、五千万美金，他们也不看在眼里，所以"汤武爱天下，故王"。

夏桀、殷纣，这两个古代暴虐的王，因"恶天下，故亡"。我们大家没有当过皇帝，也没有发过财，躺在那里想象，假定发了财，天天吃麻婆豆腐一定很痛快。那个吃惯了麻婆豆腐的人，说那算什么！有钱的人，做大生意的人，听到总经理报告，今天又赚了一千万时，只淡淡地说，哦！知道了，等于我们口袋里多了十块钱，念头都没有动过，不在乎了。而且越搞久了，对于这种东西觉得讨厌得很，很烦，必须要另外找别的刺激。

不过，没有到那个地位的人，总是梦想某个地位了不起。我们在座的青年心里一定想，将来发了财当上董事长，一定要买部最好的私家车，开到这里来上课。私家汽车坐惯的人，反而讨厌它，停车又找不到位置，到处都是麻烦，干脆走路好，这就是人类的心理。所以你懂了这个心理，自己真经过富贵，什么都享受过了，然后才能把这本《列子》真读懂。所以古人用字非常有道理，"汤武爱天下，故王"，不是爱天下老百姓哦！他们的欲望就是爱这个天下。每个人欲望不同，有些读书人，你叫他爱天下，他没有这个气魄；问他要不要写一篇文章，明天电视台给播出来，他立刻说可以，几天几夜不睡觉去写，他爱的是这个虚名。

桀纣是亡国的皇帝，因"恶天下，故亡"。的确你读懂了历史，看到有许多皇帝，像明朝的几个皇帝，生来就当皇帝，他们对于国家大事，看公文啊，烦透了，你们去办好了，你们去批好了！他看都懒得看，结果当然完了，这个道理是"此所稽也"。上面讲到"度在身，稽在人"，稽就是一个成果的考核，是别人客观的考核。所以我们写历史、读历史是客观地写和读，历史上的那个主角是主观的，那个是"度在身"，我们现在来研究历史，来了解古人，了解未来,这个是稽核,"此所稽也"。

精明能干就成功吗

《列子》文章很容易懂,进一步有好几个转折,拼命提倡知识的重要,学问的重要,道德的重要,稽度的重要;反过来是相反的一个逻辑,"稽度皆明而不道也",这就是道家的哲理了。他说一个稽核、测度都很高明,"而不道也",这个道是指原则、原理,违反了原则就不合理了。所以一个太精明的人,学问很好,永远是帮人家当手下的,不会当上老板,因为太精明。你到社会上看,凡是糊里糊涂的,会发大财,所以四川人有个笑话,"面带猪相,心头明亮"。面带猪相,什么都不懂,讲话都不清。我们看到内地有些财主,当时没有冷气,夏天热得腋窝都要夹两块冰过的鹅卵石,胖成这样。这一种人,他就有钱啊!可是你不要认为他笨哦!"心头明亮",他聪明得很。像我们青年同学们读书,得了工商管理硕士、博士,还不是替那些人去管理工商!所以"稽度皆明而不道也"。反过来讲,人生书是要读,读完了同我一样没有什么,天天坐在上面吹牛,等于唱歌的歌星一样,这有什么稀奇呢!所以真的学问啊,就不坐在这里吹了,那就要用,用的时候就不讲了,所以"稽度皆明"并不是道。

"譬之出不由门,行不从径也",这两句话文字要特别注意,哪个人出门不从门出去啊?没有门你还出得了房子吗?所以出门必须要从门出去。你到外面走路必须有道路啊!没有道路你怎么走啊?这是当然的法则,这两句话等于这样讲。但是反过来说,真正第一等人是没有规格的,"出不由门",出去不一定由门,窗子也可以跳出去。如果连窗子都没有,墙上打个洞嘛!打不了洞,地下挖嘛!

所以"行不从径"，走路不一定从路上走，可以跳嘛！可以飞过去嘛！那是智慧了。所以表面上看起来，他是正面讲，任何人出门要从大门，走路要走正路。所以你要深懂道家反面的含义，办法是自己智慧想出来的，如果一个人呆板得出去都从门里出去，没有路就不敢走路了，那只是一个普通人。

"以是求利，不亦难乎"，以这样的智慧想在社会上求到最大的利益，永远做不到。换句话说，这样的人是笨人，一个真正有高度智慧的人，不一定从门里出来，走路不一定要在路上走，他自己创造，自己开一个门出来。尤其所谓历代的名将，皆与常人不同，譬如说汉朝的卫青、霍去病，宋朝的狄青，都不是军校毕业的，开始大字也不认得，也没有读过《孙子兵法》，但是历史上讲他们打仗的本领"暗符兵法"，那是智慧。尤其讲狄青这个人，他原来没有读过书的，后来书读得很好，他受谁的影响啊？受范仲淹的影响。范仲淹说，你年轻当兵，好啊！好好当兵，送他一本《左传》，叫他好好去读，所以他深通《左传》。我们今天讲到这里，暂时告一个段落。

第三讲

《说符》这一篇,上次讲到由出世到入世之道,正提到历史哲学的问题,现在继续,他引用上古哲学的观点。

存亡废兴的法则

"尝观之神农有炎之德,稽之虞夏商周之书,度诸法士贤人之言,所以存亡废兴而非由此道者,未之有也。"

现在讲历史哲学的问题,就是我们中国上古史的神农时代——有炎就是神农,代表一个时代的所谓圣王,也就是我们的老祖宗。普通讲我们中国文化五千年,这已经是打折扣的说法。近七八十年以来,根据西洋的观念,自己再打折扣,变成三千年文化。如果我们研究自己,就是从"满清"末年以前算起来,我们的历史已经有一二百万年的历史文化了。因为考据五千年前的事非常困难,所以才从五千年算起。譬如说燧人、伏羲、神农,这一些名称的时代,究竟有多少年,不知道。而且我们也出过女娲氏,那时是老祖母统治这个世界。所以我们真要研究自己的上古史,必须要懂得上古的神话史,拿现在人类学的演变来讲,从上一个冰河时期转变到这一个冰河时期,其中有连带的关系。所以有关这个问题,我相信五十年后,对整个中国文化历史的看法,不会是现在人的看法,而是有更进一步的研究了。

例如《列子》一书提到,"尝观之神农有炎之德",神农氏是我们的老祖宗明王,那一代就是中华民族农业建国的基础。不过,真到了完全农业建国,是到大禹时期,这中间又相差很多很多年。由于大禹的水利完全治好,这个农业立国的基础才奠定了。在世界人类各国建立农业的历史上,中国是最早的。二百多年前的美国,建立了农业基础,非常优厚,但是以历史发展来讲,我们这个民族仍是最早的。

所以"观之"就是看来,我们现在讲,从研究上古史看来;"稽之"就是考据。"虞夏商周之书",神农氏的时代,很难在夏商周时代的史料中找到文字的根据,因为孔子也注重考据,以有文字的根据开始,因此把我们自己的历史截断,删定从唐尧虞舜开始。至于唐尧虞舜以前,多靠神话传述。研究历史要注意,司马迁对于这个观念,在他的《史记》里讲过的,他说上古我们祖先的历史非常悠久,只是资料不全,"搢绅先生难言之",所以讲起来非常困难。所以我们看《列子》这里,"尝观之神农有炎之德",研究观察,不敢确定,"稽之"有文字可以考据的"虞夏商周之书",历史资料都在。

"度诸法士贤人之言","度"就是拿自己的心理、身体、生活的经验来体会,这个体会就是度,所以度不是完全猜想。"法士",不是讲法家,而是一般人或圣君贤相,能使天下太平,足以为后世效法的就是法士。对于法士贤人们所说的话,都要注意。

整个的国家历史,譬如说尧舜禹、夏商周,一代一代的存在,开始创业的这些祖宗们,都是了不起的,开创了一个新的时代,天下太平,威风凛凛,武功文治都很昌盛。到了后代就慢慢灭亡了,又换成一个历史的阶段。"所以存亡废兴",存亡是讲历史的演变大原则,废兴是讲人事的变化。历史经验告诉我们,一个国家、社会、家庭,是如何兴旺起来的,又是怎么存在的,最后怎么衰败而亡等等。

"而非由此道者,未之有也",所以一切存亡废兴,都不会脱离这个法则、这个道。这个道,不是形而上的,是形而下,就是在后天人文的社会,有一个必然的法则。譬如人要做好人,这一句话就是道,就是一个原则。怎么样叫好人呢?由这个道发挥出来的那一种,都列入好人,那是道的分类。所以研究我们上古文化哲学史,好几个字有困难,一个天字,一个道字。不要看到道就想到打坐修道、超凡入圣的道,这个道是讲历史哲学,人文的法则。他说各有一个人文固定的法则,不照这个法则都会失败。所以个人也好,国家天下也好,建大功,立大业,这个原则要把守。所以"非由此道者",不是从这个路线来的,"未之有也",是不可能的。

　　严恢曰:"所为问道者为富,今得珠亦富矣,安用道?"子列子曰:"桀纣唯重利而轻道,是以亡。幸哉余未汝语也。人而无义,唯食而已,是鸡狗也。强食靡角,胜者为制,是禽兽也。为鸡狗禽兽矣,而欲人之尊己,不可得也。人不尊己,则危辱及之矣。"

重利轻道的结果

　　"严恢曰",严恢是上古一个高士,也是隐士,道家的人物。"所为问道者为富,今得珠亦富矣,安用道",现在讲的这个道,是形而下一切的法则、原则,也就是人生的大原则、历史哲学、政治哲学的根本大原则。他说严恢曾经说过这个话,我们人为什么求学问、要修道、求许多知识?要知道,学问就是道,这个是原则。"为富",有了知识、学问,就是无形的财富;有学问自然有事业,有物质的生活,就是自然的财富。所谓学问包括一切技能,拿现在讲,自然科学、一切谋生的技术,都是学问之一。他说我们求知识学问,最后的目的就是生活的充裕。生活的充裕有两种,一种是精神生活的充裕,因为学问知识渊博了;一种是物质生活的充裕,就是钱财多了,这都属于富有,人生总是为了富有。

"今得珠亦富矣，安用道"，我们只要有了珍珠宝贝，有了值钱的东西，有了钱就有财富了，何必学道呢？读书干什么呢？这个话讲得非常妙，等于我们看到《论语》中孔子的学生子路，也说过这个话，有人民，有社稷，有权在手，还做什么学问?！所以孔子就骂他一顿。严恢讲的话有同样的意味，他说只要有财富，何必有道？这个观念，在我们读古书时，或讲到历史哲学时经常提到。现在我们讲到现实，有钱嘛！何必读书做学问呢？何必学什么道啊？就是这个话，非常简单。

冲着这个道理，"子列子曰：桀纣唯重利而轻道，是以亡"，如果说有财富、有地位、有权力，就是有利，若有利就对了，桀纣为什么亡？这一点我们岔开来一句话，刚才提到上古历史的资料，第一部书就是《尚书》，比孔子的《春秋》还早，属于四书五经里的一部经，所以《尚书》也叫《书经》，这是孔子集中保留了我们上古史有文字可稽考的一部书，有三代以上的这些文诰等资料。《书经》里有一篇《洪范》，也就是讲历史哲学、宇宙哲学的一本基本的书，我们算命讲阴阳五行，金木火水土，这个五行观念就出在《洪范》。

《洪范》里头提到五福，你看我们过年时，大家门口写的"五福临门"，我们都会写，但是都没有去研究它。五福是"寿、富、康宁、攸好德、考终命"。五福里头很怪，言富而不言贵，贵并不算福气！有钞票，有钱就是富，所以我们中国文字很怪，富贵富贵，富了就贵，不是贵富贵富。你说你地位高，很贵啊！没得钱，做个清官，退休了以后连饭也吃不起，那也不是福气啊！所以有钱，富了就贵。那么这个富呢？如果讲中国文化，真正的哲学，富又分两种，钱财富有谓之富，学问好、道德好、精神修养高也是财富。这个里头有分类了，所以研究我们自己的文化哲学,这个思想要搞清楚啊!对于自己的祖先保留的书籍真是要多读了。

现在严恢提出来,人只要有财富就好了,何必学道呢?所以列子讲,这个观念错了,我们历史上两位最暴虐的皇帝,夏桀、商纣,都是因为重利轻道而亡。但是我们真正研究历史,会发现凡是这些很坏的帝王领袖,反而是第一等聪明人。譬如讲纣王这个人,他的身体之壮,力气之大,就是老虎、牛,他一手都可以抓住的。外加头脑之聪明,哲学啊、逻辑啊,什么都会!文武都高的,对形而上道的修养也有他的看法,认为人生那么短暂要及时行乐。所以桀纣的那个时代,本来社会经济很发达,财富也很充裕,历史上那个时代十分光辉。到了他们自己手里,一二十年当中,因为挥霍享受,整个家当用光,就是整个的国家也毁掉了。纣王有名的酒池肉林,喝酒起码要游泳池那么大的酒池,肉挂起来像树林一样,成为肉林,随便吃,尽情地吃。

我们讲到医学的解剖学,纣王那个时候,早开始了人体的解剖,把孕妇绑起来解剖,以了解胎儿在肚子里的状况。纣王专做这个事,王莽也做过。所以我们今天针灸穴道救了很多人,当初研究的时候,有些可不是好的动机啊!是拿活人来解剖的。不像西方,用白老鼠啊、猫啊、狗啊,来实验研究生理学,不是拿活人来研究。

所以讲"桀纣唯重利而轻道,是以亡",那个时候社会经济很繁荣,因为重利而轻道,拿现在的话讲,只重物质文明的发展,不真正了解精神文明的文化的含义,所以亡了,这是一个大原则。我们今天看自由世界物质文明的发展,看集权国家的作为,这一代的历史到现在,是对是错,很快就要分晓了。新的演变自然就要来临,我们如何建立一个新的文化,适应这个二十一世纪的时代,就更加重要了。所以我们读古书，不是为了钻入古老的天地躲起来享受的，而是为了建立新的文化、新的文明，并且要了解如何发展未来。

所以，列子成为道家一代了不起的人物，是有其道理的，不管《列子》这本书是否全部由他本人所著，但是绝对代表他的思想。所以说，光晓得重利而轻道，但求物质文明的利益，轻视精神文明，忽略人文文化的发展，很快就会招致灭亡了。

列子告诉严恢说，"幸哉！余未汝语也"，他说你这个混小子啊！光晓得重利轻道，幸好我没有真正告诉你"道"。

鸡狗禽兽之流

"人而无义"，这个义就是义理。在古书里，大的范围有三，就是义理、辞章、考据。外国过来的名称哲学，就是义理之学。汉朝的文章，唐诗宋词元曲，属于辞章之学，韩愈啊、柳宗元啊、苏东坡啊，当然他们也懂义理，不过他们出名的是辞章，现在就叫做文学辞章，包括文学与艺术。至于研究古人一切的学术，是属于考据的范围。

现在我们提到这个问题，是为了解释《列子》一书所讲"人而无义"，他说一个人没有真正的知识学问，以及普通哲学的修养，就是文化的修养不够。"唯食而已，是鸡狗也"，这种人活着就是为了吃饭，那就同鸡狗禽兽没有两样。我们现在文化相当衰落了，青年一代要注意，只讲究吃，等于猪狗禽兽。如果是禽兽的话，就算喂它吃好的东西，吃补药，又有什么用呢？"强食靡角"，为了争食相互以角争斗。

"胜者为制，是禽兽也"，如果人没有文化修养，就同动物没有两样。动物的世界就是弱肉强食,这是自然的法则,所以"胜者为制"。中国这几十年,文化教育衰败得可怜,我现在回想我们那些老一辈人,真是该打屁股,当年就把西方文化全套搬来,认为西方可以救中国,达尔文的思想等,都来了!把这个国家民族搞得那么惨。只要讲达尔文思想,就说很进步,其实我们古人都讲了。达尔文的《进化论》,弱肉强食理论,就是《列子》这句话,"胜者为制,是禽兽也"。以强凌弱,就算成功,也不是人类的文化,那是禽兽的行为。

我们人之所以有文化,尤其是中国文化,就是要扶助弱小,看到可怜的就要帮助,这是仁爱慈悲,这才是人文文化的真谛。所以以《列子》看来,"胜者为制",那是禽兽的哲学。日本人的翻译叫达尔文,我常常想,要翻成"达尔昏"才对,昏头昏脑,没有搞清楚。的确宇宙间是弱肉强食,在"动物奇观"节目上,你就看到了,不但动物如此,植物世界也是这样,整个的宇宙所有生物,都是以强凌弱的。但是,人类文化教育我们对待弱者更要爱护、保护,使他生存,这是人文文化同禽兽文化不同的地方。

我们用通古今之变的思想来看《列子》的话,才晓得我们先辈的诸子百家思想,涵盖多么广阔。现在所谓的西方东方各种的思想,在古人都有,《孟子》里头早就讲过了,孟子还写过这样的人,"从许子之道,相率而为伪者也",你那个主义这个主义是行不通的。所以在这里,《列子》也等于批评了后辈那些徒孙,所谓达尔昏之类的弱肉强食,那不过是禽兽的哲学。

如果认为这个理论是文化的话,"为鸡狗禽兽矣,而欲人之尊己,不可得也",如果是以这一种哲学思想,作为人文社会的领导,那就把人类的社会倒回去,变成禽兽社会了。《列子》的预言都说到了,这个世界被这种思想领导,人比野兽还不如,还惨!他说在这种思想哲学之下,要想人能够尊重别人,能够尊重自己,永远做不到的。

自重　自尊

"人不尊己,则危辱及之矣。"一个人活在这个社会世界上,不受人尊重,是危险的,也是会招致耻辱的。人能够牺牲自我,帮助别人,爱护别人,更要帮助危难中人,才能够得到别人的尊敬。所以得来不易,代价也不小。拿佛家讲就是慈悲,拿儒家来讲就是仁义。

说到"尊己",有两个翻译名词非常不好。一个是"自尊心",什么叫自尊心？那就是我慢、傲慢,在我们自古的文化里是不用这个名词的,因为会使人走上错误的路。另外一个是"值得我骄傲"。中国人如果自己骄傲,那是很可耻的,其实是翻译的不通。西方文化当年翻译过来,不是学问很深的人翻译的,都是年轻人懂几句洋文随便翻译的,后来用惯了。其实中国人不会说自我骄傲的,而是用四个字"足以自豪"。"自豪"两个字就对了,"骄傲"就不对。自尊心的翻译,应该是"自重",就是孔子讲的"君子不重则不威",自己尊重自己才是自尊嘛！当年因为翻译不慎重,东西的文化都没有通,看起来是个小事,影响我们国家民族文化之大却无与伦比。所以你们做翻译的要特别注意,不要随便翻。

所以人真想得到别人尊重,先要自尊,拿现在话讲,就是自重,更要先尊重别人,别人才会尊重你。如果骂人,讨厌别人,以为是自己的自尊心,拿宗教来讲,别人都逃避你,你已经入了孤立地狱,自己还不知道。所以,不尊重人而希望人尊重你,那是不可能的。人要读书，读书不是为知识啊！是要回到自己身心上用，这才叫学问。

这一节是《说符》基本的原则理论，古人的文章先提出来原则。

第四讲

列子臆说

《列子》先把哲学的大原则讲了，下面引用许多故事，每个故事所包括的意义都是既深且远，要自己慢慢以人生的经验，以精密的思想去体会这个人生。

> 列子学射，中矣，请于关尹子。尹子曰："子知子之所以中者乎？"对曰："弗知也。"关尹子曰："未可。"退而习之，三年，又以报关尹子。尹子曰："子知子之所以中乎？"列子曰："知之矣。"关尹子曰："可矣，守而勿失也。非独射也，为国与身亦皆如之。故圣人不察存亡而察其所以然。"

列子学射

"列子学射，中矣，请于关尹子。"他说列子学射箭，技术很精到了，每一箭都射中了目标，没有失败过。请教关尹子，以道家讲是他的太老师，不过以诸子百家来讲，他们的系统关系很难讲的，究竟如何，事出有因，查无实据。

但是这里他们好像又有密切的关系，所以他就请教关尹子，关尹子说："子知子之所以中者乎？"你每箭射出去都打中，怎么样打中的你懂不懂？这就是个问题，那么如果我们学过手枪的射击，打中容易，但懂得弹道学很难。懂了弹道学的人，枪随便怎么打一定中，因为他心里知道，什么枪、什么子弹、什么弹道之故。弹道学尽管懂了，还有个哲学问题，何以计算那么准？关尹子问他，你每一箭都射中，你晓不晓得是为什么？"对曰：弗知也"，列子讲老实话，这个不知道，我只看中目标，练习惯了就中。"关尹子说：'未可。'"不行！

那么"退而习之，三年，又以报关尹子"，列子被这位老师一骂，自己就谦虚起来，"退而习之"。现在顺便讲到古文，为什么古文要讲"退而习之"？那就是形容词了，不止是再练习三年，是同外界都隔绝了，关起门来才能够专心再练习三年，所以加一个"退"字，成分就有那么重。这样列子又来给关尹子报告。

"尹子曰：'子知子之所以中乎？'"关尹子说现在你应该懂了，为什么每一箭都射中。"列子曰：知之矣"，我懂了。"关尹子曰：可矣，守而勿失也"，你既然懂了，可以了。注意啊！下一句话，懂了以后，守住这个原则，不可以再乱、再丧失了。

这个故事，讲了半天，还没有说出来列子懂了什么，这就是《列子》跟《庄子》的思想。后来佛法进入中国，南北朝之后，到了唐代，就有禅宗的产生。禅宗的教育方法所谓"参"，是靠你自己去研究懂的，不是靠老师告诉你一个公式。公式越清楚就越没有智慧了，公式是别人的脑子，启发不了自己的智慧。老师不告诉你公式，是要你启发自己真正的智慧。所以打中不打中在于心，在养心之道，心的宁定也就是定。列子没有说出来懂了什么，他只说我懂了。但是关尹子说你既然懂了，现在你总算可以了，下面一句"守而勿失也"，就呼应出来中心所在。心的定静，再不能散乱了，散乱就不能定；不能散乱，也不能昏迷，守住，这是定的境界，永远要定住。

射击与修身治国

下面他引出一个原理。"非独射也，为国与身亦皆如之。故圣人不察存亡而察其所以然。"这是他这一节的结论，不但射箭是这样一个道理，一个人要主持国家的大政，大原则，以及保养自己的生命身体，都是同一个原则。等于射箭一样，要非常小心，非常谨慎。

我们看到台北有很大的射箭会,不过这个也是要有钱才能玩的。写毛笔字、拉弓射箭都变成有钱人玩的,不像我们小的时候,自己用竹子烤弯做弓。我有一位传射箭的老师,有几句口诀,"足踏浮泥头顶天",两个脚跨马步,像踏在浮泥上面,头顶着天,就是如临深渊,如履薄冰。"口吐翎毛耳听弦",箭后面是一根鸡毛,耳朵听那个弓弦拉紧射起来,噔……一响,好像弹琴的声音一样。为什么耳朵听这个弦?这一箭出去有多大的力量?射程有多远?自己听弦的声音已经知道了,这是经验来的。你看古人的画,那个箭拉到嘴边,手一放,咻……就出去了,所以"口吐翎毛",那个鸡毛好像箭从嘴里吐出去一样。"前手如端一碗油",前面的手拿住那个弓,像端一碗油。又像这只手直直地端一碗水,走很远的路,水都不起波浪,一点都不能摇出来,这个手变成一个铁杆子一样,功夫要练到这样。"后手打死一条牛",后面这一只手一放,很大的力量,可以打死一头牛。

你看历史上,古人拿五石弓,那个弓拉力的重量,要有五石那么重,五石多少斤,这个弓就是多少斤重,这个指头就把几百斤的弓拉开了。所以弓如满月,完全拉满了,手一放,那个射程又快又远,这是讲射箭的道理,这也是中国的武艺,武功到达了艺术境界。古代讲百步穿杨,距离一百步路,一箭射出去,刚刚射到杨柳叶子,箭透过去,杨柳叶子还挂在树上,这叫百步穿杨。那个眼力之好,射程之准,要达到忘我的境界才行。

我们看《汉书》上李广射虎,夜里出来,把石头看成老虎了——我们本院的同学研究过唯识学的,知道那是非量境界、假带质境——李广拉开弓箭射去,第二天去找射死的老虎,看到自己的箭插进石头里。自己想想都奇怪,哪有那么大的力量?白天再拉弓来射那一块石头，进不去了。这种技术到达了身心合一，已经不是武器了，是精神作用。夜里他认为那一块石头是老虎，全心全意，精神心理同这一支箭合一了，所以石头都被穿了进去。白天晓得是石头，心理上有一层障碍，再大的力气也射不进去了。

我们研究心理学这是个重点，是个大问题，与精神、生理、唯物、唯心的道理都有关系，也是一个大哲学。我们懂了这许多射箭的技术、哲学原理，就知道列子所讲的不简单。不但是射箭，为国家，为自己个人的生活，"亦皆如之"，处处要小心谨慎，处处要有定力，不散乱，不心粗气浮，否则就要失败。所以，一个结论，我们上古的圣人、有道之士，"不察存亡而察其所以然"，一件事情的成功失败是两边的现象，不要考虑，有道之士不问这个，要在真正的逻辑最高处推想。

我们懂了这一段故事的说明，它同前面大原则是连起来的，实际上是整个的引申，这是旧文章的逻辑。

列子曰："色盛者骄，力盛者奋，未可以语道也。故不斑白语道，失，而况行之乎！故自奋则人莫之告。人莫之告，则孤而无辅矣。贤者任人，故年老而不衰，智尽而不乱。故治国之难，在于知贤，而不在自贤。"

什么人可修道　可讲道

下面又讲一件事，"列子曰：色盛者骄，力盛者奋，未可以语道也"，色就是颜色，颜色盛就是年轻，年轻人脸上的颜色很旺盛、很漂亮。你看现在年轻人个个翘头翘脑，因为色盛他自然骄；到老了的人啊，看起来彬彬有礼，实际上骄不起来啦！"力盛者奋",一个体力好的人是坐不住的,就想动一下,奋斗一下,所以孔子也说,年轻"戒之在斗",年轻人喜欢打架,其实戒不掉的。年轻人学拳,刚刚学了三天,觉得无比的英雄,在公共汽车上,这个手也要动两下,表示是学武的;到了功夫深了,反而动都不敢动,怕出手伤到人。所以力气很盛的人,奋,这个"奋"代表一个原则,非常奋发,好像不可一世。你看这两句话下面"未可以语道也",少年体力好的人,经验不够,要学道,你跟他说死了他也不懂。像我们这里,满堂年轻人很多,来听《列子》《庄子》,你看色又盛、力又盛,公然还来学道,这个了不起了,可见超过古人。

下面问题来了,"故不斑白语道",什么叫斑白呢?人到中年两鬓已斑啊!斑就是花点,有几根白的。白的多一点黑的少一点不叫斑白,那叫颁白,也是同样的音,意义不同了。斑白还是在中年,两鬓稍白;颁白就是年纪大一点了。给年纪不大的人讲道,"失",错了,"而况行之乎",行就是做到,他更做不到了,这一句原文就是这样。我们看下面古人的解释,恰恰相反,他说《列子》这里意思是年纪大了的人没有办法讲道,讲了道也做不到了。这个话绝对解释错了,所以你不要看古人张湛,文章学问那么深,有时候解释书也有错误的。

全篇上文讲起来,我们的意思同古人解释相反,"色盛者骄,力盛者奋",他说年轻人没有办法了解道,最高哲学不会,为什么呢?虽然聪明有知识,人生经验不够,一定到了斑白中年以上的人,生活经验够了,才可以同他讲道。给不斑白的年轻人讲道,就是错误,讲道都不可以,更何况要他们能做到、行到,绝不可能。

《列子》这一段,多么注重人生的经验!这是顺理成章的解释。照我们现在手里这一本注解,这一节解释错了,不能采用。由他解释的错误,我们了解一个道理,这一本书的注者叫张湛,他注释《列子》是在逃难的时候。当时是晋朝,国家在变乱,人在忧患中,常需要找哲学,需要学道,因此他逃难中,行李里就带着这一本《列子》,在患难中注解下来。那么我们可以判断,人在患难中,自己想救社会,救国家,年纪又那么大,无能为力,因此借古人的观点来发自己的牢骚。老了,没有办法讲道了,虽然懂得道也做不到了,于是就错解了这个意思,实际上他是在发挥自己的观念。

你会用人吗

我们现在了解了这一点,再看《列子》的原文,"故自奋则人莫之告。人莫之告,则孤而无辅矣。"所以一个人不要骄傲,不要自奋,自奋就是主观非常强。譬如历史上,项羽跟刘邦二人,项羽的失败就是因为自奋。项羽失败的时候不过二十八九,自刎乌江。而刘邦那个时候四十多岁,是斑白之人。清末民初,湖南一个诗人,才子易实甫先生,有诗讲项羽:

二十有才能逐鹿　　八千无命欲从龙

咸阳宫阙须臾火　　天下侯王一手封

"二十有才能逐鹿",二十多一点就起来打天下了。"八千无命欲从龙",项羽有八千子弟,最后在乌江失败了,命运不好,这是讲项羽英雄失败的悲惨。下面一句"咸阳宫阙须臾火",你看咸阳秦始皇修的宫殿,修了那么多年,假使现在还留着,那卖门票不知道收多少钱啊!结果项羽点一把火烧了三个月。"天下侯王一手封",汉高祖也是被他封为汉王的。所以你们青年翘头翘脑,要自尊,好嘛！你学学项羽，有这个本事的可以学，没有这个本事自奋不起来啊！易实甫的这首诗有味道，我觉得古人中，历代的人吊项羽的诗、恭维项羽的诗、骂项羽的诗，反正很多，我还是觉得易实甫的四句话有味道。不管如何，他把项羽自奋的那个味道写出来了，项羽就是犯了自奋的错误。

刘邦有张良、陈平、萧何三个人帮忙他，他对他们言听计从，就可以统一中国。项羽只有范增这老头子帮忙他，但他虽有个军师也不听，自己认为聪明，变成别人没有办法把意见提供给他，所以永远没有辅助，就失败了。

这就告诉我们，尤其年轻同学留意，成功立业需靠人际关系。"贤者任人，故年老而不衰，智尽而不乱"，他说一个贤圣的人，就能够信任人。譬如汉高祖刘邦，他能够信任陈平、张良，信任萧何、韩信等等，他就成功了。当然做领袖也很难，我们经常讲历史上的故事，当陈平帮汉高祖去做所谓间谍，做外交官，要运动敌人的部队投降，汉高祖很慷慨，拿黄金五十镒给他支配，不要报销。陈平拿到钱还放在家里，汉高祖的老部下就有点眼红，来说小话，告诉刘邦，这个家伙靠不住，人格卑鄙。

世界上攻击人、毁谤人，只有两件事，古今中外一样，都是财色二字，不是说他贪钱，就是说他男女关系乱。有人就在汉高祖前攻击陈平，这个家伙靠不住的，穷小子，他跟嫂嫂男女关系搞不清楚。陈平是有嫂嫂，但年纪比他大很多，早就分居了。所以当领袖的人就要注意，要以"来说是非者，便是是非人"来处理才对。历史上讲汉高祖豁达大度，就是说他度量大，可是他自己身边的人，白天说，晚上说，最后刘邦也听进去了。第二天跟陈平见面的时候，他就问起了家庭状况，陈平一听就明白了。陈平了不起，这些都不分辩，他说你要我办的是大事啊！你怎么问这些事呢？好，你不放心,钱还在这里,你拿回去,我不办了。汉高祖一听,脸色变绿了,赶紧说对不起,对不起,我绝对相信你。

所以一个领袖信任人之难,是要有气度的,很不容易。你们听了,将来做了老板,如果说某人偷了你一百块,你气得一夜都睡不着,明天就想开除人了,你还能够做老板吗?不要说假的偷,真偷百把块,不在乎的,只要他一个月给你赚进来五六万就可以了。要有这个气度啊!

所以"**贤者任人,故年老而不衰**",任人很难啊!非常难,这要有气度的养成。因为任人,自己年纪大了,也没有关系,下面可以培养年轻的嘛!就是任人的道理,所以"年老而不衰"。"智尽而不乱",年纪大,自己智慧之力不够了,也不会衰乱,后面自然有人接火把上来,这是"贤者任人"的重要。

"**故治国之难,在于知贤**",政治大原则,你们年轻同学,将来创业做老板的时候,也要记住今天听的《列子》。创业,做个领袖,成功的难处在哪里?在知贤,认得人,这人是不是人才,要看得准,拿得稳。我不会打牌,听他们告诉我,打牌的原则,要忍、要狠、要准、要等。没有人才要等,机会抓住了要狠,他要一万,你给他一万五,这要狠了。对人才要忍、要等,能够知贤,信任别人,你就成功了。

所以"**而不在自贤**",千万注意,认为自己最能干,比被你用的人都能干,你就完了,下面人不能做事了。所以真有办法的人,只领导,问这个主管就好了,如果这个主管一天到晚乱七八糟乱搞,你准备一年测验他,如果半年以内有人告诉你,某人乱七八糟,花天酒地,你听都不要听,让他花天酒地;算不定八个月后,他花天酒地当中给你赚回来好几倍呢!你等结果再说。所以知贤难,任贤更难,不但治国之道如此,个人创业道理都是一样。你看列子现在传给我们的道，是形而下的入世之道，做人做事之道，也就是我们老古文化公司出版过的《正统谋略学汇编》的正统谋略。这是正统里的正统，谋略里的谋略。今天我们到这里为止。

第五讲

列子臆说

技艺与道德

宋人有为其君以玉为楮叶者,三年而成。锋杀茎柯,毫芒繁泽,乱之楮叶中而不可别也,此人遂以巧食宋国。子列子闻之曰:"使天地之生物三年而成一叶,则物之有叶者寡矣。故圣人恃道化而不恃智巧。"

"宋人有为其君以玉为楮叶者,三年而成。"有一个人,为他的国君用玉做成树叶子,做了三年成功了。而这个玉,在古人都认为很名贵的,一片树叶子那么大的玉,尤其是新疆那一带的和田玉,价值极高。这个三年做成功的叶子,"锋杀茎柯",叶子有锋芒,旁边锯齿形,"杀"就代表刺手。"毫芒"乃至树叶上的小毛毛,在太阳光里都有反影,"繁泽",颜色非常好看。"乱之楮叶中而不可别也",把玉做的树叶放在真的树叶之中,分不出来真假。不但玉的本身名贵,艺术的造诣达到如此境界,那个价值就更高了。

从《列子》说的这件事,后世对于东西真假难分,在文学上就有"楮叶莫辨"这句话。这句话也可以形容头脑不清、是非善恶不分、好坏不分的人。这个成语就出自《列子》这一篇。现在一般文学修养不高,没有读过这些古书的,就搞不清楚了。

下面列子的理论就来了,"此人遂以巧,食宋国",这个人啊,太巧,就是巧极了,手艺高到极点,因此宋国的国君非常喜欢。拿我们现在讲,有这么一个技术,一辈子吃用不完,地位也高,待遇又好,可见中国古代非常尊重艺术家。

"子列子闻之曰",列子听到了这件事,认为"使天地之生物三年而成一叶,则物之有叶者寡矣",他说假使天地宇宙生万物,三年才生一片树叶子,那完了!我们种稻子、麦子,三年才长一片叶子,植物有树叶的就很少,闹饥荒了嘛!不但我们饿死,连子孙都饿死了。

他的道理是讲什么呢?下面说一个道理,"故圣人恃道化而不恃智巧",这是名言,也就是政治哲学、人生哲学的名言,一个人要合于自然,什么叫自然呢?自然是有规律的。这一点特别注意啊!所以我们普通说这个要听其自然,好像认为自然是随随便便;自然不是随随便便,自然是有规律的、有法则的,这一点千万要搞清楚。道家说"道法自然"是讲道法的规律,你看宇宙万有,太阳东边出来西边下去,初三的月亮、初八的月亮、十五的月亮,都是千秋万代始终不变的规律。我们看到月亮照在大地上那么柔和,那么美,那么自然,但是,它也是非常规律的。所以由这个道理就了解,所谓自由、自然、自在,是应该非常符合法则规律的。

"圣人恃道化",恃就是靠,依赖道德的感化,这个道德的感化是自然的;一个社会风气的形成,文化的构成,也是自然的。譬如前一阵子一位朋友谈到北平,怀念我们当年曾经的故都北平,大部分住过北平的人,只要住上一年,永远会怀念它。这个地方有什么好呢?照我的个性,倒觉得很讨厌,风沙来时屋子里都是黄沙,这有什么好?山水绝对比不上苏州、杭州啊!中国人讲"上有天堂,下有苏杭",当然江南的风景一切好。可是一般人,就是江南人在北平住久了,也怀念北平。道理是什么?因为它是文化的古都,是宋朝以后,辽、金、元直到清朝,八九百年中国的帝王之都。

那么所谓文化又是什么呢?每人的生活,任何一切,自然有一种深厚的礼仪之感。就是那位朋友讲的,住在北平,谁也没有干涉谁,衣服穿得不规矩时,自然觉得不好意思出门了。这是一个什么力量呢?这个是文化的力量,行动乱了,自会感觉在这个社会不大合适。所以北平人连吵架都有他的文化——"你今天怎么搞的?我又没有得罪你!"总是很礼貌地讲,不像我们动不动拳头就先拿出来。为什么那个地方会形成这种情况?详细讲的话有很多细节,根本原因就是文化的基础。这个基础就是现在讲的"圣人恃道化",不是命令,也不是法律;可是形成这么一个状态要八九百年,也是自然教育下来的力量,这就是"道化"。

"而不恃智巧",智巧是什么?是头脑玩聪明。换句话说,我们今天整个的人类社会,不止一个国家,不止一个地区,统统在玩聪明,玩智巧。所以我们听到某人很有办法,这个办法就是智巧,玩智巧最后是失败的,我在三四十年以前已经讲过了,因为是从生活上体验、经验得来的。尤其现在的小孩,讲话之聪明,玩手段的本事啊!不是道化,是电化,都是电视、电脑上学会的。在这个世界上人人都在玩聪明,聪明已经没有用了,所以未来的时代,成功的人一定是诚恳的、规矩老实的。当然你也可以说,规矩老实也是一种手段,在理论上可以那么讲,但是毕竟古今中外的人,都喜欢诚恳老实的人。就拿我们自己来比,你交一个朋友,他办法多,有智巧,很聪明,你一定非常喜欢,但是你也非常害怕。所以你最爱的朋友一定是那个老实诚恳的。所以列子也说"圣人恃道化而不恃智巧",智巧再高,也只能高到这个程度了。

这一段故事,刚才大概加以说明,至于在人生的体会,在人生哲学、政治哲学思想的应用上,这一段故事也包含各方面的学问、内容。所以读中国的子书,诸子百家之学,它启发我们的智慧是很多方面的。

不能接受的赠与

子列子穷，容貌有饥色。客有言之郑子阳者曰："列御寇盖有道之士也，居君之国而穷，君无乃为不好士乎？"郑子阳即令官遗之粟。子列子出见使者，再拜而辞，使者去。

子列子入，其妻望之而拊心曰："妾闻为有道者之妻子，皆得佚乐，今有饥色，君遇而遗先生食，先生不受，岂不命也哉！"子列子笑谓之曰："君非自知我也，以人之言而遗我粟。至其罪我也，又且以人之言；此吾所以不受也。"其卒，民果作难而杀子阳。

这个故事就讲到列子的本身，"子列子穷，容貌有饥色，客有言之郑子阳者"，列子很穷，穷得连便当都吃不起了，所以容貌都有菜色，发青了。"客"，在古书里这个客是另外有一个人，就向郑国的领袖郑子阳讲，他说列御寇是有道的人，有学问，有道德，他现在在你郑国很穷，一个有道、有学问的人，在你郑国都无法生存，是这个社会国家的耻辱，也会使人觉得，你不喜欢有道德、有学问的知识分子。

"郑子阳即令官遗之粟"，郑子阳听了这个话，马上就派官人送粟去给列子。古代负责管理某一件事的人称为官，就是管的意思。其实这个粟是五谷里的一种，古代社会粮食也代表钱币，同样有流通的价值。

"子列子出见使者，再拜而辞，使者去"，列子看到国君送粮食来，就很客气地行礼致谢，不接受这个赏赐，使者就回去了。这个再拜的"再"字，并不是说拜了又拜，这个"再"字在古代与"载"字通用，所以有时候写信，某某再拜不一定用这个"再"，而用这个"载"字，就是很恭敬地拜。拜，古人是跪拜，等于我们行三鞠躬礼。

你看日本的电影，不管男女都跪拜。以前中国有个不好的笑话，说住要住洋房，吃要吃中国菜，老婆要讨日本女子。为什么呢？因为日本女人很有礼貌，见到丈夫就跪了。实际上他们男女都跪惯了，他们的跪就是坐。为什么讲这个笑话呢？跪拜是我们中国的古礼之一，东方都行跪拜，包括日本、韩国、越南、泰国等，都是受中国文化的影响。

"子列子入"，国君派来的人走了以后，列子回到屋里，太太不高兴了。我们这些男子们，所谓"男子汉，大豆腐"，碰到没有办法的时候，是很为难的。所以社会上有句名言，"妻共贫贱难"，古人说"贫贱夫妻百事哀"。但是另外有一句"夫共富贵难"，两个人结婚的时候穷得不得了，到了中年慢慢发达了，男人有钱有地位了，对不住，大概花起来了。本省有一句话叫"老来花"啦！那时夫妻共富贵就难了。不过现在的社会不同哦！男女都一样，共贫贱不容易，共富贵更难。据我所了解，现在社会家庭，许多中年以上的夫妇都各管各的了，这种家庭问题、社会问题太多太多。过去的社会，夫妇的问题是出在少年，现在家庭出问题是中老年的时候，社会情况不同了。不管如何，古代妇女，多半靠男人过生活，结婚是买了长期的饭票，结果买了列子的饭票，连他自己都没有饭吃。

所以列子一进屋来，"其妻望之而拊心"，她气极了，看看他，就耍脾气，自己捶起胸口来。"妾闻为有道者之妻子，皆得佚乐"，她说，据我所知，一个有学问、有本事的人的妻儿，生活过得都很舒服。"今有饥色"，现在你也有学问，有道德，有本事，结果我们饭都吃不饱。"君遇而遗先生食，先生不受"，国家的领袖送生活费给你，结果你却不接受，"岂不命也哉！"这一段如果演电视的话，这个太太一定大哭大闹，我命好苦啊！她又跳又哭又闹，几乎要自杀那个样子，又像马上要跑到西药店买安眠药那个样子。

列子没有被她吓住，"子列子笑谓之曰"，笑起来，哈哈大笑。他说你要了解，这个国君要人来送粮食给我，他并不是真正了解我是个什么样的人啊！这一句话很有道理，不管你们将来当了什么大老板，发财之后，要想透彻了解别人很难，接触人的机会非常少，人家接触你的机会也不多。任何的地位都是一样，还有就是年纪大了，更是如此。这个里头就是一个大哲学，有很多人生的经验。换句话说，一个人到了某一个阶段，精力已经不够用了，事情太多了，不像当大学生的，上了四节课，游手好闲，坐茶馆里都觉得时间好长！一天过的日子很无聊。

那些高位的人，很痛苦，他没有时间机会接触到旁人，所以要想了解别人也很不容易。因此列子讲，"君非自知我也，以人之言而遗我粟。"这位国君他并不是真正了解我，他接受了别人的建议，表示自己很有风度，爱天下士，因此送生活费用给我。我们青年同学们在这个地方就要想一想，假使自己碰到这样高薪的机会，大概夜里睡不着啦！不要说这样，一张表扬状给你，都要贴在墙壁上看三个钟头，对不对？可是一个有学问、有智慧的人，像列子一样，他可不会这样。他又说，"至于罪我也，又且以人之言；此吾所以不受也。"明天有一个人讲我不对，他就会派人来杀我了。因为这不是他自己的本意，只是受左右之言的影响。一个人到了某一个地位，左右旁边人的话很容易听进去，所以做一个领袖，能够不听左右亲信的话，或者虽然听了，自己有高度智慧来分别的，确实非常不易。

有智慧判断的人

所以我们常常引用历史上唐朝女皇帝武则天的故事,这是女同学最高兴、最拥护的,女人就是这样当了皇帝,真正了不起。历史上讲她坏,攻击她私生活方面乱,但是武则天在政治的作为上,有许多方面非常了不起,的确很难得,也很能够接受人家的建议。最后接受了狄仁杰的建议,不要搞下去了,你年纪大了退休吧,她就规规矩矩放下而退休了。慈禧太后就做不到,汉高祖的太太吕后也做不到,武则天做到了,提得起放得下,说不当皇帝就不当了。这一点就很不容易,尤其是女性很难的,女性到了年纪大时,什么东西都要抓,越想抓得紧,越是什么都抓不住,所以孔子说人"年老戒之在得"。

武则天有一天问她的同宗兄弟宰相武三思,她说我们宫廷里头哪一个是好人啊?武三思讲老实话,他说跟我好的都是好人。武则天这位精明的女皇帝说,你这个是什么话?武三思说这个道理很简单,我假使不认识他,是好人我也不知道啊!所以我认识的人,我认为是好人的,才肯与他多来往,所以我讲跟我好的都是好人。武则天说这个蛮有道理。是这个样子嘛!社会上好人多得很,可是机会不凑巧,我不认识嘛!我怎么知道哪个是好人啊!这个话蛮合逻辑。武三思本来在唐朝政治上是个坏的,奸臣之流,虽说是奸臣,有时候做一点事情也不同。所以说认人很难。

我们为什么讲这个历史故事?说明列子不接受别人轻易的赏赐,尤其上面轻易的恩惠;反过来则同样有轻易的祸害,这就是人生哲学。古人说"求于人者畏于人",所以我常常说笑话,告诉年轻同学,过去我没有钱的时候,向朋友借钱,我有个哲学的。我一进门,不要讲什么客气话,也不坐下来,直接对朋友说我今天来借钱的,有没有?他说有,拿给我以后,再见了,下一次再跟他谈,今天没有时间;如果他说没有,再见了!不要多心,没有关系,我另找别的朋友去。这不是很痛快嘛!因为你一坐下来,你好啊!请坐啊!泡茶啊!最后你再借钱啊!开不了口;万一开了口,对方告诉你他今天没有钱,他也难过,两个人很伤感情。你们去向人家借过钱的,一定有这个经验,等你坐下来东谈西谈,结果肚子还饿着,开不了口。然后请你吃饭,不要,不要,我还有约会,实际上要去借钱,好痛苦啊!这就是"求于人者畏于人",不管什么人,你只要求人就怕人。譬如你们有些同学来,老师啊!有没有空啊?那个很恭敬的样子,就让我想到这句话,就为了有问题想问我,就怕了我了,这个何苦嘛!所以古人说:"人到无求品自高。"一个人到了处世无求于人,就是天地间第一等人,这个人品就高了嘛!由此你也懂一个哲学,一个商业的原则,做生意顾客至上,做老板的总归是倒霉,做老板永远是求人啊!要求你口袋里的钱到我口袋里来,那个多难啊!然后讲我这个东西怎么好,那个态度多好多诚恳,叫做和气生财。这个道理就是求于人者就畏于人。所以你读懂了《列子》就懂了人生,列子不是故意清高,肚子饿了要吃饭那是真的,但是这个饭有时候是毒药啊!吃不得的!所以他告诉太太,不能接受这个赠与。

那么列子的判断对不对呢?"其卒,民果作难而杀子阳",结果啊,郑国果然政变,把郑子阳杀掉了。如果列子接受了他的赏赐,当一个什么官,那老百姓会把他列入郑派,他吃饭的家伙也靠不住,就掉下来了。

可见人生处世,这个钱该拿、不该拿,要有高度的学问,高度的智慧。所以《礼记》讲君子之道有两句话,"临财毋苟得,临难毋苟免"。苟就是随便，不要随便看到钱就拿，要考虑该拿不该拿。人碰到困难危险的时候，譬如说车祸发生了，只管自己逃跑，不管同车的人，这个在中国文化上是不许可的，因为"临难毋苟免"，不轻易逃避。尤其是担当国家大事的时候，做忠臣孝子的，就要有毋苟免的修养。

讲到这个"毋"字，就是不可以，这个"苟"是苟且，不可以随便。我们讲一个中国古代的笑话，有一个人不读书，不认识字，但是在私塾边上住，听学生们念"临财毋苟得，临难毋苟免"，他听得很熟了，也在书上看这个字，同母亲的"母"字差不多。此人死后去见阎王，阎王说你这个人很好，投胎想做什么样的人，你自己去选。这个人想了半天说，我想做母狗。阎王说，为什么呢？他说《礼记》上说的，"临财母狗得，临难母狗免"，所以当母狗最好。这是挖苦认白字的人。

第六讲

列子臆说

鲁施氏有二子，其一好学，其一好兵。好学者以术干齐侯，齐侯纳之，以为诸公子之傅。好兵者之楚，以法干楚王，王悦之，以为军正，禄富其家，爵荣其亲。施氏之邻人孟氏同有二子，所业亦同，而窘于贫。美施氏之有，因从请进趋之方，二子以实告孟氏。孟氏之一子之秦，以术干秦王。秦王曰："当今诸侯力争，所务兵食而已。若用仁义治吾国，是灭亡之道。"遂宫而放之。

学识同　遭遇不同

鲁国姓施的人家，有两个儿子，一个学问好，另一个军事学好。"好学者以术干齐侯，齐侯纳之，以为诸公子之傅。"干就是干涉，参加贡献的意思。学问好的这个儿子跑到齐国去，齐国的国王接纳了他，并派他做皇室公子们的老师。"好兵者之楚，以法干楚王，王悦之，以为军正，禄富其家，爵荣其亲"。懂军事的这个儿子去到楚国，向楚王贡献策谋，楚王很欣赏，任他军中的要职，这二人又有官位，待遇又高，十分圆满。

"施氏之邻人孟氏同有二子，所业亦同，而窘于贫"，施家的邻居孟家，也有两个儿子，所学的与施家的一样，可能都是同学吧！但孟家颇穷，看到施家二子都发达了，就很羡慕，于是就到施家请教，如何才能进取得到富贵。施家的儿子把求职的方法和过程，老老实实地告诉了孟家弟兄。

"孟氏之一子之秦，以术干秦王"，孟家一个儿子立刻跑到秦国，向秦王讲述他的高见，仁义如何、道德如何等等，都很正确高尚。"秦王曰：当今诸侯力争，所务兵食而已。若用仁义治吾国，是灭亡之道"，秦王听了孟家这个儿子的建议，却说目下各国都在争霸之中，大家主要的任务都在军事兵力以及给养粮食方面，如果我们只讲仁义，那会招致灭亡的。"遂宫而放之"，因为秦王讨厌孟氏子的建议，心中十分不快，就把他刑伤之后才放走。宫是宫刑的意思。

其一子之卫，以法干卫侯。卫侯曰："吾弱国也，而摄乎大国之间。大国吾事之，小国吾抚之，是求安之道。若赖兵权，灭亡可待矣，若全而归之，适于他国，为吾之患不轻矣。"遂刖之，而还诸鲁。既反，孟氏之父子叩胸而让施氏。

孟家另一个儿子到卫国去献策，他大概有军事专才，但是卫王说，我卫国是个小国，在大国的夹缝中生存，"大国吾事之，小国吾抚之，是求安之道"，对于大国我们是小心奉承的，对小国则是安抚的，为的就是求得国家的平安无事。在两个大国之间生存，要建立自卫军队都不行，连警察的权力都不能加强，会被大国怀疑的——这个就是现在日本的处境，防卫能力加强，要得到国际上的同意——"若赖兵权，灭亡可待矣"，你老兄这一套加强军事，不是要我快点亡国吗？

"若全而归之，适于他国"，卫侯心想，这个家伙思想非常好，是个大将之才，我现在不听他的意见，让他随便走掉，到了别的国家，将来得志还不是来打我这个小国家吗？"为吾之患不轻矣"，你将来恐怕是卫国的一个祸患。不行！不能"全而归之"，"遂刖之而还诸鲁"，于是就把他两条腿砍断，同孙膑一样，变成残废人放回去。这两个弟兄遭遇那么惨，那么倒霉地回来，不但没有工作，还变成残废人。所以孟家父子"叩胸"，捶胸大哭，"而让施氏"，到了施家的门口叫，你害了我们，教得不对，结果变成这样。

这个故事很妙吧！同样的家庭身世，同样的环境里出来，学同样的东西，人家两个弟兄干得这样好，这两个弟兄就那么倒霉，结果无处可怨就埋怨到施家身上来了。所以这里头又产生一个现象，自己不成功就埋怨别人，可见人生怨天尤人是很平常的现象，觉得自己本事很大，都怪别人不对，孟家的这两个儿子也是这样。

施氏曰："凡得时者昌，失时者亡。子道与吾同，而功与吾异，失时者也，非行之谬也。且天下理无常是，事无常非。先日所用，今或弃之；今之所弃，后或用之。此用与不用，无定是非也。投隙抵时，应事无方，属乎智。智苟不足，使君博如孔丘，术如吕尚，焉往而不穷哉？"孟氏父子釋然无愠容，曰："吾知之矣。子勿重言！"

得时者昌　失时者亡

那么施家的人一听，头脑就比孟氏好，"施氏曰：'凡得时者昌，失时者亡。'"他说：你啊，真是不懂！时间不对，得不到机会；有同样的本事，眼光不对，机会也把握不住，只能怪你运气不好。注意哦！人生一切的境界，时间、空间这些都是条件，机会来了要知道把握，当然你把握得不对也不成功。"亡"就代表失败。

像我常说的，看赶公共汽车就看到人生。每人都想上车找个好位子，你就要把握机会了，公共汽车一停就上，找个地方就坐，没有位子，只有站在中间。能站着也不错了，不要站在那里还在埋怨，坐着的人还讨厌你。这还是好的呢！还有些人当公共汽车停下来，他差几步赶到，拼命地跑，跑得一身大汗，刚跑到，车子"噗"开走了，后面黑气喷出来，他指着那个公共汽车骂，你该死……骂了半天，还是在那里吃臭气，有什么用呢？还不如老老实实等下一部车，这就是把握时间的问题。没有时间等，你又怕坐车子难过，走路嘛！埋怨个什么呢？！这就要懂得处世，懂得自己的人生，所以要知道"得时"的重要性。

他说人生的境界，天下大事、个人事情都是一样，机会过了，你在后面赶，那没有不失败的。"子道与吾同，而功与吾异"，他说你们家的两个弟兄，所学的与我们一样，我们两个成功了，你们失败，什么道理呢？就是不晓得把握时间，对环境、机运不了解。譬如大家在学生时代，都晓得电脑的发展好，也有人学会了电脑找不到工作的，是什么原因？要自己反省。如果跑到乡下去，见人正拿着锄头挖地，你告诉那些人我是学电脑的，来帮你好不好？他一定不要，因为不合时宜，这就是"失时者也"。不是赶时髦就成功，赶时髦不一定成功，"非行之谬也"，并不是说你的学问不对，是你用的时间不对，机运错了嘛！

最重要的还不止此，"且天下理无常是，事无常非"，天下的是非是没有一定的，某一种原则，某一种道理，在某个时候、某个环境是对的，到另一个环境就不对了。就像我们这里，大家看到有人打坐，也上来参加，就是合时合地，如果你跑到别人公司两腿一盘打坐，不把你送精神病院才怪呢！因为环境不对嘛！所以是"理无常是，事无常非"，任何事都是这样，没有永远错的，就看你用的那个时间、空间、环境。如果不晓得把握这个原则，你就错了。

"先日所用，今或弃之"，他说天下的事情，过去那个时代非常重视的，现在可能无用，今天已经落伍了。但是，你也不要认为你学的东西落伍，譬如我常常说，像我们当年学佛学禅，一般人认为：唉！这个孩子，那么好一个人才，搞这个事情，真是糟糕，他怎么那么灰心啊！可是，现在禅不是都很吃香吗？你看天下事有一定吗？

"今之所弃，后或用之"，所以这个里头你就要注意了。孔子也讲过了"古之学者为己，今之学者为人"，古人是为自己而求学问，就是现在讲性向问题，我的兴趣所在，我必须要努力这个事情才有成果，当父母的不要勉强他。你不要认为这个孩子学了这个，三千块钱一月的工作也找不到，算不定二十年以后，给他几万块钱还不干呢！走运了，那个时候现在所抛弃的，将来也许有大用，这个很难讲。

所以要了解这个人生的境界，"此用与不用，无定是非也"，得志与不得志，没有呆定的，没有一定什么叫做对，什么叫做不对。所以我常常说学医的人，过去我在国防医学院也讲过，大家唯一的出路靠医，现在再学医就未必那么前途无量。时代不同，所以为了要发财去学医，错了；说我要救世救人去学医，对了。目的就是看你立志如何，就是"此用与不用，无定是非也"。

知时知量　心灵智慧

下面几个字，两个大原则，你要把握住，就是道家的教育原则，"投隙抵时，应事无方"，这八个字要紧得很啊！你懂了以后一生妙用无穷，包你不会饿饭，随便哪里都可以找到工作，大的大做，小的小做。"投隙"，隙就是有空隙的地方，你说你是个博士到处找不到工作，现在为了吃饭，有个地方需要一个工友，这个地方有这个空隙你就来。不要说我是什么博士啊！问你学历，只说我小学毕业，工友的事情我少年时候都做过。问你认不认得字啊？大字认得几个，小字不认得，因为目的是来做工友，要工作啊！在战争的时代，到了外地，人生地不熟，要解决吃饭问题嘛！如果说自己学问怎么了不起，你完了，那你只有两条腿刖掉，或者被人家宫刑。天下任何事总有一个空隙，要把握那个空隙去应用。"抵时"，掌握住那个时间，就是跟人家讲一句话也要找时间。常常有些同学来找我，看到我正忙的时候，他也不管三七二十一，老师啊！我有事给你讲。我说，我这里正忙，你等一下。这就是不晓得"抵时"嘛！那个时间不对，再搞不好只有挨骂的分了。"投隙抵时"，是把握这两个原则，万事都有它的空隙，在那个空隙里头就是你的天地，能建立你的事业，所以要把握那个原则。

"应事无方"，在世界上做人做事，没有呆定的方法，也没有呆定的方向，也没有呆定的原则。像有时候跟年轻同学一谈，哎呀！我是学工商管理的，以我的工商管理看……他贡献了很多的意见。我说你给我上的课听完了，对不起，你讲的那些我都懂，我这里都用不上。他这个是呆板，自己设一个方位看天下事，也就是职业病了。你跑到一个工厂里头，大家都在忙、在做工的时候，你说我是学心理学的，给你们讲心理学，那不是疯子吗？那个时候是不能讲心理学的，那是要做工耶！一分一秒都是钱耶！所以要懂这个道理，发挥起来很多。

但是这个原则你尽管懂了，你也听了《庄子》《列子》，但是你还是不行，什么道理？"运用之妙存乎一心"，智慧、头脑不同，有智慧的人拿到一用就对；等于一个照相机，聪明技术高的人一照，那就是好，最新最好的照相机给那个笨蛋，照起来变鬼相了。所以"应事无方，属乎智"，这个智啊，智慧可不等于聪明，聪明是属于后天头脑，一堆学识知识凑拢来，可以了解的。聪就是耳朵好，脑筋反应得快，明就是眼睛好。据近视的同学告诉我，近视度数太高时，听力都很差，我旁边好几位近视同学，我说你怎么搞的，反应那么慢？老师啊，我没有戴眼镜。

"智苟不足，使君博如孔丘"，他说假使你智慧不足，就算你学问好得像孔子一样，"术如吕尚"，你的本事大得比姜太公还高明，"焉往而不穷哉"，焉往就是何往，如果智慧不足，不管你到哪里去都要倒霉的啊！就是这个道理。

施家与孟家的两对弟兄，本事、学问一样，结果却大不同。我们看到同一个学校、同一个科系毕业的同班同学，大家所学都一样，但机运不同，他们的应用也不同，遭遇不同，几十年后，只有一两个成功出头了。俗语说"福至心灵"，表面上看起来这句话是没有出息的话，是靠运气，实际上是智慧的道理，心灵就是智慧，心境灵敏，智慧运用无方，自然福气就来了。把文字倒过来说，就是心灵福至了。

这一段故事，列子现在所引用的，仍是总题目《说符》的内容，这中间每个故事好像是独立的，其实不是独立的，都是跟上面连续下来的，是一个系列。大家读《列子》，这一点不要忘记，每一个故事，都是人生的经验，启发我们人生之路要怎么走。

孟家父子听施家父子说过以后，"舍然无愠容"，舍就是放，心里就放下；愠就是埋怨。自己心里的痛苦都放下，外面态度也变了，也不埋怨了，就对施家父子讲，"吾知之矣"，我们都懂了，"子勿重言"，希望你不要再说下去了。失败了，又得了教训，教训已经懂了，再说就受不了啦。

这一段故事意义很深长，重点是人生做人做事要知时，所以佛经上讲打坐修行一切功夫，就连练拳、练武功都要"知时知量"。等于我们身体虚弱要吃补药，吃下去身体好了就要知止。但是你认为补药很有利，继续拼命地吃，那要吃出毛病来的，所以要知时知量。

上面是讲普通老百姓，如何一步登天，走到成功之路。拿春秋战国来讲，等于说"以布衣而干诸侯"，以一个平民老百姓去向皇帝报告，贡献很好的意见，用三寸不烂之舌取得卿相之位。一番话谈下来，马上可以当部长，当大元帅，在当时是很多的。其实这一番话，并不是嘴巴乱讲，而是几十年读书累积下来的知识学问。这中间有一个大原则，刚才我们都讲过了，你们自己再去体会。

会说话的公子

晋文公出会，欲伐卫，公子锄仰天而笑。公问："何笑？"曰："臣笑邻之人有送其妻适私家者，道见桑妇，悦而与言，然顾视其妻，亦有招之者矣。臣窃笑此也。"公寤其言，乃止。引师而还，未至，而有伐其北鄙者矣。

接续下来这个故事，不是讲老百姓了，"晋文公出会，欲伐卫，公子锄仰天而笑，公问：'何笑？'"这个晋文公啊！有一天离开他的宫廷，召集一个大会，准备出兵打卫国。刚才我们已经看到，卫国在两大国之间，当齐国强的时候，卫国只能跟在齐国屁股后面跑。晋文公在那个时代是春秋五霸的霸主，卫国跟着晋国，小国家抱着大国的大腿走，很难的哦！非常痛苦。这个当家的痛苦不是我们想象得到的，卫国有一点不对，晋文公就想出兵打它。可是晋文公面前有位公子锄，是晋文公的侄子或是兄弟辈，所谓诸侯之国的世子称公子，"锄"是他的名字。这个公子锄看到晋文公要出兵，当着他的面仰天哈哈大笑。

我们晓得这一篇的题目叫做"说符"，是说讲话难，非常难啊！所以你们做人家的部下，讲话要合时啊！知时知量啊！什么时间该讲什么话，不会讲话就糟了。像施家的两个兄弟，那么会把握时间，取功名如探囊取物那么方便，而孟家的两个弟兄，把命都赔上还达不到目的，这就是《说符》的问题。

现在你看，晋文公已经穿上元首的衣服，正要出席御前军事会议，马上要出兵消灭卫国。这个多机密啊！只有少数的人才知道，公子锄反对这个事情，可是他不能向晋文公直说不可以打，算不定脑袋就掉下来了，所以他以一个特别的态度表达，"仰天而笑"。晋文公就问他笑什么？因为他到底还是公子。他说，"臣笑邻之人有送其妻适私家者",今天早晨我笑死了,我看到隔壁的邻居送他的太太回娘家,"道见桑妇,悦而与言",这个男人不老实,在路上看到桑树园里有个采桑的女子,很漂亮,就向这个女的勾勾搭搭,也不管他太太了。"然顾视其妻,亦有招之者矣",他跟这个女的还没有讲完话,回头看看自己太太知不知道,结果看到另外一个男人也同他太太勾搭上了。他说你看奇怪不奇怪?这一件事情把我肚子都笑痛了,所以我现在忍不住,就是笑这一件事。

晋文公一听,不开会了,也不打了,"公寤其言",脑子清楚了。换句话说,你一出兵打别人,也有别的国家打你呀!不能这样干啊!干不得啊!"乃止",停止这个会议,也不出兵了。"引师而还",有些部队已经到了前方,赶快召回来。"未至,而有伐其北鄙者矣",前方的部队还没有回来,果然齐国已经出兵打晋国的北部了。如果他要把大军都摆到前方打卫国的话,自己的国家可能被吃掉一半还不止。

公子锄虽然看到,可是晋文公那个威风一来,兴致一动要出兵的时候,正面刺他是阻止不了的;不但阻止不了,还会出问题。你们看《三国演义》,袁绍出兵,那个沮授谏袁绍不可以打,说如果打一定失败。袁绍不听,把他关起来,大军失败回来之后,第一个还杀了他。当沮授一听袁绍败兵回来,他说:完了,我死定了。为什么?因为晓得袁绍的个性,打了胜仗回来一定不会杀我,因为我说他失败,而他成功了,笑我一顿了事。结果他打了败仗,被我说准了,他就丢不起人,一定会把我砍头的。历史上这一类故事很多,因此晓得说话之难。

公子锄这一段故事,虽是讲国家大事,但家庭也是一样,在家里跟父母讲话,也要懂得知时知量,也要会讲,不会讲话父母会气得哭起来。如果懂得讲的话,算不定爸妈正在吵架,听你笑话一讲,两个就不吵了,要有这个本事。所以做人也一样,即便遭遇最危险的大事,讲起话来知时知量,有时候一句笑话就解救了天下。

第七讲

列子臆说

我们再提请诸位特别的注意,《列子》中的每个故事看来都是独立的,一条一条,但是以我们的人生为标准,上至治国,下至个人的做人做事,都有个体系。不要只记了每个故事的分段,而不了解全面。

会识别窃盗的人

　　晋国苦盗。有郤雍者,能视盗之貌,察其眉睫之间,而得其情。晋侯使视盗,千百无遗一焉。晋侯大喜,告赵文子曰:"吾得一人,而一国盗为尽矣,奚用多为?"文子曰:"吾君恃伺察而得盗,盗不尽矣,且郤雍必不得其死焉。"俄而,群盗谋曰:"吾所穷者郤雍也。"遂共盗而残之。

　　晋国有一个时期,同我们当代社会一样,坏人很多。这个"盗",包括了凶杀案、小偷、抢劫,都在内。"有郤雍者,能视盗之貌",晋国有个人叫郤雍,他有特别的本事,现在讲就是会看人的相貌,特别的相法,"察其眉睫之间,而得其情",看看人家的眉毛、眼睛、脸上表情,就知道这个是小偷,那个是抢人的,某个案子是谁做的。

　　"晋侯使视盗,千百无遗一焉。"晋国的国王,就叫郤雍办案,办了很多次的案子,没有哪件不破,而且坏人都抓到了。晋国的国王非常高兴,对赵文子说:"吾得一人,而一国盗为尽矣",我国有一个最好的防盗人才,很会抓窃盗,只要有这个人,全国的窃盗就没有了。所以得到这样的一个人才,天下太平,"奚用多为",不必用那么多人了,连警备部都可以撤销了,警察也可以不要了,多好啊!

　　"文子曰:'吾君恃伺察而得盗,盗不尽矣'",赵文子说,那是靠人的侦察而抓住盗贼,我告诉你,小盗没有了,大盗要起来了。靠秘密侦察这个方法来抓盗贼,这只是偶然用的手段,政治不能经常玩这个。光靠这个想治天下,就糟糕了,这非常严重。

我们现在是讲《列子》,中国历史上好多帝王都是用这种手段,尤其是明朝的时候,所谓东厂、西厂,皇帝派出太监来侦察大家的事,越来越糟,这是第一点。讲到政治领导,应该是道德的政治,领导人与家长一样,"不痴不聋,不做阿翁",有时候做公公婆婆的,小事情假装看不见,每一件事情都很精明就完了。文子说的第二点:"且郤雍必不得其死焉",他说我告诉你,那个侦察很高明叫郤雍的人,不得好死,很危险了。赵文子就批评了这两点,他说这不是天下的良才。

"俄而,群盗谋曰:'吾所穷者郤雍也。'"过了一阵子,这一班流氓太保做强盗的,一起商量,说最可怕的人物就是郤雍,必须把他除掉。结果"遂共盗而残之",这个"盗"字是动词,叫做偷盗,偷偷地把这个郤雍弄走,就把他谋杀了。

如何消灭盗乱

晋侯闻而大骇,立召文子而告之曰:"果如子言,郤雍死矣!然取盗何方?"文子曰:"周谚有言:'察见渊鱼者不祥,智料隐匿者有殃。'且君欲无盗,莫若举贤而任之,使教明于上,化行于下。民有耻心,则何盗之为?"于是用随会知政,而群盗奔秦焉。

郤雍这个人失踪了,被坏人杀了,晋侯听了非常惊恐,立刻把赵文子找来,告诉他这一件事。"果如子言,郤雍死矣",真给你说准了,郤雍会看相,你大概会算命,怎么把他算得那么准!郤雍是死了,"然取盗何方",这个社会那么乱,应该怎么办啊?有什么方法?

"文子曰",这个赵文子讲,"周谚有言",周朝的周公、文王、武王,是建立中国文化的中心人物,周朝流传下来的话,"察见渊鱼者不祥,智料隐匿者有殃"。这一句话我们注意啊!经常在书上看到,它是出在这个地方,这是两句名言,尤其是一个做领导的人,当然非要精明不可,但是精明要有个限度,而且精明更不能外露,这是中国做人做事的名言。

"察见渊鱼者不祥",一个人眼睛太好了,河里有几条鱼都看得清楚,那是不吉利的,这个人会犯凶事,再不然将来眼睛会瞎。这个道理在什么地方呢?譬如我们在儒家的书上可以看到,孔子有一天,带颜回一班同学,到鲁国的东门去看泰山,好像开同乐会一样。孔子看鲁国的东门时,就问这一班同学,东门有一条白练,像白布一样在走动,不晓得是什么东西?等于孔子测验大家,你们看不看得见啊?结果大家都戴近视眼镜了,看不见。孔子说你们视力太差了,连我老头子都看见鲁国东门有一条白练在走。颜回在旁边说,老师啊!不是一条白练,是一个穿白衣服的人,骑在白马上,跑得很快。孔子一听很惊讶,看颜渊一眼,愣了半天不说话,摇摇头。拿我们现在医学来讲,颜回读书用心太过,把精神外露了,所以四十来岁就走了。这是以道家的观点,从生理学上,来讲保养精神的道理。

这也是讲做人的道理,觉得自己非常精明,精明里头聪明难,糊涂亦难啊!由聪明转到糊涂更难!所以精明得太过分了,什么小事都很清楚,"察见渊鱼者不祥",就是不吉利。这一句话,我们为人处世千万记住,随时可以用到。有时候在处理一件麻烦事时,你只要想到这个道理,就可以完成很多好事,成就很多事业,自己人生也减少了很多麻烦。

"智料隐匿者有殃"，一个人的智慧很高，很聪明，别人家的隐私虽然你不一定看到，但是一判断就知道。这并不是好事，会有祸害的，这一种祸害的原因就很多很多了。

这两句是名言，我们现在只是照文字的讲法，而真正运用在人生的境界上，有很多方面。不过注意！也有用反了的，为了这两句话，守住原则不知变通，你绝对变成一个大糊涂蛋，那必然注定失败。所以，运用之妙，还是在于智慧，这是第一点。他这两句话也就解释了郄雍之所以被杀，就因为犯了这两句话的毛病，精明太露，福德、福报就差了。

第二点他说治盗，处理社会的盗乱，这是政治哲学的原则，"且君欲无盗，莫若举贤而任之，使教明于上，化行于下，民有耻心，则何盗之为"，他说一个社会国家没有坏人，没有强盗，那要在文化教育方面着力才行，国家要重视贤人——有道德、有学问、有才能的人才是。

我们中国文化，自上古以来，不管儒墨道，哲学思想始终是尚贤。孟子更提出来"贤者在位，能者在职"，贤是贤，能是能，是分类的。我们现在看到选举的宣传，也是选贤与能，"贤"是有道德、有学问、品德好的人；"能"是有才能，参与、指导政治思想，领导做行政工作的人。如地方首长，要能干，要有才能。不过，学问道德很好不一定有才能啊！有些人学问非常好，但遇事拿不出办法，团团转，然后睡不着，还吃镇定剂，这是无才能。如果是能干的人，哪怕他学问不好，办起事来也干净利落，事情到手马上就解决了，不管什么社会问题、政治问题，一大堆，都拿得出办法来。

《列子》这里把政治上的贤能，笼统地概括在一起，所以说"举贤而任之"，社会好，是靠教育文化的力量。这个教育不是狭义的学校教育，而是家庭教育、社会教育，乃至现在的电视教育、报纸教育,以及广告的宣传教育都包括在内。"使教明于上",在上有昌明教化,能建立一个泱泱大国,形成一个真正文化的教育风气,"化行于下",使国民道德得到养成教化。"化"字要特别注意,"化"字不是严格的教育,是自然的影响。我们到一个公共场所,看到人人衣冠整齐,我们不整不齐的,穿拖鞋,头发又乱,立刻自觉不妥了。所以化是感化,是无形的。所谓教育这个"教"字,旁边一个文章的"文",解释是"教者,效也",效果那个"效",教育是一个效果。

还有一个道理,教字右旁,现在写这个"攵"字,过去是写成"攴"。我们小的时候书读不好,背不来,老师用桌上一个戒尺,我们南方叫格方,就是打手板。所以古人说"棒头出孝子,杖下出良臣",对老师来讲,杖下教出来的学生会做状元,将来了不起,做忠臣孝子。教者效也,所以教字旁从攵,攵就是扑挞;化是无言之教,自然受影响、受感化。如果教也教不了,化也化不动,那就要用刑法了。中国法治的哲学,刑法的哲学,也是属于教育的范围,因为实在教不了,没得办法,所谓一家哭不如一人哭,对于一个妨碍社会的害群之马,只好去掉,所以刑法也属于教的一种,是教的分化。

什么是神道设教

《列子》提出"君欲无盗,莫若举贤而任之,使教明于上,化行于下",下就是普遍整个的社会。譬如我们中国的教化,几千年前《易经》就有"神道设教",《礼记》上说"化民成俗"。其实外国也一样,西方信仰基督教,总统就职以及其他就位仪式,一只手按在《圣经》上,一只手举起来宣誓,就是神道设教啊!你说那个上帝究竟管里根或者管卡特啊!所以每个民族都是神道设教。前几天我听到有些人说,这个拜拜太严重啊!应该把乡下这些庙子拆掉。我说你少胡扯了，拜拜对，太过分了不对。乡下人吵架，来，来，我们两个人不要吵，买三支香到土地公、关公、妈祖前面跪下来，斩一个鸡头，赌个咒，看谁没有良心。都怕了，这比什么都好。所以神道设教，化民成俗，如果说土地公会找你，阎王会找你，你有果报，你听见睡觉都不得安宁了，安眠药都没有用，这也是教。所以宗教也称为教，也有教的意义，也有化的意义，化民成俗，这个叫教化。

所以"民有耻心"，古文这个民不是光指老百姓，现在白话就是人们。一般社会上讲人们知耻，是自己晓得什么该做什么不该做。自己做了错事都脸红，这就是教育的成功了，不需要刑罚，不需要诉之于法院。人们知耻，"则何盗之为"，社会自然就安定，没有盗，所以是道德的政治。

"于是用随会知政，而群盗奔秦焉"，晋侯接受了这个谏议，马上用了一个了不起的人，姓随名叫会，用他来主持政务。结果晋国的坏人流氓、土匪强盗都跑到秦国去了。就用这么一个人，就做到了"使教明于上，化行于下"，得到了成果。

孔子见到一个奇人

孔子自卫反鲁，息驾乎河梁而观焉。有悬水三十仞，圜流九十里，鱼鳖弗能游，鼋鼍弗能居，有一丈夫，方将厉之。孔子使人并涯止之，曰："此悬水三十仞，圜流九十里，鱼鳖弗能游，鼋鼍弗能居也。意者难可以济乎？"丈夫不以错意，遂度而出。孔子问之曰："巧乎！有道术乎？所以能入而出者，何也？"

这一段故事，讲个人问题，你看它配套非常好。"孔子自卫反鲁，息驾乎河梁而观焉"，孔子从卫国回到鲁国来，到了山东河梁之间——这个在《庄子》里提到过，非常有名的地方，有流水，等于石门水库一样，河梁是大河上面一个桥，就是水闸，平常没有完全关死的，水流下来，这在我们南方江浙一带很多，到处都能看到，山东一带比较少。

"有悬水三十仞，圜流九十里，鱼鳖弗能游，鼋鼍弗能居"，他说河梁这个地方，上面的水像瀑布一样流下来，"三十仞"，二十多尺高。"圜流九十里"，那个水冲下来，变成一个潭，水冲到潭底就转起来，转起来的力量能达到周围有九十里那么远。这个里头连鹅毛都可以沉底的哦！水中功夫再好的人到这里都不敢动了。在这一种流水之下，比鱼鳖更大的鼋鼍、大乌龟之类，都无法生活在那里。我们海边经常买到大乌龟，最大的有圆桌面那么大。有一次，海边人弄上来一个，上面挂了很多金牌，是在乾隆年间放生的牌，我还记得小的时候被抱上去坐了一会儿。那一种属于鼍，很大，它的力量也大，可是在这个水里也没有办法停留。

"有一丈夫"，结果有一个男人，真是男子汉大丈夫了，不是大豆腐了。"方将厉之"，他准备下这个水，"孔子使人并涯止之，曰"，孔子马上派人阻止他不要下去。孔子派去的这位同学，不晓得是子路还是子贡，就告诉他"此悬水三十仞，圜流九十里，鱼鳖弗能游，鼋鼍弗能居也"，孔子派人告诉他这个流水太猛了，水势太大了，太危险了，这几句话是重复，我们不解释它。但是他为什么用重复的文章？就代表非常好意、很仔细地告诉人家这个危险性，这是代表孔子的仁慈，重复一次，不能省掉的，省掉味道就不好了。"意者难可以济乎"，恐怕很难适应吧！到底是孔子的学生啊！讲话很有礼貌，在我们的意思，劝人家：你不要下去了，恐怕不容易过得去哦！这个讲法是读书人的味道。"丈夫不以错意"，这个男人一听，不在意，理都不理，咚！就跳下去了。跳下去以后，优哉游哉,在水中转了一圈,"遂度而出",他很轻松地就出来了,没有淹死。

这一下孔子也奇怪了。孔子大概同我们一样,旱鸭子,不会游泳的,只有他的学生会游泳,没有听到过孔子游泳。"孔子问之曰:巧乎",大概他身上水都没有擦干,孔子马上就跑来了,孔子求学的精神很厉害的,马上来请教。你的本事很巧,高明巧妙极了,巧跟妙配起来,妙极了。"有道术乎",他说你有什么本事啊?这个道代表形而下的法则。你这个功夫怎么练出来的?"所以能入而出者,何也?"这样危险的水势,你能够进去,能够出来,是什么原因?

奇人说忠信

> 丈夫对曰:"始吾之入也,先以忠信;及吾之出也,又从以忠信。忠信错吾躯于波流,而吾不敢用私,所以能入而复出者,以此也。"孔子谓弟子曰:"二三子识之,水且犹可以忠信诚身亲之,而况人乎?"

"丈夫对曰",这个男子就告诉他,"始吾之入也,先以忠信",他教训起孔子来了,就是公然在孔子门前卖弄四书了。他也不晓得这人是姓孔的啊!姓什么都不管,他说,告诉你,当我跳下水去的时候,就忘掉我自己了。

"忠",什么叫忠啊?于一事一物无不尽心谓之忠,这是中国古代文化的解释,宋朝以后的解释很狭义,好像只是为了老板而被杀叫做忠。所以在《论语》中有"为人谋而不忠乎",朋友托你的事,讲过的话一定去做到,这就是忠。什么是"信"?信任自己,也信任他人,尊重自己,也尊重别人,这就是忠信之道。

他这里所讲的忠信,是说他信任了水性,水有个什么性能啊?

水有个性能，出在佛经中，"大海不宿死尸"，任何的尸体在大海里，一定把它送上来。水很爱干净，死掉的东西，一定都把它浮送上来。由于这个原理，所以他很信任水性；换句话说他忘掉自己，也忘掉了水。所以他说他跳进去的时候，身心跟水合一了，不抗拒，顺其自然，水怎么转就怎么转。"及吾之出也"，等到他出来的时候，"又从以忠信"，也顺水性自然之势，那么一转就上来了。"忠信错吾躯于波流"，他以忠信、信任水性、忘我的态度，使心跟物两个合一了。"错"就是把我的身体，与水流合一了。"而吾不敢用私"，这中间一点私念都没有。什么叫不敢用私？就是不主观，不抗拒，不用私心，顺水性的圜流而转，自己不用个人的意见。因为不敢用私心，"所以能入而复出者以此也"，就是这一点，没有什么别的秘诀。既没有念咒子，也没有做观想，既不拜上帝，也没有求观音菩萨保佑，就是忘我。中间没有妄念，没有自主，心跟身、身跟水都合一了，就是这个本事。

孔子一听，又拜了一个老师了，"孔子谓弟子曰"，转过来对学生说，"二三子识之"。古书上孔子讲话经常用"二三子"，拿现在白话讲，你们这一群同学们注意。这个"识"字应该读"志"。孔子告诉学生：你们记住，"水且犹可以忠信诚身亲之，而况人乎"，你们看这个物——水是个物质的东西，人跟物质相处，只要忠信，人跟物质两个可以合一，就是神通了，无我无私。他说水尚且可以忠信，如果以此来对人、对社会、对国家、对天下，不论是做一个带兵的，或者是做一个教学生的，或者是做一个工商界的主管，只要忠信、诚信处事，物都能够转变，何况是人。

问题是我们之所以做不好，是因为自己的诚信不够，只有反求诸己。上面讲了对于国家大事的处理，下面又提到个人，我们今天先到这里为止。

第八讲

列子臆说

这篇《说符》，其中道理非常多，运用无穷，大至国家天下，小至个人的修身养性以及修道，都有关联。我们用的是《四库备要》这个本子，上一次讲到卷八的第六页，都是一段一段故事衔接的，但是你不要以为各个故事独立互不相关，事实上，每个故事都是有连续性的，这个道理要我们慢慢去体会。现在开始另一节故事。

白公问孔子曰："人可与微言乎？"孔子不应。白公问曰："若以石投水，何如？"孔子曰："吴之善没者能取之。"曰："若以水投水，何如？"孔子曰："淄渑之合，易牙尝而知之。"白公曰："人故不可与微言乎？"孔子曰："何为不可？唯知言之谓者乎！夫知言之谓者，不以言言也。争鱼者濡，逐兽者趋，非乐之也。故至言去言，至为无为。夫浅知之所争者末矣。"白公不得已，遂死于浴室。

白公请教孔子微言

"白公问孔子曰：'人可与微言乎？'孔子不应。"这几句话，是故事的纲目，但我们先要了解它的背景。白公姓白名胜，是春秋时代楚王的后人，也是当时楚国的领导人。白姓是因地名白邑而来的，后来像长江以南、两湖姓白的人，都因白邑这个地名而姓白。

在春秋二百四十多年之间，天下大乱，有儿子杀父亲的，有弟弟杀哥哥的，有部下叛变杀皇帝的，多得很。所以孔子痛心而著《春秋》，给后人一个说法，认为社会的混乱，是有知识有学问，尤其是当权在位的人，应该负最大的责任。所以《春秋》是责备贤者，不责备一般老百姓，因为一般老百姓多半是盲从的。

有关白公胜故事的这一段历史，是当时发生的部下叛变，所谓"臣弑其君，子弑其父"。青年同学们特别注意，这就是我们中国文化的一个大问题了。现在我经常讲,大家同学们洒扫应对都不知道,是教育八十年来的失败,一个青年人,怎么扫地,怎么抹桌子,怎么样对长辈讲话,怎么站,怎么坐?都不知道。现在小学里教的是:老师早,老师好,老师不得了。中国文化的基本教育,是从洒扫应对教起的。到了中学、大学,也没有教这个基本文化了。所以当长辈、老师、父母问他事情办了没有?大声回答办了啊!对父母好像训孩子一样,我们很多同学是这样。问他东西放在哪里,我刚才给你了啊!好像我犯了很大的错误,有很大的罪,几乎要我向他下跪才对,这就是我们现在的基本教育。但是这种教育是从家庭教育开始,严格地讲由胎教就开始,所以我们现在是很可怜的一个时代,几乎像春秋战国时期一样的混乱。

为什么讲到这个呢?因为古书上"臣弑其君,子弑其父"这个"弑"字,为什么不用"杀"呢?这是中国文化的规范,以下犯上用弑,不能用杀字。等于说天子、皇帝死叫"崩",不叫死亡,因为他是全民所景仰。诸侯死叫"薨",大夫死了,就是知识分子有地位的叫做"殁",普通老百姓叫"亡"。"死"只是个普通的名词。所以就是连死的文化也要分好几个阶段,有好几个意义,代表了文化的精神,我们现在都不懂了。所以现在学生对老师讲话或者跟长辈讲话,都是提高嗓门大声回答。这个态度在从前很严重啊!对父母或长辈、上级讲话,我们说"是",不敢说"对","对"是平辈答话。

所以讲到白公胜这个人,他是被臣子弑,臣子叛变杀死了他。当时这位诸侯白公胜,已经发现政体的演变,社会变坏而且乱。白公胜有一天问孔子说:"人可与微言乎?"什么叫"微言"?就是很小很轻的话,孔子没有答复这个问题。在文字上看我们好像懂了,内容却不是这么简单。

什么是《春秋》微言大义

孔子著《春秋》,二百四十多年之间,记录历史上"臣弑其君"有三十六次之多,天下社会大乱,以致家庭变化,儿女可以斗争父母。那个时代,乱到极点,孔子非常的痛心。《春秋》除了责备贤者以外,讲了三世,就是衰世、升平、太平盛世。历史上以《春秋》为标准来说,三代以下的历史,只有偶然的升平,那是由衰乱变乱的社会进步得到安定,算是升平之世,并没有达到真正的太平,太平太难了。真正的天下太平,众生平等,是跟佛的思想合一,那个叫太平。

《春秋》有三传,孔子只著了《春秋》,等于写了大标题,历史的内容在《左传》《公羊传》《穀梁传》三传里。在这三传,我们普通容易读的就是《左传》,在中学、大学念国文课,应该都是念《左传》;《公羊传》和《穀梁传》是历史的哲学,更难读了,很少人去研究,除了专家之外。我们要通中国文化,《春秋》必定要懂。现在我们讲"微言",《春秋》叫做"微言大义",非常难懂。文字好懂得很,微言,是看起来不相干的一个字,包括了全部文化的精神。所以孔子著了《春秋》,鬼神都在哭,都害怕,因为他的笔下判定了千秋万代的罪恶。我们大家在中学都读过《郑伯克段于鄢》这一篇,郑伯跟段是两兄弟,郑伯故意纵容段这个兄弟,结果把他当敌人一样,消灭了这个兄弟。对敌人打了胜仗叫做"克",除了敌人以外不能用"克"字。郑伯把弟弟当敌人一样看待,违反人本位的人类文化。孔子这个《春秋》的诛法,用了一个"克"字,郑庄公千秋万代翻不了身,这个叫微言大义。孔子只写了这一笔,至于内容如何,你去读《左传》就懂了。

再进一步说,微言是什么呢?就是跟禅宗的"机锋"一样;也等于我们普通讲话点你一下,点你一个窍,或者用一句歇后语。譬如说"和尚不吃荤",肚子里有素(数),大家笑一笑,晓得了,这就是微言,歇后语,后面没有了,后面都懂了。这个事情怎么样?"外甥打灯笼",照舅,照到娘舅,谐音,就是照旧的意思。像这些都属于微言。

白公胜要问孔子一件国家大事,但是他很会问话,"人可与微言乎",一个人有些话不能明讲,可以用别的方法吗?"微言"是不相干。孔子不答复,为什么不答复?这个里头问题大了,因为孔子始终不肯讲谋略,只讲人道正面的话,对就是对,黑就是黑,白就是白;什么阴谋、阳谋、用兵之道、政治大原则,他全懂,他不讲而已。也因为白公胜所问,是决策国家的大事,非常危险,所以孔子不答复这个问题。

关于孔子为什么不答复,注解的这个小字里头有历史上这一段故事,"白公,楚平王之孙,太子建之子也,其父为费无忌所谮,出奔郑",费无忌是个奸臣,在白公胜祖父前面挑拨,白公胜的父亲太子建就逃到了郑国。"郑人杀之",结果郑国把他的父亲杀掉了。"胜欲令尹子西",令尹是楚国的宰相,"司马子期",拿后世来比方是元帅、陆军总司令,或国防部长。白公胜要这二人"伐郑",出兵打郑国,"许而未行",结果这两位大臣不听令,不认同这个领导人的道理。碰到"晋伐郑,子西子期将救郑",晋国来打郑国了,他们两位不听领袖的命令,要出兵救郑国。"胜怒曰",白公胜发脾气了,"郑人在此,仇不远矣",郑人现在出了问题,正可以报仇。《春秋》之义,不反对为国家民族复仇,所以说"仇不远矣"。"欲杀子西子期",所以白公想杀这两位高级部下,因为他们不听命令。但是在朝廷政府中,想除掉两位文武大臣,就像房子要去掉两个主要的柱头一样,很困难,"故问孔子"。孔子已经懂了,"故不应"。"微言犹密谋也",微言就是秘密的计谋。

诸葛亮的微言

这一段历史故事,在注解里引证都有,看注解就晓得了。所以孔子没有答复,因为孔子很不愿意教一个皇帝做阴谋的事,但是孔子也不反对。这等于什么?诸位年轻同学有没有看过《三国演义》的原文啊?像我们小时候原文都能背出来很多,那个文字太好了。《三国演义》第三十九回,刘表原配太太死了,大儿子叫刘琦,后娘对他不好,准备让自己儿子上来接位。刘琦急死了,就请教他的叔叔刘备,刘备很高明,他说你问我们军师诸葛亮吧。刘琦就问诸葛亮,诸葛亮听到就不答话,故意岔开,刘琦总讲不上话。后来刘琦就告诉诸葛亮,他说我有个绝版的好书,你要不要看?我这是比喻,差不多是这个意思——诸葛亮也是喜欢搞学问的,就跟他到楼上,诸葛亮一上去,刘琦就把楼梯抽掉,下不来了。刘琦立刻跪下,先生啊!这个时候一个人都没有,你非教我不可。诸葛亮没有办法,他不及孔子,孔子还跑得了,他逃不了。但是,古人说的"疏不间亲",夫妻吵架,兄弟之间闹家务,第三者绝不能讲话,讲话是最笨的事。

我有一个经验,年轻的时候很热情,有两夫妻刚刚结婚,都是我的朋友,结果两个人吵架,都跟我埋怨对方。我想让他两夫妻讲和,跟男的讲,你不要听她的,她就是脾气坏;然后告诉女的,我那个同学好讨厌,你不要理他,过一两天就好了。结果他们到了晚上,两夫妻就和好了,然后说某人讲你坏耶!那样啊!这样啊!弄得我猪八戒照镜子,两面不是人。这个道理就是"疏不间亲"。

诸葛亮说，刘公子啊！你何苦逼我呢？疏不间亲，那没有办法。刘琦说今天只有军师可以救我，诸葛亮就讲历史上太子申生的事。春秋战国的典故你不知道吗？你向父亲请求带兵外调嘛！部队归你掌握，又守了边疆，跟后娘分开远远的，不起冲突。等到你父亲一过世，军权在你手里，爱怎么干就怎么干。诸葛亮只好把历史的故事告诉他，刘琦就懂了。

孔子这一次也是这样，所以他不好讲。为什么呢？我昨天讲一个同学，"不在其位，不谋其政"，常常看到年轻同学，有人把公司里的事跟他一谈，他出了很多主意，这就是没有受过好的教育的原故——你又不是那个公司里的职员，不知道内容，又没有参与经过。譬如刚才同学提起来，我们楼上有大法会，方丈和尚亲自主持，很庄严肃穆，但是你晓得吗？昨天夜里，他们为了布置这个会场，到早晨六点钟才睡觉。你没有参与过就不晓得那么辛苦，就不知道内情。所以由这个道理就要懂天下一切事，"不在其位，不谋其政"，绝不随便讲话，因为你不懂别人的辛苦，固然你是好意，这是做人做事的分寸。所以孔子就是这个意思，对于这一段事，他也不在楚国，而是客位。

孔子微言　禅宗机锋

这位白公胜逼不得已，再问他，"若以石投水，何如"？问得高明极了。他说孔老夫子啊！假使拿一块石头丢到水里去，你看怎么样？两个人都在打哑谜。孔子不肯参与他的国家大事，而且这种事，要杀、要救都是他手里做，孔子又不是白公的宰相，又不是军师，不好讲话。白公胜看他不答复，也懂了，换个方式来。问以石投水，你看怎么样？我们青年现在想想，石头丢到水里就沉底了嘛！就把这两个人消灭了。孔子的答复更妙，"吴之善没者能取之"，这一句话孔子答复了，孔子说那不算高明，吴国，就是江浙一带，靠海边水多，那些善于游泳的人，海底的石头都可以拿上来。

像我们海边的人，我小的时候看到，冬天年轻人脱得光光的下去打鱼，起码五六个钟头才上来，上来之后身上一擦，好热，还出汗呢！我看傻了。实际上他们已经吃了药的，药吃下，冬天下海不怕冷，还热。如果不下海，不下冷水里头，马上血管要爆裂的，这个中药下去是这样。所以这个海边的人，江浙一带游水，还有三天三夜在水里头不出来的，是很普通的事情，没有什么了不起。在内地，如果在高原地带的人，听了一定说你这个人扯谎，说神话，不可能的。

所以孔子的知识极渊博，白公胜问他丢石到水里如何？孔子说没有用，善于游泳的，深水里的石头还是给你拿上来。换句话说，你这个方法没有用，高明的人，你不一定杀得掉。白公胜再问，"若以水投水，何如？"水倒在水里头呢？水倒在水里头，或者咸水倒在淡水里头，淡水倒在咸水里，清水倒在混水里头，你看怎么样？

"孔子曰：'淄渑之合，易牙尝而知之。'"也没有用。淄、渑就是山东两条水，一条是清水，一条是浑水。清水浑水在一起，流得快的水性硬，流得慢的水性柔和。中国人讲究喝茶，会喝茶的人，水一烧出来，是松树的柴火烧，或是哪一种树的柴火烧都知道。电炉煮的味道已经不是茶了，像我们现在不叫茶道，叫牛饮之道，尤其我这个喝茶，这么一缸，两口就把它喝光了。我也喜欢喝茶，但是是牛饮，牛喝水一样，也是另外一道。

所以"以水投水"，孔子说，那也没有什么高明，两种不同的水放在一起，齐桓公的厨师叫易牙，一尝便知。易牙这个人，水到嘴里一尝，就知道是哪里的水，做某一种菜可以，做另外一种不行。白公与孔子两个人在打哑谜,禅宗讲打机锋。

我们讲个故事,明末有个高僧苍雪大禅师,在明末四大高僧之外,可以说是第五大高僧,非常有名。他的诗好,文好。明朝亡国了,一班不投降的遗老都到他那里,都是这位和尚包庇。有人画了一幅画——画了一座高山,一棵松树,下面有一块石头,石头上有一个棋盘,棋盘上摆着棋子,却没有人在那里下棋。这一幅画意境高,也画得好,就请天下第一大法师、诗僧——苍雪大师题字。要看懂这一幅画很难,苍雪大师看懂了,就写了一首诗:

松下无人一局残　山中松子落棋盘

神仙更有神仙着　千古输赢下不完

"松下无人一局残",松树下面没有人,一局没有下完的棋摆在那里。"山中松子落棋盘",深山里头,一个人都没有,松子掉下来,掉在棋盘上,也变成一着棋了,这个就是"微言"。"神仙更有神仙着",我们中国人画画不是神仙下棋吗?一着棋,两着棋,神仙下棋凡夫看不懂呀!但是你神仙不要以为高明,神仙背后还有高明的神仙,比你下得更高明。"千古输赢下不完",你不要自认为高明,人外有人,天外有天,千古历史是没有结论的。这就是懂了人生境界,这也是禅啊!这是口头禅,但是很有道理,你懂了最后这一句话,对于人生你就很安详了,成功失败都靠不住,永远没有结论。现在白公问孔子,孔子的答话就是这个意思,等于苍雪大师的诗,你高明有人比你更高明,"千古输赢下不完"。

对谁说微言

白公听到这里,就愣住了,傻了。他问了天下第一高人孔子,孔子的答话竟然如此,"白公曰:'人故不可与微言乎?'"哎呀!

孔老先生啊！照你这样一讲，天下高明人就难办了。白公当时的局面很难，心里想，你难道都不肯点我一下吗？你教我一下都不肯吗？所以常常有些同学，在我很忙的时候，在那里问，我眼睛拼命眨，同学愣住了，还问我：老师啊！你今天眼睛痛啊？真笨得要命！没办法只好苦笑一下。像张良帮汉高祖，张良在桌子下面踢一脚，汉高祖就懂了，所以汉高祖就成功了嘛！我们有些青年人，你不要说踢他一脚，你把他打三拳，打伤了，他还说老师你今天怎么搞的？我要去验伤告你伤害罪。这种人怎么办呢？所以"人不可与微言"，点窍都不能点。

"孔子曰：何为不可"，他说哪有这个道理，当然可以，其实孔子已经答复了他。你们现在懂了没有？他开始一问，孔子就已经答复了，他没有懂。第二次又问了，孔子否定了。第三次又问，孔子又否定了，还不懂。所以他这个人注定是要失败的，不能当汉高祖。到这一步还是笨笨的，同我们现在年轻人差不多，还死问到底，你说这怎么办呢？

"唯知言之谓者乎"，孔子说要懂话的人才给他讲，换句话说是骂了他：我已经答复你，你不懂嘛！不过孔子看他可怜，又讲"夫知言之谓者，不可以言言也"，注意"言言"这两个字，上面这个"言"是名词，是所说的话，下面"言"字变成动词，讲话叫做言。孔子这里告诉他什么人才算懂话的。所以我常常告诉青年人一个修养，善于听话的人，才会善于讲话。能够坐下来听人家乱七八糟地吹牛，听了半天不答复一句话，每一句话都听清楚了，这个人可以当主席了。譬如你们将来有机会当了"立法院""院长"，下面对的、不对的，对与不对之间的，黑的白的，各种意见，你统统静静地听，都听得很清楚，然后要点在哪里，几句就答复了。大会的主席不容易当啊！不善于听话的人就不会讲话。换句话来说，多言的人不一定会听话，他喜欢表达，喜欢表达心就不冷静，所以别人要紧的话听不进去。孔子告诉他，真正的知言人，"不以言言也"，是无话可讲，不需要讲话，就是已经讲了。你问我，我已经答复了嘛！这个就是答复。孔子看他好可怜，很仁慈地对这位可怜的皇帝说明。

孔子再说微言

"争鱼者濡，逐兽者趋，非乐之也"，孔子又点他，一个喜欢吃鱼、喜欢打鱼的人，他不怕衣服打湿了，不脱衣服也下水，为了追求这个鱼嘛！喜欢打猎的人，他不怕累，拼命地跑，兔子跑多快，他就跑多快，为什么？前面有个目标嘛！等于你们年轻人谈恋爱，要追的时候，管他累不累，电影院门口等三个钟头，站在那里都不累。当兵的时候，只叫你立正站半个钟头，你还讨厌那个长官，站了半个钟头，还不叫"稍息"，对不对？但是他追起女朋友啊，就不怕累了。等到追到手了，变成了太太，那就讨厌了，人生就是这个道理。叫你们大家不上《列子》课，到十一楼跑步两个钟头你干不干？因为不是你的目的嘛！如果说大家全体跑步两个钟头，每人发二十万，你一定干了。就像我们打坐是要成佛，也有一个目标啊！佛看不看得见不管啦！我总想成佛所以两条腿尽管熬，酸啊！痛啊！麻啊！我想得道啊！并不是那个腿打坐麻得好舒服，对不对？这也是"争鱼者濡，逐兽者趋，非乐之也"，如果不是成佛的目标，你就麻得好痛苦，是为了悟道所以甘愿挨嘛！这把人情世故都讲完了。

"故至言去言"，最高明的话，是不讲话也懂了。"至为无为"，最高的谋略，要干你就干吧，不能又想吃又想不吃，然后还把秘密问我,如果我泄露了秘密你就完了嘛!所以,"至为无为",是看起来没有动作。"夫浅知之所争者末矣",如果智慧不够的人,东问西问,那就完了。他就骂了白公,你问我已经很低级了,你是皇帝啊!权力在你那里,要干就干,干了以后那人还不知道呢!他还谢主隆恩。结果你却要问我,我不能叫你杀人啊!

  白公没有懂孔子的意思,"白公不得已,遂死于浴室",怎么叫不得已?就是不懂,也没有办法,最后被两个大臣叛变所杀,死在洗澡间,多可怜啊!就是笨。孔子样样都教他,第一次问,"孔子不应",不应就是说你这个问我干什么呢?你已经决定了要这样做就这样做嘛!我们先休息一下。

第九讲

列子臆说

问不孝有三

有同学问不孝有三,是哪三样的问题。我们古代重男轻女,但是中国上古男女还是平等的,男女不平等是宋朝以后的事,所以在古书上女孩子也可以称兄弟,叫女兄、女弟。所谓不孝有三,不一定是指男性而言,无后为大,无后是第一不孝。第二不孝是"家贫亲老不仕",父母年纪大了,家庭生活贫寒,自己还装清高,懒惰,这样不做,那样不做,不肯养父母,这是第二条不孝。第三不孝就是自己"曲意阿从,陷亲不义",父母教育你立身,自己站不起来,永远靠父母生活。这是三样不孝。

无后为大是第一条,其他两条不讲。那么考证的资料在哪里呢?要看朱熹的"四书"注解。其中《孟子》里"不孝有三,无后为大",在朱熹集注里,也不是朱熹的见解,是朱熹引用古人的见解。这个问题很麻烦,你几乎把我考倒了。

不过,有些问题,我不大同意,怎么说呢?"不孝有三,无后为大",这个是不错,因为民族主义,事关人类的衍生,这个暂时不管。有一条我非常反感,就是"家贫亲老不仕",也算不孝之一,我很反对。中国的知识分子好像只有一条生路,只有做官。其实知识分子不一定要做官,做官做皇帝是职业的不同,人生要有自己的事业;对社会国家有贡献叫做事业,能够创出事业来就是大孝子。这个观念在哪里呢?在《孝经》这一本书上。《孝经》是中国文化十三经之一,是孔子传道的学生曾子所著的。所以真正的大孝,是大孝于天下,换句话说,对社会人类有贡献就是大孝子,这是《孝经》里头的道理。

另外,一定要做官才叫孝子吗?那是解释错误,所以孟子也不引用。我认为中国几千年的教育犯一个错误,重男轻女,因为重男,每人都想生个儿子望子成龙,成龙的方法只有教育他读书。读书有什么好呢?读书可以做官,做官有什么好呢?升官可以发财。现在一直到选举也是这个观念。不过《朱子治家格言》里说,"读书志在圣贤,为官心存君国",这是我们小时候的一个基本教育。读书人志在圣贤,不是诗作得好,文章写得好;为官呢?心存君国。但是尽管从小那么教,结果出来还不是想升官,升官以后想发财?!所以,升官发财这个观念是错误的。我在讲《孟子》的时候也提到过,不孝有三之中这一条,我是不大同意的。好啦!现在我们回过来看《列子》。

赵国领导人的忧患

赵襄子使新稺穆子攻翟,胜之,取左人、中人,使遽人谒之。襄子方食而有忧色。左右曰:"一朝而两城下,此人之所喜也;今君有忧色,何也?"襄子曰:"夫江河之大也,不过三日;飘风暴雨不终朝,日中不须臾。今赵氏之德行,无所施于积,一朝而两城下,亡其及我哉!"

注意啊!这一段,是人生的哲学,也是天下国家大政治的哲学。

"赵襄子使新稺穆子攻翟,胜之,取左人、中人",春秋战国时是诸侯分治,等于现在欧洲一样,一个县就是一个国家,每个诸侯都是自称国君的。赵国的诸侯赵襄子,派一个叫做新稺穆子的人出兵"攻翟",翟国是一个小国家,结果赵国打了胜仗,占据了"左人、中人"两个翟国的地方。打了胜仗,侵略他国,占有人家的土地,如果是拿破仑的话,马上就要建立一个凯旋门了。可是中国文化不同,"使遽人谒之",战败的国家派"遽人"——就是外交官之流,来呈投降书,地方也献给你,地图也呈送上来。"赵襄子方食而有忧色",他正在吃饭,看到敌人递了降书,一点都没有高兴,反而很难过忧愁的样子。你们注意呀!一个国家出兵打了胜仗,这个领袖不但没有高兴,反而连饭都吃不下,端着碗,筷子停下来,脸上很难过那个样子。

"左右曰",旁边的参谋长啊、卫队啊,站在那里看到老板这个样子就问,"一朝而两城下,此人之所喜也;今君有忧色,何也?"出兵打敌人,一天就胜利了,占据了两个地方,任何人碰到这样胜利的光荣都高兴,可是你脸上不高兴,为什么?

赵襄子讲话了。"夫江河之大也,不过三日",大江、大河水涨起来,势力好大,按照宇宙的自然法则,不过三天这个水一定会退了。《老子》中说,"飘风不终朝,骤雨不终日",大台风来,下大雨,不超过一天的。你看我们每次刮台风,最多三四个钟头最大,过了这几个钟头就慢慢地减弱了。《列子》《庄子》都是道家的思想,发挥《老子》的道理。所以赵襄子也引用《老子》的思想,"飘风暴雨不终朝",这个"暴"字是"暴"字的古写。突然来的幸福,突然来的机会,不会长久,不能再得。我们有一句俗话,"福无双至,祸不单行",好事没有连着两样来的,坏事算不定两三件一齐来,这是一个什么道理?这是一个哲学大道理,这是宇宙的法则,这就要懂道家的道理了。

"日中不须臾",太阳当顶的时候,只有几秒钟就要下坡了,这也是人生的境界。所以一个人得意的时候要留意了,不可以引满,佛家就叫做无常,不永恒,把握不住。佛家只讲个大原则,《列子》这里说得非常深刻,很现实。赵襄子懂得这个哲学的道理,这个领导人在历史上很了不起。

"今赵氏之德行，无所施于积"，赵襄子自己说我们赵家德行不够，对全国的老百姓，没有大的功德，贡献的力量积得不厚。所以我们晓得，佛家讲功德，世法也讲功德。"一朝而两城下"，现在战争胜利，一天之内占领人家的土地，"亡其及我哉"，我在还可以，我的儿孙会以为是胜利的光辉。他说赵国马上就要亡国了，你不要只看到胜利，胜利之后保持不住，还会像太阳一样下去的，所以他说我难过，这不是好事。这是赵襄子说的，也是政治历史人生大哲学。等于你们年轻的，十七八岁，年轻力壮还不努力，过了二十岁太阳就开始下坡了，"日中不须臾"啊！就过去了。

孔子谈忧患

孔子闻之曰："赵氏其昌乎！夫忧者所以为昌也，喜者所以为亡也。胜非其难者也；持之，其难者也。贤主以此持胜，故其福及后世。齐楚吴越皆尝胜矣，然卒取亡焉，不达乎持胜也。唯有道之主为能持胜。"

"孔子闻之曰：'赵氏其昌乎！'"孔子听到人家讲赵襄子说的这番话，就说赵国后代还会好。"夫忧者所以为昌也"，一个人随时有忧患意识，就有前途。如果忘记了忧患而傲慢自大，自以为了不起，这个人非失败不可。越觉得自己不够的人，越是会成功的，所以忧患就是最后成功的条件，一个国家也是如此。孟子也讲过，一个国家，"无敌国外患者，国恒亡"，一个国家没有敌人，也没有外面的力量来威胁你，这个国家看起来很太平，其实危险极了，是亡国的象征。太平日子过得太舒服了，一旦有事发生，毫无抗拒之力，自然就亡了。

所以政治的道理，自古以来有文治者必有武备，文武两个不能缺一。显明老法师,也是我的师兄,他到印度去一趟,最近回来说,师兄,印度你不必去。我说我早知道,印度这个国家,几千年来没有起来,因为它欠缺治国之道。而中国的儒家道家,这方面非常完备,所以几千年来这个民族国家虽然遭遇许多灾难,终未倒下,因为有两大巨流文化之故。印度人自己文字、历史都没有,十七世纪以后才靠英国人整理,靠不住的。大部分印度原始的文字历史,宋朝以后都在我们《大藏经》里,他们不采用,为什么呢?就是所谓治国之道的原理有所欠缺。

所以孔子讲"赵氏其昌乎,夫忧者所以为昌也",做人的道理也是这样,你们青年人每天都在烦恼中,前途无"亮",没有亮光,怎么办?就烦啊!因为烦就晓得努力啊!就要去找这一个亮光,当然有希望。假使人生没有忧患,不去找这一点亮光,就完了,所以"忧者所以为昌也"。

"喜者所以为亡也",自己认为一切很满意了,高兴了,这是灭亡的一个先兆。所以一个人很得志,自己认为了不起了,那当然是灭亡,那不必问了。等于西方基督教的话,"上帝要你灭亡,必先使你疯狂",这也是真理啊!要毁灭一个人就使他先疯狂。中国文化只讲一句儒家的道理,"天将厚其福而报之",也就是因果的道理。所以世界上有些坏人,比一般人发财,运气更好,因为上天要使他报应快一点,所以多给他一点福报,故意给他增加很好的机会,使他昏了头,他把福报享完了,报应就快了,就是这个道理。

孔子又说"胜非难者也",他说像赵襄子这样出兵侵略人家,一天当中打了胜仗,不困难,英雄事业,大英雄可以做到。"持之其难者也",打了胜仗以后,保持这个成果是最大的困难。所以你看,像我们今天中午,同学们在准备汉唐的资料,唐代的唐太宗,当了皇帝统一了中国,有一句名言"为君难",当皇帝不容易啊!为臣也不易啊！当人家好的干部很难。所以说，创业难，守成也不易啊！父亲创业，发了财，到孙子手里就开始要败了，有些到儿子手里就败家了，所以守成也难。

"贤主以此持胜，故其福及后世"，贤明的领导人知道，如何把胜利的果实，好好在忧患中保持，使他的财富可以延伸到后代。"齐楚吴越皆尝胜矣"，他说你看我们历史上的经验，春秋的时候，齐国、楚国、吴国、越国，都成了霸主，在几十年当中都领导了一个国家，都是绝对的英雄霸主，结果呢？齐国在哪里？齐桓公的功业在哪里？楚国的后代怎么样？越王勾践又怎么样？吴王夫差又怎么样？"然卒取亡焉"，都完了。什么道理？"不达乎持胜也"，因为他们不懂政治大哲学的修养。换句话说，不懂圣帝明王之道，不懂领导的哲学。领导的最高哲学是道德，不是靠权谋。所以"唯有道之主为能持胜"，只有得道的领导人，才能保持这个胜利的果实，因为能谦虚，知忧患，才能永远保持下去。

我们注意刚才的两段故事，一个是白公的，如此之失败，一个是赵襄子的，如此之成功，都是对照的啊！国家天下大事，个人的修养，人生的大事、事业，都在其中。以禅宗来讲都是话头，这些个故事你要去参。相对的又有另一个故事，这是故事的总论。

以强示弱而胜的人

> 孔子之劲，能拓国门之关，而不肯以力闻。墨子为守攻，公输般服，而不肯以兵知。故善持胜者，以强为弱。

"孔子之劲"，这个是列子提出来的。历史上的教主与圣人，文字都好，譬如释迦牟尼叫做释迦文佛，既然叫他文佛，那必定是懂学问的。释迦牟尼佛十几岁时，世间学问统统学完了，所以称为释迦文佛。孔子是文宣公啊！也叫文宣王。历史上的每一个教主都是文武俱全的。释迦牟尼佛十二岁可以一只手抓起大象，把它丢出城外；拉弓射箭，可以射穿九重金鼓，文治武功都到了家。孔子也一样，我们都晓得孔子文好，但是孔子的劲，就是力气，"能拓国门之关"，城门的铁闸子下来，他一只手可以撑住。他跟释迦牟尼佛一样，都是力气大的，"而不肯以力闻"，但他绝不表演武功，不肯以力大示人。

第二位是墨子。中国春秋战国以后，是孔、墨、道三家的文化，唐宋以后则是儒、释、道三家。墨子是墨翟，"*墨子为守攻，公输般服，而不肯以兵知*"。《墨子》这本书，是诸子百家之一，墨子是真讲人类平等的，是救世主义，"摩顶放踵而利天下"，所以后世有人研究墨子，很有趣，写墨子是从印度过来的一个和尚。"摩顶放踵"，头顶光光的，剃了光头；放踵是不穿鞋子，光脚的，做利天下之事，随身拿个雨伞就走了。还有一个人写论文，说墨子是回教徒；另有一个人研究墨子，说他又黑又丑，是西伯利亚放逐的一个罪人，所以研究墨子的人很多，很好玩。墨子尚贤，尚同，尚平等。

公输般，是春秋战国时的一个大工程师、科学家，什么战争武器他都可以发明。墨子对他说，不要挑动国际战争，挑起了战争，要死多少人啊！墨子说我一个人来，你把所有的武器拿出来打我。公输般把所有的武器都使出来，墨子都可以防守而不失败，最后公输般输了。他说我还有一样武器，拿出来你绝对守不住。墨子说我知道，你是想把我杀掉；我告诉你，我的弟子遍天下，就算你现在把我杀了，天下还有千千万万个墨子。

所以中国的帮会可以说是从墨子开始的，他每派的领袖叫巨子，巨子就是巨头，墨子的弟子们各领导一方巨子。我们现在称工商界领导人为巨子，就是根据墨子这个历史来的。墨子有个弟子是秦国的巨子，就是墨家帮会的分支派，我们讲青洪帮的堂主，也就是小说上写的堂主。当时墨子在秦国的巨子，有一个儿子犯法了，秦国的国君知道他是墨子的某一个巨子的儿子，就特赦了他，只不过巨子最后仍照国法处理。所以墨子的那个组织，很了不起，厉害得很，那个时候国际上都怕他。

所以"公输般服"，当时国际上唯一的武器专家公输般，服了。根据另一个考证，以前木工的工程师所拜的鲁班祖师，就是公输般。

墨子的用兵也是第一等的，军事最高明，但是墨子"而不肯以兵知"，不愿意以军事出名。你要晓得，军事上打胜仗是很难的，但是比起打败仗还算容易，最难是打败仗。所以诸葛亮六出祁山，打六次败仗，古今一般批评，认为他政治可以，用兵非其所长。其实错了，在中国历史上诸葛亮用兵，六次都是完美的撤退，没有损失一兵一物。善于打胜仗固然难，善于打败仗更难。诸葛亮善于撤退，后面敌人不敢追来，他是历史上第一人。所以研究历史的人不懂军事，批评诸葛亮不长于军事，是错误的。诸葛亮军事的高明，等于墨子一样，很内行而不愿意在军事上出名。这一段举了两个大人物，一个孔子，一个墨子，这两个都是教主。

"故善持胜者"，所以他们两位在文化上能够影响千秋万代，成为诸子百家之一的教主，因为他们都善于保持成功的果实。善于持胜是什么原因呢？"以强为弱"，等于我们社会上有钱人装穷，越有钱的人越装穷。那些假装自己很有钱，衣服又穿得阔气，金手表金戒指都戴上，反正身上戴的都是金子的，一定是刚刚发一点财的人。老发财的人，他还生怕人家知道他有钱，衣服也穿破的，不过有一个道理，因为大家知道他有钱。过去我有一个有钱的朋友，他说，你猜我这一套衣服穿了多少年？我一看这个是旧料子嘛！他说四十年了，好旧啊！可是我今天出去，人家一看我的衣服说，你这个料子好贵的。我说：嗯！嗯！很贵，很贵。这个衣服穿在我身上就贵，天下人就是这个道理。所以要注意啊！"故善持胜者，以强为弱"，因为他谦虚，才能持胜。

宋人有好行仁义者，三世不懈。家无故黑牛生白犊，以问孔子。孔子曰："此吉祥也，以荐上帝。"居一年，其父无故而盲。其牛又复生白犊，其父又复令其子问孔子。其子曰："前问之而失明，又何问乎？"父曰："圣人之言先迕后合。其事未究，姑复问之。"其子又复问孔子。孔子曰："吉祥也。"复教以祭。其子归致命，其父曰："行孔子之言也。"居一年，其子又无故而盲。其后楚攻宋，围其城；民易子而食之，析骸而炊之；丁壮者皆乘城而战，死者大半。此人以父子有疾皆免。及围解，而疾俱复。

幸与不幸的道理

另一件故事又来了，"宋人有好行仁义者，三世不懈"，宋国有一个人，全家人做好事，不是偶尔这里拿十块钱，那里拿一百块，那不算。这家人做好事不止一代，做了三代。"家无故黑牛生白犊，以问孔子"，有一年这家出了怪事，黑牛生出一条白小牛来，认为是反常不吉利。家里有白狗啊，白猫啊，那就麻烦了；尤其全身都是红色的马，有个地方一片白，那不得了，是吊丧的马。这家黑牛生白犊，害怕了，来问孔子。

"孔子曰：此吉祥也"，不要害怕，等于你们学佛的做了一个怪梦，门上什么影子掉下来，动不动就问，烦死了，是迷信。这一家人也迷信起来,就来问孔子。孔子说你不要迷信,大吉大利,是吉祥的,"以荐上帝",最好你把这个小白牛杀掉,来祭拜一下天。

这户人家听了孔子的话当然照做了,"居一年,其父无故而盲",可是过了一年,这户人家的父亲莫名其妙眼睛瞎了。可见孔子的话不大灵光,好像孔子的密宗大概没有学通一样,这户人家起了怀疑。"其牛又复生白犊",这个黑牛又生白牛了,"其父又复令其子问孔子",这家的父亲对孔子很有信心,派他的儿子再去问孔子。

儿子是年轻人,告诉父亲,"前问之而失明,又何问乎",去年你问他,他说大吉大利,你看,你倒霉,眼睛都看不见了,你还要相信那个孔子,再去问他干什么!

"父曰:'圣人之言先迕后合,其事未究,姑复问之。'"父亲说你这个孩子不要乱讲,孔子是圣人,圣人的话先迕,迕是不对的,先看起来相反,最后有结果。"其事未究",他说这个结果还不知道呀!不要认为我眼睛瞎了就不对,你姑且听我的话,再去问孔子。"其子又复问孔子",这个孩子不像现在的青年,现在的青年一气就到咖啡店去了,再不然去看电影了,不理你。古代的教育不同,父亲既然讲了,只好又去问孔子。

"孔子曰:'吉祥也。'"好事,"复教以祭",还是祭天。"其子归致命",这个儿子回来向父亲报告,"其父曰:'行孔子之言也。'"父亲说,我们就照孔子的话去做。

"居一年",再过一年,"其子又无故而盲",儿子眼睛也瞎了,真倒霉,可见孔子的话不灵。"其后楚攻宋,围其城",后来楚国打宋国,把宋国的首都包围起来,结果城里吃的都没有,"民易子而食之"。历史上经常有这种人吃人的时代,战争的时候,我们这里好几个人都看到过,很多做父母的,自愿自杀给儿女们吃。老百姓交换儿子——自己儿女亲手杀不下去,这是历史上战争的痛苦,所以世界上不能有战争。要如何做到升平，大家要好好修行了。"析骸而炊之"，把死人的骨头拿来当柴烧，历史上太多了！有一本书专门集中这些资料，哪一年，哪一代，讲起来很痛苦，看得人都不敢看了，人类原来是那么残忍，同野兽是一样的。"丁壮者皆乘城而战，死者大半"，"丁壮"，就是壮丁，十八岁称丁，二十以后称壮年，有各种不同说法。少年人都临时被征召，没有受过军训，就要做防御战，结果大半年轻人都被打死了。

"此人以父子有疾皆免"，这一家人因为父亲和儿子的眼睛瞎了，不需要出来打仗。"及围解，而疾俱复"，等到楚国的兵退了，宋国解围之后，这父子两人的眼睛又看见了。所以孔子的密宗还是学通了的，预言兑现，大吉利。

这一段故事的道理，就是祸福相倚，不一定的。这个是《老子》哲学，"祸兮福之所倚，福兮祸之所伏"，有时候你发了财，很得意，这是好运气了；但是因为你发了财，好运气，会出别的不好的事情。有时候你说我现在很倒霉，到处都吃瘪，算不定好运气在后头，所以祸福是相倚伏的。总而言之，正心、诚意、修身为本。

第十讲

列子臆说

现在还是《说符》这一篇，告诉我们一个重点，人生处世做事，乃至于说话，都要有高度的智慧。如果没有智慧的处理，同一个方法，同一句话，同样做法，用在某一个时候是对的，而在某一个时候却是错误的。所以，人这个生命，活下去并不简单，处处需要智慧。这就要说到怎么样"和十"，关于"和十"两个字，不要写成适合的"合"，那就不对了，规规矩矩是和十，就是一二三四五六七八九十，一与九、二与八……两个和起来变成十，和十是这样两个。佛家的合掌就叫做合十，就是双手合拢来。和十的道理是出于《易经》，我们这个宇宙的法则根据南北磁场，同太阳的经纬度，这中间就要和十，一和十就对了，不和十的话，宇宙的轨道也会有错误，重点在这里。

有特技的不同遭遇

  宋有兰子者，以技干宋元；宋元召而使见。其技以双枝，长倍其身，属其胫，并趋并驰，弄七剑迭而跃之，五剑常在空中。元君大惊，立赐金帛。又有兰子又能燕戏者，闻之，复以干元君。元君大怒曰："昔有异技干寡人者，技无庸，适值寡人有欢心，故赐金帛；彼必闻此而进，复望吾赏。"拘而拟戮之，经月乃放。

现在说另一个故事，"宋有兰子者"，宋国这个"兰子"，不是人名，而是春秋战国时的一个俗语，等于我们讲这个人很烂。现在我们常听年轻人说某某人很烂，就是说一个人好玩，一个太保，这个总称叫做"兰子"。有一个兰子，"以技干宋元"，用他的技术来"干"，就是向宋国这位君王献技求赏。"宋元召而使见其技"，宋国的这位君主，听到有一个年轻人会玩花样，第一等技术，就召见他。他表演什么呢？"其技以双枝，长倍其身"，他的技术现在讲就是踩高跷。所谓身，是人站着，手举起来，这个高度是一身。他可以用两个木棍子，"长倍其身"，有两个身体那么高的两支竹竿，"属于胫"，绑在两条腿上站着。"并趋并驰"，等于人三倍那么高，可以站住，绑住也可以跑步。然后手里有七把剑在空中抛耍，两把剑在手里，另五把剑经常在空中，这一把掉下来，那一把抛上去，这个样子丢来抛去，本事很大，技术很高。"元君大惊，立赐金帛"，宋元君看到都吓住了，这个家伙的本事真大，你这个很了不起，马上赏赐。这是一节故事。

"又有兰子又能燕戏者，闻之"，另外有一个年轻的太保听到，这个人也有一套本事，人像燕子一样在空中旋转飞跃。他听到有人因为技术而得了皇帝的赏金，"复以干元君"，所以他也来看宋元君，报告他的本事，想把自己这个高明的技术向皇帝表演。

"元君大怒曰"，宋元君一听到这个人的报告，大发脾气。"昔有异技干寡人者，技无庸，适值寡人有欢心，故赐金帛"，他说前一个月，有一个人报告说有特别的本事，而这个特技只是个表演而已，对社会、对人生一点用处都没有，碰到那一天我高兴，所以赏赐金帛给他。"彼必闻此而进，复望吾赏。拘而拟戮之，经月乃放"，现在这个人会玩空中飞人，他一定听说我给那个特技人那么多钱，所以他觉得有机会，想来看我。这种人是投机分子，把他抓起来杀了！结果坐了一个月的牢，大概宋元君想想，脾气也好了，算了，可怜人，把他放掉。

这个故事我们看到，同样玩特技的人，有人可以成名，也有人玩特技翻了车，整个人玩死了。所以世界上的事，没有绝对的，哪一样是对？哪一样不对？所以人要确定自己人生的目标，不要跟别人走，你认为人家踩高跷的，有好处，你跟着学，学完了以后，一辈子不过是跑江湖、玩把戏。这又是一段故事。

伯乐说良马天下马

秦穆公谓伯乐曰："子之年长矣，子姓有可使求马者乎？"伯乐对曰："良马可形容筋骨相也。天下之马者，若灭若没，若亡若失。若此者，绝尘弭辙。臣之子皆下才也，可告以良马，不可告以天下之马也。臣有所与共担纆薪菜者，有九方皋，此其于马，非臣之下也。请见之。"

另一个故事跟着来了，我们晓得中国历史上，有周穆王、秦穆公两个人，都爱马。周穆王有八骏马，每一匹马都能够日行万里，那不是在飞吗？比飞还要快。所以周穆王历史上有名的事是骑了这匹马，到昆仑山上见到玉皇大帝的妈妈，宗教上叫她西池王母。在佛经上说，一个转轮圣王有一匹宝马，日行三万里，可以统治全世界。

同样的，这位秦穆公也喜欢马。我们年轻的时候喜欢谈马、骑马，现在是玩不起了，养一匹马比一部汽车的保养还麻烦。一匹马要一两个人招呼它，还要喝酒，还要吃补药，夜里还要有人服侍，还要洗澡，那名贵得很！

秦穆公喜欢马，有个名马师叫伯乐，这位我们都晓得，伯乐会相马，可以说，他不但是个兽医，还是个生物学家，他还能够同马说话。所以天下的马经过他的眼睛一看，就知道是不是良马了。良马不良马很难看出来的啊！同人一样，我们在座那么多人，中间哪些是英雄，哪些是什么雄啊？没有办法看得出来的。只有伯乐，他一望就知。世界上常常有千里马，但是有些千里马，一生被埋没的很多，因为没有伯乐。所以中国文化是伯乐难得，不是千里马难得。很好的人才，没有碰到一个赏识的人，不管你什么雄啦！大英雄，小英雄，乃至别的雄，一生就那么埋没下去了。

我们中国有一本书叫《相马经》，不晓得你们看过没有？马啊、狗啊，都可以看相。我们有一个同学，家里很有钱，专门玩狗、养狗，他每次来，讲狗经给我听，那真是佩服得很。狗生下来一摸，就晓得将来是什么狗，每一根骨头他都晓得，这个骨头会长多好，腿有多长，跑的力气多大，连狗的大便他自己都尝。小狗生病了，他把大便拿到嘴里尝，哎呀！这个狗已经医不好了，可惜了。他爱狗到这个程度。所以天下事，学问到了专门，那就是名师，我说他是相狗的伯乐。

秦穆公有一天跟伯乐讲，"子之年长矣"，你的年纪大了，"子姓有可使求马者乎"，他说你的同宗里头，你的儿子、侄子啊，你的学生里头，有没有可以传他这一套学问的？"伯乐对曰：良马可形容筋骨相也"，他对秦穆公报告说："良马"，看相可以看得出来，从它的形体、筋骨、马蹄大小、马的关节这些地方，细看就知。中国讲马同外国不一样，外国马，跑起来与中国的良马不同，中国的马，从小训练出来，在陆地上跑像在游泳一样，人骑在上面不动的。不知道蒙古还有没有这一套，四只脚从小练起，两只平的出去，马的背是平的，所以你坐在马背上，像坐在床上、沙发上一样稳。那个马跑快的时候，肚子贴在地上，是飞起来似地跑，身体不动；不像外国马这样一拱一拱，把人拱下来。中国讲骑马技术的，看这些外国马不是马，看都不要看。所以良马、千里马，像小说上写的关公那匹赤兔马，都是受过严格训练的。这种良马，可以从形体、筋骨上看得出来是第一等马。但是特等的"天下之马者，若灭若没，若亡若失"，没有相可判断，那很难的。除了历史上看到外，这一种马好像绝种了。不过，说没有，算不定仍有，很难找出来，不能确定。

讲马就是讲人。我们经常感觉，现在全世界好像都没有人才，所以不管青年人、中年人、老年人，都差不多。十九世纪末期前后，整个历史上的人才都过去了，全世界再找不到一个了不起的人；连那个踩高跷、玩七把剑的都没有了，人才很难得。良马已经不可得，天下马更不属于相貌可相的了，所以那不是相貌问题。你说看某人的相，鼻子长得好，眼睛长得好，将来到什么地位，那是普通人，从他的相看得出来；如果到了最高处，看相是相不出来的，不在相上面，这属于天下之马，太难太难了。

"若此者，绝尘弭辙"，他说天下马没有办法用形相来看，表面看不出来。但是我们看人的相，一个人将来会发财啊，会做官啊，会做一番事业啊，可以看出来的，是属于普通人；如果大善人、大菩萨、大坏人，那个相就看不出来了。除非是极高明的人士才会看，那不是看相啊！那是神通智慧，一望而知。所以他说天下之马"绝尘"，跑起来脚步很轻，没有灰尘，一眨眼睛就看不见了，绝尘而去。刚看到前头尘起，好像马过来了，霎时已经到了天边那么快。"弭辙"，马蹄踏过的地上，没有蹄的印子，就像武侠小说写的，这些马已经有轻功了，踏雪无痕，飞行绝迹。"臣之子皆下才也"，伯乐说我的后辈子侄学生们，都是普通的人才，"可告以良马"，有形相的良马、第一等的马看得出来；"不可告以天下之马也"，至于天下马无相可看，就是《金刚经》说的无相，无相那个相是什么相？他们看不出来。

他说我的后辈儿子学生们都不行，他跟秦穆公讲，你如果要找一个真正会找天下马的人的话，我有一个人，"臣有所与共担纆薪菜者，有九方皋"，这个人是跟我做苦工的，我砍来的柴呀菜呀，他会帮我捆起来，他一辈子只做做苦工，在家里扫扫地啊，倒倒垃圾啊，这个人名叫九方皋。所以中国文学上一提到九方皋，就晓得。"此其于马，非臣之下也"，他说这个人看马的本事，不比我差，可以说比我还高。可是他跟在伯乐旁边，做最低、最劳苦的事，默默无闻，言不压众，貌不惊人，是这么一个人，但在伯乐的眼中他是高人。不过世界上的高人，都喜欢做默默无闻的事，所以伯乐是他的知己，他愿意这样做就让他这样做。现在皇帝问到他，他就推荐了九方皋，说他是高人，比我还要高，"请见之"，请找他来见。

九方皋相马

穆公见之，使行求马。三月而反，报曰："已得之矣，在沙丘。"穆公曰："何马也？"对曰："牝而黄。"使人往取之，牡而骊。穆公不说，召伯乐而谓之曰："败矣，子所使求马者！色物牝牡尚弗能知，又何马之能知也？"伯乐喟然太息曰："一至于此乎！是乃其所以千万臣而无数者也。若皋之所观天机也，得其精而忘其粗，在其内而忘其外；见其所见，不见其所不见；视其所视，而遗其所不视。若皋之相马，乃有贵乎马者也。"马至，果天下之马也。

"穆公见之，使行求马。三月而反"，秦穆公听说这个人，赶快召见，就命令他去找一匹天下马。这个家伙在外面跑了三个月，"报曰：'已得之矣'"，回来报告，说我找到了，这个马是不得了的马，"在沙丘"，在河北这个地带，有一匹天下马，你去派人找来吧。"穆公曰"，秦穆公说你要告诉我一个目标，派人去找，"何马也？"什么马呢？"对曰：'牝而黄。'"你找人到沙丘那个马场里去买，有一匹母马，黄颜色的，就是天下马。秦穆公听了，"使人往取之"，下命令去把这一匹马弄来。结果弄来的是"牡而骊"，这匹不是母马也不是黄色,而是一匹公的黑马。

"穆公不说",秦穆公一听,怎么把这么一个人找来?倒霉,花了那么多钱,三个月回来报告,连公马母马都认不出来,黄马黑马都搞不清楚,伯乐还讲他那么高明,所以穆公很不高兴。"召伯乐而谓之曰:'败矣'",召见伯乐告诉他,你这个失败到透顶,"子所使求马者,色物牝牡尚弗能知",你所推荐的人去找马,公的母的他都分不清,毛色黄的黑的都看不准,"又何马之能知也",他怎么会懂得马!所以你看我们中国古代的帝王,我们想象中当皇帝的动辄杀人,其实没有,这些帝王,充其量不过骂一顿,你这个彻底失败嘛,就骂伯乐。

"伯乐喟然太息曰:'一至于此乎!'"伯乐听了秦穆公的骂,"喟然",唉!这样大声叹一口气,说皇上,你把他看成这样一毛钱都不值吗?"是乃其所以千万臣而无数者也",他说你错了,我推荐九方皋的才能比我高千万倍,我怎么能比他呢?我加上千万倍都比他不上。这就是古文,写得很美,"是乃其所以千万臣而无数者也",有一千一万个我,乃至一亿百亿个我,都比不上一个九方皋,就是这个话。

"若皋之所观,天机也",九方皋看马,他不是用眼睛看的,他是用智慧的眼睛来看,拿佛家来讲,就是法眼。天眼还有相,他无相,他把宇宙的根本都看通了,生命怎么来,他已经看通了。所以他得的是精华,"得其精而忘其粗",外表上粗糙、糊里糊涂。有些真智慧的人外表笨得很,看来笨透了,可是他有真智慧。你看有些人非常聪明,但没有智慧,一做事情就糟糕,讲理论啊,写文章啊,吹牛啊,那牛吹得比新西兰的牛肉还便宜、还大。叫他做一件事情,却没得智慧。所以九方皋"在其内而忘其外",他了解任何一件东西,看透底了,看到内在去,外形他忘掉了,所以问他白的黑的,他随便讲,他脑子里不记这个外形。

"见其所见",他看要看的东西,看那个重点,该看的地方他已经看到了,"不见其所不见",旁边那些根本没有看。等于我几天前告诉一个同学一样,交代你一件事情去做,那就是老虎狮子出栅一样,老虎吃人以前,旁边那些刀枪啊,弓箭啊,看都不看,扑到目标前面就是了,这样才能做事情。普通的人不是如此,像出门写个报告写得很好,一出门说,哎呀!他看我不顺眼,也不满意我,我看还是不做吧。世界上这一类的人很多,所以什么雄都不是,大英雄看着这个目标,就像狮子抓人使出全力,抓一只老鼠也使出这个力量,它不敢轻视任何细小的东西,也不愿意重视一个大动物,它看来都是平等,所以它为百兽之王。高明有智慧的人,"见其所见,不见其所不见",他所看到的是该看的重点,至于其他的小话、小事,听都不听,理都不理,目标是什么,自己把前途搞清楚。你今天上十一楼,管它是七楼八楼,我的目的是到十一楼,中途一概都不理。

"视其所视,而遗其所不视",他要看的东西,看那个重点,应该看的看,其他的任何一个东西、人、事情,都不看。他有长处,一定有缺点,选那个长处的时候,把那个缺点都丢开,不看了。结果你又看长处又看缺点,天下没有一个人可用的,也没有一匹马是好的,也没有一部真正好的车子。我们去买一部车子总有缺点,最好的牌子,任何一个东西,就问你这个合用不合用,缺点的地方就不理了。所以"视其所视,而遗其所不视",这都是人生的哲学,一般普通的人都做不到。普通的人是"见其不见,不见其所见",不应该看的地方他拼命去看,而且越是普通人,越是看那些不应该看的地方。毫不相干的地方,可能非常重要,但大的地方他也忘记了。

所以伯乐的结论,"若皋之相马,乃有贵乎马者也",他告诉秦穆公,这九方皋看马,那真叫做相马,我是比不上的。他报告秦穆公,你不相信的话,等着看看。"马至,果天下之马也",结果这一匹马找到了,果然是天下马,天下马是超过良马的,那无以名之,没有办法形容。

相马与相人

这一段故事,在中国文化哲学史上最为有名,叫做"九方皋相马",看起来是讲看马的一个故事,也就是我们看天下事,一个特殊人物,更有特殊的见解。学佛学道、做人做事,首先从见地——所谓见地,用普通的话讲就是见解,一个人没有特殊的见解,眼光不够远大,"鼠目寸光",像老鼠的眼睛所看的,只有前面一寸,再远一点就看不见了。所以伟大的思想、理解、见地,必须要高远,这是讲见地的地方,这也是我们讲中国文化历史,其中一个有名的故事。

那么由这个道理又引出来另外一个故事。刚才这一段故事是讲历史上九方皋的相马,也就是告诉我们看天下人之难,不可以轻易见。古人有一首诗,与我们一般相人有关,你们年轻人当然可以吹啦,不过年轻人同良马一样难以相,也是真的。但是大部分人是可以相的,到了无相境界,那就非常高了。一般人呢,就像古人的一首诗写松树一样,讲人生的哲学,同这个故事差不多。

　　　　自少齐埋于小草　而今渐却出蓬蒿
　　　　时人不识凌云干　直到凌云始道高

"自少齐埋于小草",一粒松树种子从小埋在小草里头,"而今渐却出蓬蒿",到现在这一棵松树慢慢出头了,不断地上长。"时人不识凌云干",当时的人不认识这是一棵会同云一样高的树,"直到凌云始道高",直到松树长成,才发现比阿里山那棵神木还高。所以青年人由此可以安慰自己,但是尤其应该自己努力,要你自己站起来。你自己站不起来,希望人家把你看高,做不到。你站起来了,别人就是踮着脚还看不到你的影子,然后在后面拼命地鼓掌,这个就是社会,这就懂得人生哲学了。所以年轻同学们注意,只有自己站起来,不要求任何人帮忙你。古人说"蓬生麻中,不扶自直",能够站得起来的,你不必帮助,他自己会站起来;是人才的就是人才,你盖都盖不住的。了解了九方皋相马这个故事,也就了解人生许多道理了。

所以中国的哲学都在文学里头,研究中国哲学史,照我们一般著作的什么《哲学概论》啊、《中国哲学史》啊,那可以说只了解了哲学的千万分之一。真要讲中国哲学,对于历史、文学,乃至小说、诗词都要了解,因为哲学也在文学里头。

第十一讲

列子臆说

我们前面讲到九方皋的相马,是关于人的方面,在每一段中间,最重要的都是几句话,所谓"观天机,得其精而忘其粗,在其内而忘其外,见其所见,不见其所不见,视其所视,而遗其所不视",像这些好的句子,虽是文学的句子,却包括了很深的人生哲学,为人处世的道理,这是一生用之不尽、取之不竭的。所以要好好记住并且去体会,才能受益。下面由人事转到一个政治的大哲学方面。

治身与治国

> 楚庄王问詹何曰:"治国奈何?"詹何对曰:"臣明于治身而不明于治国也。"楚庄王曰:"寡人得奉宗庙社稷,愿学所以守之。"詹何对曰:"臣未尝闻身治而国乱者也,又未尝闻身乱而国治者也。故本在身,不敢对以末。"楚王曰:"善。"

詹何是个隐士,楚庄王问"治国奈何",这是问大政治的哲学道理。"詹何对曰:'臣明于治身而不明于治国也。'"他对楚庄王讲,你问我政治的道理我不懂,我只懂对自己本身如何治理。所谓治就是修养问题,我只晓得修养自己,我不晓得如何治国。

"楚庄王曰:'寡人得奉宗庙社稷,愿学所以守之。'"楚庄王看他的答话好像答非所问,因此进一步说,我承蒙祖先遗留下的宗庙社稷——就是国家。古代文化与现代观念不同,祖先遗留给我这一切,我愿意学怎么样保存守住,总不能在我手里把它搞掉了!

"詹何对曰:'臣未尝闻身治而国乱者也,又未尝闻身乱而国治者也。'"这是一个原理,正反两方面地说话。楚庄王再三追问,詹何就讲了,他说据我所知,没有听说过本身有修养的人,在处理国家政治时会乱,不可能;相反的,也没有听说过本身乱而能把国家治理得好。"故本在身，不敢对以末"，所以政治的根本，在于每个人本身修养的建立。至于说政治的体制，现在所讲的自由民主，或者古代君主的政治，或者独裁专制等等，都是政治体制。所谓体制是形式的问题，等于说头痛医头，脚痛医脚，这个都不相干。而平常修养身心，才是治身之道，所以我讲的是本身的问题。虽然现在时代不同了，但是千古以来的政治，究竟是哪一种体制好——帝王政治好？无政府主义好？还是哪一个主义好？人类到现在也没有办法下定论。因为都用过了，没有一个方式可以千秋万代太平。这就是《易经》的道理，永远是水火未济，下不了结论。

也可以讲世界上有两件事无法下定论，除了政治，另一个是军事，尤其是军事，也没有办法得学位。像军事用兵，这个仗要怎么打，虽然学了很多的军事兵法，真打起仗来，运用之妙在乎一心，没有固定的章法，只要打垮敌人就对了。所以不能叫敌人慢一点打，让我想一下《孙子兵法》，没有这一回事！就像打架的时候，你用牙齿也好，用拳也好，用头也好，能打就对了。所以詹何这里说，那些都是枝末，边边上的事，不相干，我告诉你的是根本。"楚王曰：'善。'"对！懂了。这一段故事就很短。

我们了解历史上道家的思想，政治哲学是以治身为本的，因此也就了解儒家孔孟的《大学》《中庸》，乃至《孟子》的思想了。儒家的思想始终对政治不多谈，只谈个人的成就，即所谓治身为本。身不治而国治者，他说未之有也，不可能。可是我们注意啊！这些故事看起来很凌乱，但却是连在一起的，由九方皋相马，这个看马的哲学，谈到了政治的大原理。

    狐丘丈人谓孙叔敖曰："人有三怨，子知之乎？"孙叔敖曰："何谓也？"对曰："爵高者，人妒之；官大者，主恶之；

禄厚者，怨逮之。"孙叔敖曰："吾爵益高，吾志益下；吾官益大，吾心益小；吾禄益厚，吾施益博。以是免于三怨，可乎？"

人生的三种麻烦

"狐丘丈人谓孙叔敖曰"，狐丘是个地名，丈人是指老先生，也许是道家古代高人，所以本身不留名字，但称丈人，以地方为名，叫狐丘丈人。你不要看到丈人就以为是指岳父，就搞错了。我们古代称老前辈、老先生为老丈，古代小说上都有。孙叔敖是楚国的宰相，你们都读过斩两头蛇的孙叔敖，很有名。历史上的名宰相，以及许多有名的人物，十之八九都是矮子，不是高人，包括拿破仑在内。

所以狐丘丈人对孙叔敖说，"人有三怨，子知之乎"，就是有三种事情可以招致社会上对你怨恨，你懂不懂？这个要注意了，将来你们年轻同学出去做事，乃至当一个家长、户长，那些兄弟姊妹，太太儿女或者先生，都会埋怨的。人只要一管事，所有的人都会埋怨。你在部队里当一个班长，管十个人，这十个人都在埋怨。"孙叔敖曰：'何谓也？'"他请教这个有道的高人什么叫三怨。

"对曰：'爵高者，人妒之'"，这个你们注意了，这就是人生最高的哲理，一个人地位一高，任何人都妒忌，这个道理很多了。像古人说，我也经常告诉你们做人的原则，"女无美恶，入宫见妒"，一个女人不管她漂亮不漂亮，只要靠近那个最高的领导人，到了皇帝的旁边，所有的宫女都妒忌她，并不是为了她漂亮不漂亮，因为上面宠爱她嘛！"士无贤不肖，入朝见嫉"，知识分子不管你有没有学问，突然同学里头有一位当了部长，一下入阁了，你们同学一边恭维他，一边心里不服气，你算什么东西啊！我还不晓得你吃几碗干饭嘛！就会嫉妒，这是必然的。古人有诗"一家温饱千家怨,半世功名百世愆",所以有些知识分子看通了,做学问是为自己,不出来做事了,去做隐士。有些领导就懂这个道理,故意把社会仇恨挑起来,方便自己领导。

我们只要看到人家房子盖高了,有钱多盖一些,你走在路上都会骂它一声,那个房子同你什么相干?一个人做官做了半辈子,做官运气再好,也不过做个二三十年,半世的功名就留下后代愆。因为地位高了,官做了几十年,不晓得哪一件事情做错了,这个因果背得很大,也许害了这个社会,害了别人。所以古人学问好了,怕出来做事,自己不敢过于信任自己,非常慎重,因为一个错误办法下去,危害社会久远,受害的人很多。所以狐丘丈人告诉孙叔敖,人生有三怨,第一是爵位高的人,会遭人嫉妒。

第二,"官大者,主恶之",古代帝王的时候,官做大了要非常小心,地位高,出将入相,所谓功高就震主。只有懂得人生哲学的人,才了解其中的道理。岳飞为什么被杀?"主恶之",宋高宗讨厌他。譬如写历史名著《资治通鉴》的司马光,是宋朝大有名的名臣。司马光是几朝元老,等到宋神宗一死,他有一度退休回家了。哲宗小皇帝上来接位,皇太后在管事,召司马光再来,因为是老前辈。老百姓听到司马相公来了,自动出去欢迎。他一看,马上吩咐家人立刻回去,他知道这个不行,老百姓都拥护他,皇帝怎么做啊?这些都是历史名人故事,学问之道。

昨天有一个老辈子的朋友来看我,六七十岁,他在国际上开会刚刚回来,是美国非常大自动化公司的亚洲代表,也是这个大公司里的老资格,亚洲方面非靠他不可,跟我谈了许多国际上经济的情形。然后他发现世界上的大公司,他们最高的上层内部的家族,也会争权夺利的。我说你是几朝元老,那你讲话可要留意了。他就说,我很难讲话,很难办。这是"官大者,主恶之",老板会怀疑你，会害怕你。这是人生经验，不是你们年轻人所能够想象的。

第三怨"禄厚者，怨逮之"，待遇高了，担任了重要主体的事，只要有一点错误，大家都怪领导错，不会怪自己。这个很简单嘛，目标高，要打靶的时候，一定往最高处打。所以地位到了最高处，一点都不好玩；不要说地位，像我们年纪大了，稍稍有一点所谓的知名度，走一步路都不好走，都要小心。如果你在地上打个滚啊，明天报纸上都给你登出来了，打滚都没有自由，这个人生到此真不好玩。所以他告诉孙叔敖人生有三怨，他是警告这个楚国的名宰相孙叔敖，因为他是一人之下、万人之上的地位。

孙叔敖的智慧

孙叔敖的答复："吾爵益高，吾志益下；吾官益大，吾心益小；吾禄益厚，吾施益博。"他说我懂了，谢谢你的教诲；我的爵位越高，我越谦虚，自己越觉得没有什么了不起，对别人更尊重。我的官越来越大，我也越来越小心，没有一点傲慢。我的待遇越拿越多，拿来的薪水帮助社会贫穷的人，帮助亲戚朋友也越多。所以他说这三件事情——地位高、待遇高、爵位高，对我都没有关系，我还是我，是个平民老百姓。"以是免于三怨，可乎？"这三种怨都到不了我身上，你认为可以吗？那当然可以，不要回答了。此所以孙叔敖在历史上成一个名相，不但是名相，也是名臣，同时更是国家的良臣、大臣，那是了不起的人物。历史上很多名臣，不一定是良臣，不一定是大臣，至于奸臣之类，那谈都不要谈了。

这个故事是历史的经验，也就是人生的经验，不一定只讲做官的哦！财富上也是同样的道理。譬如说，台北市很多年轻的财阀，财富很多，但是他自己不知道怨他的人也很多，因为有资本嘛！什么生意都要做,别人都做不成了。所以也要留一点饭给人家吃啊!

> 孙叔敖疾,将死,戒其子曰:"王亟封我矣,吾不受也。为我死,王则封汝;汝必无受利地!楚越之间有寝丘者,此地不利而名甚恶。楚人鬼而越人禨,可长有者唯此也。"孙叔敖死,王果以美地封其子。子辞而不受,请寝丘,与之,至今不失。

孙叔敖之所以了不起,他不但懂得人生哲学,还有一件更了不起的事——孙叔敖在楚国的功劳之大,那可不得了,可是他死后,家里的人生活很困难。晏子也是这样,所以像诸葛亮这一班历史上所谓名臣、大臣,死后有些人连棺材都没有。而在世时那个威权,一只手就可以把太阳遮住。这是大国文化,历史上这样了不起的人很多啊,你们年轻的要注意。"孙叔敖疾,将死,戒其子曰",孙叔敖死的时候,自己家里没有财产,但是他还吩咐儿子,"王亟封我矣",他说楚国的国君对我非常感激,每次想封我;古代的封,譬如说把台北封给你,这个台北所有土地税收都归他了。"吾不受也",他在世时始终不要。所以这个南方的楚国,当时在历史上之所以强盛几百年,是有其道理的。楚国地方很大,包括现在安徽、湖北、湖南、江西、河南南边一部分,出了很多的名王与名将相。

他说"为我死,王则封汝",等我死了以后,楚王一定怀念我,晓得我不肯接受,一定要封给你。"汝必无受利地",你可以接受,不过我吩咐你,好的黄金地段,千万不能要。你只问他讨一个坏地方,"楚越之间,有寝丘者",在浙江、安徽之间,一个边区荒凉的地方,有个小山坡很大,平常闲在那里没有用,"此地不利而名甚恶",谁都看不起,也没有人要。他说地名也不好,叫做寝丘,寝丘是做坟墓之地,埋葬死人用的。"楚人鬼而越人禨",楚国的人迷信鬼,迷信得很。浙江一带的这些越人,那个时候还是野蛮地区,也是迷信得很，认为这块地风水不好。楚国也不要，越国也不要，三角的地带，你就要那个地方好了，"可长有者"，你要了这个地方，后代子孙才可以永远保留。这就是道家的思想，人之所弃我取之，别人要的，赶快让。

人在人情在

像我当年在大陆的朋友，在南京、重庆，有这么一两条街，都是他的财产。我这个朋友送人戒指、金刚钻，口袋里一摸，拿个大的，也不管多少克拉的，他就是这个威风。我这些朋友很多，反正富的也好，穷的也好，都是我的朋友。我一辈子有一个坏毛病，喜欢骂人，所以把牙齿都骂掉了。那些威风的朋友，我看到就骂，当然我骂是开玩笑地骂，所以他对我又恭敬，又没有办法，因为我什么都不要，所以拿我没办法，他不敢在我面前玩这些。

此人到了台湾之后饭都吃不上，当年的威风一点都没有了，连我的大门都不敢进来。有一天我厨房门一开，他正站在那里吃饭。我说你干什么？为什么不从前门进来？他说你前面那么多客人。我说你混蛋，你是我的朋友，再穷也是我的朋友，大大方方进来吃饭，为什么这样窝在后面吃？！收起来，叫他们加菜，某人没有吃饭。这是真的啊！他后来没有办法，说要自杀，我说你不能死啊，你自杀了我丢人，说我有一个朋友饿得自杀了，这不行。但是我也没有办法帮助他，那时萧先生在宪兵司令部当政治部主任，我就拜托萧先生帮他找个小工作。当年高得那么高，后来找个工作低得没有再低的，我跟萧先生都关心他，千万不要自杀。这个人如果讲到名字，你们老辈人都知道。像我这些看得多了，不只一个两个，是一打两打算的。我一生的学问是从这些人身上读出来的，我还是我，看到很好玩。所以孙叔敖就懂，告诉儿子，好地不取，取最差的才可以长久。

"孙叔敖死，王果以美地封其子。"孙叔敖一死，楚王果然要以最好的地方封给他儿子。"子辞而不受，请寝丘"，孙叔敖的儿子也很高明，推辞了。其实历史上还有一段内幕，这就是中国人的话，"人在人情在，人死就两丢开"。孙叔敖死后，楚王也忘掉他的儿子了，因此历史有一个"优孟衣冠"，唱戏的叫优孟，看到孙叔敖的儿子那么可怜，楚王忘记了他的功劳，这个唱戏的演话剧给楚王看，扮孙叔敖，楚王一看到孙叔敖出来就想起来了。然后这个戏子在台上就讲，做人不要做孙叔敖，对国家那么大的功劳，死了儿子在那里饿饭。楚王一听难过了，所以把他儿子找来，封很好的地给他，那么这个儿子照爸爸的意思，要了那个最坏的地方。"与之，至今不失。"结果呢，楚王当然答应了，孙叔敖的子孙后来永远保有这个坏地方。所以吃亏就是占便宜，千万不要占眼前的便宜，你们年轻人做人也好，讲话也好，不要只顾眼前，要看结论，这些历史告诉我们的，都是人生的结论。

第十二讲

列子臆说

遇到抢匪怎么办

牛缺者，上地之大儒也，下之邯郸，遇盗于耦沙之中。尽取其衣装车，牛步而去。视之欢然，无忧吝之色。盗追而问其故。曰："君子不以所养害其所养。"盗曰："嘻！贤矣夫！"既而相谓曰："以彼之贤，往见赵君，使以我为，必困我，不如杀之。"乃相与追而杀之。燕人闻之，聚族相戒，曰："遇盗，莫如上地之牛缺也！"皆受教。

俄而其弟适秦。至关下，果遇盗；忆其兄之戒，因与盗力争。既而不如，又追而以卑辞请物。盗怒曰："吾活汝弘矣，而追吾不已，迹将著焉。既为盗矣，仁将焉在？"遂杀之，又傍害其党四五人焉。

"牛缺者"，牛缺这个人，是"上地之大儒也"，在春秋战国时，等于山西上面比较高的地方，一个很有学问的人。那个时候的儒，不是讲孔孟这个儒家，凡是读书人知识分子就称儒。"下之邯郸"，以地的高低来说所谓上地下地，他向下方走到邯郸去。邯郸是在河北，就是吕纯阳遇钟离权那个地方，很有名的。等于四川人叫我们外省人，为脚底下的人，因为四川、陕西都在上游较高地方，我们在下游地带。"遇盗于耦沙之中"，耦沙是地名，究竟哪里很难考据，反正在旷野里碰到土匪。"尽取其衣装车"，土匪抢了他的衣服、行李装备，乃至于车。古代的车子是牛拖的，牛同车都被抢走了。"牛步而去"，牛缺这个人被土匪抢得光光的，什么都没有了，只好走路。"视之欢然，无忧吝之色"，色就是态度，被人家抢光了，什么都没有了，他就步行走路。看他的样子，并没有忧愁烦恼，也没有舍不得。

"盗追而问其故",他这个人很奇怪,被土匪抢得那么光,走路就走路吧,好像在禅堂里打七一样,大步地走,欢然而去,很解脱的样子。这些土匪就觉得很奇怪,追过来问他什么原因,你被抢了还么高兴。"曰",他说,"君子不以所养害其所养",读书人讲出一番道理,所谓哲学家道理。这就是《列子》《庄子》的古文。什么是"所养"?前面这个"所养"是讲外物,身外的一切东西;后面"所养"这两个字,是讲自己的身体,肉体。他说一个有修养的人,并不认为他的所养——我们普通讲物质是身外之物,实际上身体是心外之物,不过比较起来,这个身体比外面的物质重要一点——身外之物有什么关系,拿去就拿去了,我只要还有自己的生命就很好了。

这些土匪们一听"嘻",就是我们现在讲"嘿","贤矣夫",这个人了不起。"既而相谓曰",这个问话的土匪回来跟同伙报告,大家商量,"以彼之贤往见赵君",这个有道德、有学问、很贤圣的人,现在一路向赵国邯郸走去,"使以我为,必困我,不如杀之。"如果他向赵国的国君报告我们这一班人干的事,国君必派兵来抓我们。所以不如杀人灭口,把他杀掉,以免后患。大家说有道理,"乃相与追而杀之",于是回头再追过去把他杀掉。所以好人也难做,就是这个道理。

"燕人闻之",这个是赵国的事情,靠赵国的北面,就是现在河北一带的燕国,燕国的人听了以后,"聚族相戒曰",把自己的宗族,家里同宗的人都召集拢来,告诉他们这一件事。"遇盗莫如上地之牛缺也",你们年轻人将来出门,碰到土匪抢了,不要像那个牛缺一样,不能假大方。这些年轻子弟们,"皆受教",全体都知道了。

"俄而",过一阵子,"其弟适秦,至关下果遇盗",他的兄弟们到秦国去,果然也碰到土匪。"忆其兄之戒",因为家族曾把牛缺的故事向他们告诫过,"因与盗力争",于是土匪抢了以后,他又把东西抢回来,土匪拿了他的手表,他把土匪的钢笔也拿回来了,跟土匪两个争。"既而不如",结果,打架打不过土匪,"又追而以卑辞请物",东西又被土匪都抢走了,因为牛缺的故事在他脑子里,所以土匪走了,他在后面跟着跑,然后"卑辞",讲得很可怜,我家里还有老母亲啊,至少给我一百块钱做路费啊,给我吃一餐饭啊,"请物",至少你把旅行袋还给我,或者我们说,你公共汽车票不要给我拿走之类。

"盗怒曰",这一班土匪发了脾气,"吾活汝弘矣,追吾不已,迹将著焉",他们说不杀你,我们已经是度量很宽大了,结果你在屁股后面紧跟着要东西,大家都看到我们是土匪,抢了人,"既为盗矣,仁将焉在",既然我们做了强盗还有什么仁义啊,"遂杀之",就把他杀掉。"又傍害其党四五人焉",不但杀了他,而且把他同路的四五个人都杀掉了。

《列子》这一段故事讲到这里很妙,同样的土匪抢劫,好人难做,坏人也不容易做,这个世界上你说究竟做哪样的人?怎么样做?这几个都是相对的,告诉我们为人处世的困难,怎么做才对,才恰到好处,这是大学问了。聪明难做,糊涂也难做;做人如此之难,做事也如此之难。跟着又来一个故事。

财多又好客的下场

虞氏者,梁之富人也,家充殷盛,钱帛无量,财货无訾。登高楼,临大路,设乐陈酒,击博楼上。侠客相随而行,楼上博者射,明琼张中,反两㺕鱼而笑。飞鸢适坠其腐鼠而中之。侠客相与言曰:"虞氏富乐之日久矣,而常有轻易人之志。吾不侵犯之,而乃辱我以腐鼠。此而不报,无以立懂于天下。请与若等戮力一志,率徒属必灭其家为。"等伦皆许诺。至期日之夜,聚众积兵以攻虞氏,大灭其家。

"虞氏者,梁之富人也",这个虞姓,在春秋战国也是个小国家,后来我们中国人有许多姓氏,都是以国家为姓,譬如宋国之后就姓宋。这个虞家的人,是梁国的客人,就是在河南洛阳一带,孟子见梁惠王,就是河南一带。后来梁、卫,地名不同,这个区域就在河南、洛阳、开封那一带,古代称为中原。这个中原的富人虞氏,"家充殷盛",家里什么都有,"钱帛无量",帛是布匹,古代的布匹是物资,也同钱财一样。等于现在有土地就是财产,那个时候有布匹也是财产。"财货无訾",所以他的财货讲不出来数字多少。因为这一家太富有就盖个高楼,那个时候高楼最高也不过两三层,他盖的不晓得多高。当然有钱都向都市里走,"临大路",在交通要道。家里太富有了,"设乐陈酒",自己有歌舞厅,有音乐厅,也有酒楼,"击博楼上",书上小字有注解,古代那个博就是赌博,现在就是说投骰子、打弹子、玩电动玩具啊,这一些都属于博,赌钱的,赌着玩。

过去我们在大陆有很多朋友家里很阔气,有钱的,每天家里都招待客人,麻将七八桌、十来桌不算什么,朋友打牌,主人家就把钱统统发了,叫每个人拿钱去玩,所有的钱主人家都付掉,这一种做法以前很普通。现在当然没有,现在如果有人这样做,会认为是傻子。那个时候这个样子,认为是当然,到某人家里做客,就是这样招待,吃完饭,开桌子打牌,赢了钱拿走,输了钱,走吧! 主人付了。

"侠客相随而行",所谓侠客,游侠之士,这个名称,春秋战国的时候就有,就是游手好闲、好勇斗狠之人。司马迁的《史记》,

写侠客"任侠尚气"四个字,就是好打抱不平、喜欢把人家的棺材抬到自己家来哭的,是这一类任侠的个性。但是尚气,气大,一句话不对,就是和我们现在青年一样,身上的什么扁钻啊,圆棍啊,就拿出来了,好赌一口气,什么都可以受,就是不能受气。侠客这些人,古今中外都有,你说这种人有那么大的力气,好好去做工嘛,不干。他们打架力气大得很,做起工来他是文武全才,做事他是文的,打架、吃东西、喝酒是武的。就是这一类的人,叫侠客,他们就跟在后面,也到虞家楼上去玩了。

"楼上博者射",博者是赌钱,古代有一种赌法,水里头放骰子,两边有鱼,手上拿标枪射鱼,以射的鱼多少来赌钱,后来把鱼做成木头的,有各种赌法。如果研究赌博史,从春秋战国开始就有赌博了。大概文化太久了,赌术的发明也就太久了。"明琼张中",是说射的那个标枪,打中了很多,"反两擒鱼而笑",两排的鱼都翻起来,于是高兴得哈哈大笑,大家欢乐,就像是同乐会。

你注意啊,这一户人家那么有钱,正在与朋友们同乐的时候,"飞鸢适坠其腐鼠而中之",空中的飞鸟,这种鸟叫鸢,肩膀很宽,同老鹰一样,喜欢吃死的小动物。此刻飞鸢衔着一个快要烂的死老鼠,刚刚飞到这个楼顶,死老鼠恰巧掉下来半只,落到那些侠客的酒里。"侠客相与言曰",大家就讲,这个可恶,"虞氏富乐之日久矣",他们说这家人又有钱,好日子过得太久了,"而常有轻易人之志",这个注意啊,我们有地位、有钱的人家,或者一个世家子弟,家庭出身好一点,富有一久,就会产生一种看不起人、不尊重别人的心理,这是很糟糕的,一定失败。尤其现在的家庭,都是家富小儿骄,孩子们都很娇惯,就把天下事、天下人都看成轻易的。

这些侠客们误会了,"吾不侵犯之,而乃侮我以腐鼠",他们说我们对他很客气呀,我们也保护他,没有侵犯他,结果他拿个死老鼠,掉下来侮辱我们。"此而不报,无以立懂于天下","懂"与"勇"字相同,表示我们这个面子挂不住,太难堪了。古今中外都是这样,做侠客的人任侠尚气,所以睚眦必报。我们经常看到报纸上讲,晚上在面摊上多看人家两眼,那个人眼睛一斜就来杀你,那个是睚眦必报。

"请与若等戮力一志,率徒属必灭其家为。"侠客们给统领的人说好,大家一起,同心协力,"一志",就是后来用的成语,"有志一同"。"等伦皆许诺",这个侠客一说,大家都答应。"至期日之夜",约定好日期的那天晚上,"聚众积兵,以攻虞氏,大灭其家",大家集合起来,拿武器到虞氏家里,把他全家杀光。

江湖侠义　社会百态

这个多冤枉!我们看到这个故事,有钱人家请人吃,请人玩,招待得样样都好,结果如此不幸。四川的袍哥们,就是哥老会,也是如此,同门弟兄们讲话,"你哥子,我兄弟,你不吃,我有气"。要你喝酒就要喝,宁可醉死也要喝,不醉的话他就生气,要揍你了。到边疆地带也一样,我们做客的很麻烦,假牙齿就不行了,吃肉的时候,那个土人刀抽出来割一块肉,往你嘴里一送,你嘴张开就要咬住,咬得咔啦咔啦的满嘴油腻,你只要咬慢一点,就是看不起他,第二刀就向你喉咙里过来了。大家就是这样蹲在那里那么吃,然后吐口水什么都没有关系,只要你吃得痛快。这是我们当年经过的日子,自己吃不下还要吃。

到贵州、云南一带,有人坐在那里专门添饭,饭吃完了,高高的一碗给你盖下来,到最后说我不要了,搞得没有办法,赶快把碗放在地上,实在吃不下了,这是很诚意的请客。还把蚱蜢、蜜蜂都用油炸给你吃，只好当花生米一样，抓起来往嘴里送就是了，表示他待客很诚意，我也吃得很痛快。如果你皱起眉头吃，主人不高兴了，说你这个客人不诚意。这些境界，你们年轻人在台北很少碰到了，那个味道真不好受，尤其像我一杯都不会喝的，那个大杯送过来，真没办法。如果你说不会喝酒，绝对不会喝，不喝酒？那什么意思啊？我这个主人不够诚恳啊！所以逼得你要死的。中国这样，外国也一样，你们到美国去留学啊，有人什么都没有学到，结果留学到黑社会里去了，所以也是这个味道。

你说人难做吧！虞氏招待那么好，结果被误会了，惹来杀身之祸，家破人亡。这个死老鼠虽不是他丢的，不过这里有个重点，就是这一般侠客们讲的，"*虞氏富乐之日久矣，而常有轻易人之志。*"所以人生做人做事很难，地位越高，越有财富，越要谦虚，越要表示比人低下。我们看社会上发生的事，很多人稍稍觉得自己了不起，就注定慢慢变成起不了，这就是社会的百态，都是事实。你不要看《列子》所引用的这个故事，好像是古人发生的事，不是！人类的社会，中外都一样，都有这种事。所以我们要懂得如何做人做事，重点在这里。因此我们要晓得一个道理，只要地位高了的，都很容易犯这个毛病，"*有轻易人之志*"，因而就遭杀身之祸。

这一段是因财富、因待客而遭遇的不幸，一般年轻人出来都是这个气概，少年待客江湖上，像汉朝的孔融，他是孔子的后代，家中"座上客常满，樽中酒不空"，一天到晚有客人，所以他别号北海，好客是出名的。孔融当时学问也好，是世家，财多名气又大，后来天下变乱，孔融在山东一带出了事情，当时刘备还没有起来，孔融还提出来说，这个事情叫刘备来还可以干。刘备听了很高兴，被人家提到名字就很兴奋，你看一个人的名气到了那个程度，连刘备这么一个人都觉得发了光了，真是光荣。孔北海还说得我刘备啊！好，你的事情我帮忙，马上带领关公、张飞就去打仗了。当然孔融的做法也了不起，不过最后遭杀身之祸，被曹操杀掉，所以名气大在乱世当中也是问题。《列子》这一篇告诉我们人生太多的道理，这是一个故事。接下来是有连续关系的另外一个故事。

为道德而死的人

> 东方有人焉，曰爰旌目，将有适也，而饿于道。狐父之盗曰丘，见而下，壶餐以铺之。爰旌目三铺而后能视，曰："子何为者也？"曰："我狐父之人丘也。"爰旌目曰："嘻！汝非盗邪？胡为而食我？吾义不食子之食也。"两手据地而欧之不出，喀喀然遂伏而死。狐父之人则盗矣，而食非盗也。以人之盗，因谓食为盗，而不敢食，是失名实者也。

"东方有人焉，曰爰旌目"，这个东方是指山东一带，有一个人名叫爰旌目。"将有适也，而饿于道"，出门到外面去做事，路上大概丢掉钱财了，一毛钱没有，饿得快要死了。

"狐父"，是一个地方，"之盗曰丘"，有个强盗，名字叫丘，也可以叫他狐父丘。看到路上一个出门人，饿得差不多快死了，这个强盗就发善心，当了慈悲人，做菩萨了。"见而下，壶餐以铺之。"下了马，赶快从壶里倒水给他喝，拿食物给他吃，喂他。

"爰旌目三铺而后能视"，爰旌目营养不良啦，眼睛都看不见了。吃了三次，眼睛也恢复了，看见人了。"曰：'子何为者也？'"就问喂他的这个人，你这位老兄救了我，你是干什么的啊？你怎么会好心救我？

"曰：'我狐父之人丘也。'"他说你不晓得呀，我就是那个有名的狐父丘。这个土匪头，出名的坏蛋，所以知名度很高的。

这个爰旌目一听，说"嘻！汝非盗邪？"嘿嘿，你不是那个强盗的头子吗？"胡为而食我"，你为什么要可怜我，拿便当给我吃啊？"吾义不食子之食也"，他说我这个人讲道德、讲学问一辈子，发了誓的，不吃强盗的东西，所以别人救我可以，你救了我，不干。爬起来"两手据地"，两个手扒在地上，想把胃里的东西吐出来。"而欧之不出"，拿手去挖也挖不出来，"喀喀然遂伏而死"，再拼命呕，把自己肠胃都翻过来要把它吐出来，强盗东西我不吃！"喀喀"这样吐，怎么吐也吐不出来，趴在地上死了。你看这个人，如果讲宗教信仰，是殉道而死，是为道德而死的。

现在列子评论了，"狐父之人则盗矣，而食非盗也"，他说这个狐父丘固然是强盗，但是他的食物不是强盗啊！米粮做的饭或者是面包馒头，不是坏东西啊。"以人之盗，因谓食为盗，而不敢食，是失名实者也"，因为人坏，就认为他的东西也坏，宁可死而不敢吃坏人的东西，这叫做读书读迂了。这就是我们普通骂读书人、知识分子，像茅坑里的石头，又硬又臭。所以儒家、墨家、名家（就是讲逻辑的哲学家）讲"名实"，"名"是理论上的，"实"是实际上的。"是失名实者也"，把理论跟实际读死了，变成这个样子，也就是只要做好人，把自己往死路上推。

《说符》这一篇，描写了很多人的心态、形态、个性，你说究竟哪一个人做得对，哪个人不对？恐怕人类历史下不了定论。

> 柱厉叔事莒敖公，自为不知己者，居海上。夏日则食菱芰，冬日则食橡栗。莒敖公有难，柱厉叔辞其友而往死之。其友曰："子自以为不知己，故去。今往死之，是知与不知无辨也。"柱厉叔曰："不然！自以为不知，故去。今死，是果不知我也。吾将死之，以丑后世之人主不知其臣者也。"凡知则死之，不知则弗死，此直道而行者也；柱厉叔可谓怼以忘其身者也。

为不知己而死的人

又有一个非常有趣的相反的故事,"柱厉叔事莒敖公",柱厉叔这个人,他是莒敖公的部下,事就是服侍、侍候。莒是山东地名,我们现在都晓得"毋忘在莒",山东现在有个莒县,古代是个小国。莒国有个莒敖公,是地方上的领袖。"自为不知己者",柱厉叔认为莒敖公不懂他,不是他的知己。这一种事情很多啊!很多青年在外面做事的,据我所知,每个同学回来都一肚子牢骚,都认为自己的才能,马上可以统一全世界,本事大得很。因为在那里只拿一点薪水,认为这个待遇不足以买他的才能,所以老板们都不是他的知己。认为除了上帝以外就是他了;学问除了尧、舜、禹、汤、文、武、周公、孔子以外,就是他;武将除了岳飞、关公、诸葛亮、周瑜、赵子龙啊,甚至法国的拿破仑以外,就是他。

所以世界上的人都这样,认为老板不知己,"居海上",因此柱厉叔看不起这个老板,自己离开隐掉了,到青岛崂山,或者到崇明岛啊,或者到东沙群岛钓鱼台去住了。"夏日则食菱芰",夏天吃菱角,或者荷花的花梗。冬天吃什么呢?"冬日则食橡栗",海岛上有树,有板栗。反正你看不起我,我也看不起你。像现在很多青年思想:社会不懂我,我到山上修道去,出了家又再去成家,又到山上搭一个茅棚,也没得善知识,然后自己就是善知识里头的知识善,然后在那里……多得很啊!你看古今中外都有这种人,这个柱厉叔就是这么一个人。

"莒敖公有难",后来听说莒敖公这个老板,有了国难,死了。"柱厉叔辞其友而往死之",听到原来的老板被人杀了,国家也破了,他表示够朋友,有义气,向朋友告辞,也要去为老板死。"其友曰"，他的朋友劝他，"子自以为不知己，故去"，他说你原来离开他，因为你认为他不是你的知己，所以你离开了，"今往死之"，现在他有难死掉，你也去死，死在他的坟上报答他，"是知与不知无辨也"，那么知己跟不知己，就没有差别了。因为很知己，所以他死你才死啊。既然你认为他不知己，那你何必为一个不知己的人去死呢？这个在理论逻辑上讲不通啊！

譬如夫妻俩，好得不得了才说一起死，有一出戏叫《庄子劈棺》，演这个太太跟庄子讲，如果你死了我一定跟你去。后来庄子诈死，在棺材里伸个手，死要感情，把太太衣服拉住。太太正在哭的时候，看到棺材里伸个手拉她，哎呀，我不去呀！我还有事情没有完，就是这个道理。所以你们学逻辑、学哲学注意！逻辑啊，真是很难讲，我经常对这个翻译的名词说笑话，非逻非辑，越逻越辑，不得了。

所以各有各的理由，"柱厉叔曰：'不然！'"他是另一个逻辑的道理，他说不对，不对，"自以为不知，故去。"过去我离开他，因为他不是我的知己啊，"今死，是果不知我也。"现在他倒霉死掉，就因为他不了解我，因此失去了我这个人，他该死。"吾将死之"，现在我到他坟前死，给大家知道，"以丑后世之人主不知其臣者也"，在历史上留下一个证据，当老板的不认识部下就有这个后果，这就是我死在他坟上的道理。你们说，他这个死，多有意思啊！

第十三讲

列子臆说

柱厉叔这人要死给大家看，给后面当老板、当皇帝的看看，要他们知道，不懂人才、不能用人才的后果。古代有这样的人，这个人多勇敢！不过历史上很多的忠臣是死给大家看的。譬如汉朝那个小官朱云，跟汉成帝争一个问题，把头撞到栏杆上，流血而死。汉成帝还是了不起，叫部下留下这个血不要擦掉，也不要粉刷，使历史知道我是个不高明的皇帝。这是把朱云的血留给后世做个榜样，警告当老板的要聪明。不过后来有些皇帝看到有人也要那么干，就说你也想做朱云啊！比如朱元璋时也有人跑来想跟他玩这一套，希望朱元璋杀掉他，而能在历史上留名。朱元璋很聪明，说这个家伙是乡巴佬，要我杀了他历史留名，我才不干，放他回去。

实为怨恨而死

"凡知则死之，不知则弗死，此直道而行者也"，这是列子的评论，中国文化都是相对的，如"君礼臣忠"，如果当领袖的对部下有礼、爱护，部下就对他忠心；"君不礼则臣不忠"，有一定的道理。所以父慈子孝，父母要儿女做孝子，父母本身要健全，父母能够真爱子女，真会教育子女，子女则是孝子。自己是个混球的父母，光要求儿女做孝子，也不可能。兄友弟恭，也是一样道理，由此可知，中国文化并不是呆板的规定，而是相对的。所以这里也讲"凡知则死之，不知则弗死"。古人讲，"士为知己者死"，一个知识分子为了一个知己，可以把命送了。"女为悦己者容"，这是中国文化的名言，一个女人打扮是给爱自己的人看的，他不喜欢你，你打扮起来有什么好看啊！你越打扮，他越觉得讨厌，这是必然的道理。所以说，不是知己，我又何必为你卖命！这是人生的直道，是当然的道理。

"柱厉叔可谓怼以忘其身者也",什么是怼?怨恨。他说柱厉叔这个死,是一股怨气促使的,把身体生命都不要而去死。这种怨恨的心理,死得很冤枉,死后变鬼也是冤枉鬼,到枉死城里去报到。据说地狱里有一个监狱叫枉死城,凡是冤枉死的、自杀的,都到那里报到,不大容易投生了。不晓得经过多少时间,等到地藏王菩萨来视察,阎王才来清理枉死城,可怜的就放出去投生。

这个所谓生死之间,中国文化另有一套价值看法,也是我们中国文化严重的问题。中国古人所讲,"死有重于泰山,有轻于鸿毛",这是对所谓死的价值的定义。中国文化,有时候对生命的轻视像对一根鸡毛一样;有时很有价值不妨一死。有时候上了氧气还不肯死,那是否也是重于泰山?

杨朱论因果

杨朱曰:"利出者实及,怨往者害来。发于此而应于外者惟请,是故贤者慎所出。"

接着下一件事,在中国文化史里非常有名,就是人生的大道理,你们学佛修道的人、不修道的人,都要注意。"**杨朱曰**",杨朱大家都认识,孟子最反对的一个人。杨朱是主张"拔一毛以利天下,不为也",你叫他拔掉身上一根汗毛,对社会有利益,他都不干。孟子一生反对杨朱、墨子两家,他们都是道家思想的人物。我们现在讲中国文化,你们青年要懂,像我们中国文化精深博大,墨子"摩顶放踵以利天下",这个思想几千年了,佛家的思想也一样,大慈大悲,平等看待一切众生如亲人。孟子反对墨子,认为他陈义太高,理想太高,做起来太困难,所以要一步一步来,认为有限度的仁爱才是对的。

另外,杨朱的思想,是把个人主义发展到极点,属于自由主义,也是真的民主。自由主义的杨朱思想,绝对尊重他人的自由,各有各自的范围,所谓自由民主的结果是绝对的自私、为己,所以杨朱就是为己。但是杨朱不是那么狭隘,杨朱虽然为己,对社会有贡献都不干,但是别人的利益绝不沾。如果天下个个都是杨朱,我有我的自由,不妨碍你的自由,那天下太平了。可是人是绝对做不到的,口口声声讲自由的人,最喜欢妨碍别人的自由;等于我常说口口声声讲科学的人,绝对不懂科学。真正学科学的人,嘴巴闭住不敢讲,因为科学这个东西太难太难。像我们同学里头,好几位学科学的博士,他嘴里不敢谈科学,一提科学,哎哟!这个问题很严重。就晓得这是学科学的,他不轻视每一个问题。只有我们这一些科学不科学、文学不文学的人,一提就是科学,其实科也不科,学也不学,这很奇怪。

现在这里提到杨朱,他应该是所谓自由主义思想的领袖、祖师爷,他的哲学你看多高明啊!他说"利出者实及",你有利益给人家的话,实际好处就回到你身上,这也是因果问题,就报应回来,所以你给人家利益,还是为了自己的利益。"怨往者害来",你到处都埋怨别人,看不起别人,人家也看不起你,也讨厌你。所以你去怨恨别人,马上反应过来是对你有害的。你看杨朱的思想不是那么简单吧!孟子是他的反对派,尽管《孟子》书上讲杨朱,好像一毛钱不值,可是杨朱有他的一套哲学思想,也是不得了的。所以你看杨朱的自由主义多么实际,"利出者实及,怨往者害来。"就是他的哲学名言。

"发于此而应于外者惟请",这个"请"就是"情"字,所以杨朱也是明白因果报应道理的。任何人的思想行为,只要一发动,内外就有感应,相应的作用。这个道理是什么?就是情。人到底不是普通的动物，还有一种情感的怀抱，其实动物也是，生物都是这个样子。按现在科学的研究，植物也有感情，所以一枝花啦，一棵树啊，好好地招呼它，它对你也是未免有情，也有这种道理。我们看历史上这种情况也很多，譬如说玄奘法师要到印度留学，他的庙子门口有两棵松树，他就摸住那个松树暗自发了一个愿，准备二十年后回来。庙子里的小和尚就问他，师兄啊你几时回来？他说等这个松树的树枝，从东方转向西面伸手，我就回来。结果玄奘法师回国那一年，松树枝由东向西转了，所以师兄弟们讲，玄奘要回来了。这是物理的所谓相应，就是"发于此而应于外者惟请"。

"是故贤者慎所出"，因此这个贤人，有道德的人，小心谨慎自己的起心动念，对自己情感的发出，非常谨慎。大家认为，我们心里头的思想，外面的人怎么知道！可是人之所以不同，有他的电感，你对一个人有所怨恨，对方已经收到电波了，他也不高兴你了。所以一切只能求于自己，这就是杨朱为己的哲学道理。下一段引用杨朱的话，又是另一个道理。

羊追不回　杨朱戚然

　　杨子之邻人亡羊，既率其党，又请杨子之竖追之。杨子曰："嘻！亡一羊，何追者之众？"邻人曰："多歧路。"既反，问："获羊乎？"曰："亡之矣。"曰："奚亡之？"曰："歧路之中又有歧焉，吾不知所之，所以反也。"杨子戚然变容，不言者移时，不笑者竟日。门人怪之，请曰："羊，贱畜；又非夫子之有，而损言笑者，何哉？"杨子不答，门人不获所命。弟子孟孙阳出，以告心都子。

　　"杨子之邻人亡羊"，杨朱邻居有个人，养的羊丢掉了一只，不晓得跑到哪里去。"既率其党",这个邻居集合他的家人亲友去找这只羊,因人手不够,"又请杨子之竖追之",找杨朱的学生、孩子、佣人们,一齐来帮忙追那只羊。

杨朱一听,"嘻!亡一羊,何追者之众?"只跑掉一只羊,何必用那么多人去追呢?我们去跑股票市场就是亡羊,股票不晓得哪一家会涨,但是股票市场有多少人在追这只羊啊!天下事都是追这只羊,羊跑掉只有一只,但追的人那么多。"邻人曰",这个邻居说,"多歧路",他说岔路太多了。这个注意啊!人生的岔路多得很,向哪一条路追呢?就因为岔路太多,所以去了那么多人追这只羊。大概追了一天吧,"既反",没有追到就回来了,"问:'获羊乎?'"杨朱问他羊追到了没有,"曰:'亡之矣。'"丢掉了,追不到了。"曰:'奚亡之?'"怎么丢掉呢?"曰:'歧路之中又有歧焉'",岔路里头又有岔路,再多人去追也没有用,"吾不知所之,所以反也。"我不晓得向哪一条路去追才好,所以回来了。

杨朱听了这个话,"戚然",这个眉头皱起来,"变容",脸色都变了。"不言者移时",很久也不说一句话,"不笑者竟日",一天也没有笑。就听了这一件事,一只羊跑掉了,这么多人追不回来,搞得不相干的杨朱在旁边,愁容满面,一天不笑。

"门人怪之,请曰",这些学生们奇怪了,就问问这个老师杨朱,"羊,贱畜;又非夫子之有,而损言笑者,何哉?"一只羊是个小动物,丢掉就丢掉,而且这一只羊又不是老师的,是隔壁邻居的,结果你也不笑,也不讲话,难过了一两天,这是为什么?学生们搞不懂就问杨老师。"杨子不答",学生们问他,他也不说话,不讲理由。"门人不获所命",学生们得不到杨老师的答案,"弟子孟孙阳出,以告心都子。"姓孟的这位学生啊,受不了,跑出去给另外一个人讲,这个人叫心都子,他和杨朱是朋友跟学生之间。

仁义的三种解释

心都子他日与孟孙阳偕入，而问曰："昔有昆弟三人，游齐鲁之间，同师而学，进仁义之道而归。其父曰：'仁义之道若何？'伯曰：'仁义使我爱身而后名'。仲曰：'仁义使我杀身以成名。'叔曰：'仁义使我身名并全。'彼三术相反，而同出于儒。孰是孰非邪？"

"心都子他日与孟孙阳偕入，而问曰"，另外一天，这位心都子同这位孟同学两个，一齐进来问杨朱。"昔有昆弟三人"，这个人会问问题，问得好，这就是禅宗了。他不问杨朱为什么不高兴，他说从前有兄弟三个人，"游齐鲁之间"，在齐鲁之间游学，当时齐国与鲁国文化最高。"同师而学"，在同一个老师那里求学。"进仁义之道而归"，学什么呢？这三兄弟就学儒家的仁义。你看啊！下面是道家杨朱对于仁义的解释，由这个解释，再看《论语》，再看孔孟的书上如何解释仁义，归纳起来是这三种。

"其父曰：'仁义之道若何？'"这三兄弟毕业了，回来了，父亲问他们，你们在老师那里学仁义，什么叫仁义？

"伯曰"，大哥讲，"仁义使我爱身而后名"，这是道家解释儒家的仁义最正确的，说仁义之道，真懂了仁义，第一要爱惜自己。不是自私啊！是爱惜自己人格的建立，人品学问的养成，不要贪图外面的虚名，自己学问没有成就，道德修养没有好，只有外面知名度，那是假的，不是仁义之道。所以大哥的了解，生命最重要的是建立自己的人格，完成自己的人品，外面的名望、知名度有没有不重要，那是假的，是虚名。这是我所了解的仁义，他向父亲这样报告。

"仲曰"，老二说，"仁义使我杀身以成名"，懂了仁义的人要做忠臣，"杀身"，就是必要的时候这一条命可以不要，要在历史上留万世清高之名。这是第二种了解。

"叔曰"，最小的这个弟弟说，"仁义使我身名并全"，我所了解的仁义，一个人真懂了学问，懂了仁义，自己本身也站得起来，在历史上、社会上也留名，这就是仁义之道。

你看三个亲兄弟同一个老师，所学的东西、成就，三个人完全不同，对于仁义的了解都不同，这就是教育。一娘生九子，九子各不同。所以教育这个东西很难说，都在一代一代变样。所以禅宗讲"见过于师，方堪传授"，禅宗祖师陈义虽然很高，却是真理。要找到一个可以教的学生，见解要比老师高的才有资格，一点就透，才会发扬光大；否则帆布袋变草袋，一代不如一代，那是当然的。现在全世界文化，像你们在座的，找些中学生来看看，你们已经看不上眼了。

因此有一个结论，"彼三术相反，而同出于儒，孰是孰非邪"，这个心都子问杨朱，你看同样一种学问，三个人的结论不同，老师是同一个人，学校也是一个，哪个对，哪个不对呢？

杨朱答话

杨子曰："人有滨河而居者，习于水，勇于泅，操舟鬻渡，利供百口。裹粮就学者成徒，而溺死者几半。本学泅，不学溺，而利害如此。若以为孰是孰非？"心都子嘿然而出。孟孙阳让之曰："何吾子问之迂，夫子答之僻？吾惑愈甚。"心都子曰："大道以多歧亡羊，学者以多方丧生。学非本不同，非本不一，而末异若是。唯归同反一，为亡得丧。子长先生之门，习先生之道,而不达先生之况也,哀哉!"

"杨子曰",杨朱的答复也妙得很,这就是学问。"人有滨河而居者",他说有人住在河边,在水边长大,因为从小就在河边嘛,"习于水",爱玩水,"勇于泅",游水的本事很高,天然环境养成的。所以长大了以后,"操舟鬻渡",会驾船,不需要到海洋学院,自然会做轮机长驾船。"利供百口",因他有这个游泳的技术,所以赚来的钱,养活全家一百个人的生活,都很充裕。有人看了眼红,去学游泳,学海上的生活,"裹粮就学者成徒",自己带了粮食来上课,还交了费,来跟他学游泳,徒弟多得很。结果跟他学的"而溺死者几半",学游泳没有学好,在水里淹死的有一半以上,这都是自己愿意来学的啊,结果淹死了一半。

在我们这里也是一样,来到这里学佛学道的,也有学得淹死了,学不成的有一半以上。"本学泅,不学溺,而利害如此。若以为孰是孰非?"他本来是为要淹不死才学游泳,结果反而淹死了,利害相差那么大。我问你这个样子哪个对,哪个不对?心都子没有讲话,这就是逻辑了,这个善于问话的心都子,和善于答话的杨朱,两个都是第一等高明人,天下是非下不了定论,给你们第三者去做结论。所谓禅宗的机锋,问答也都很漂亮。你们要想学会演讲,演讲就是会讲话,这两个讲话都讲得非常好,说话艺术高明透顶了。

"心都子嘿然而出",这个一听,一声不响,答案已经有了,出来了。另外一个同学孟孙阳,到底是一个笨蛋,"孟孙阳让之曰",出来就抓住这个心都子讲,"何吾子问之迂",他说你问的什么问题啊?要你问老师人家的羊跑了,他难过个什么?要问这个问题,你怎么问到仁义之道?你问得很迂,莫名其妙,问得好远。而"夫子答之僻",我们这个杨老师,也答复得怪,他又不是答复你这个问题。这叫做"两个黄鹂鸣翠柳",不晓得你们两个说些什么,"一行白鹭上青天",越说离题越远了。"吾惑愈甚",搞得我更加迷惑,越发不懂了。当然不懂!这样高明的问答,这样高明的逻辑哲学,一般学生怎么懂啊!

大道多歧而失羊

"心都子曰",心都子一听就给他做结论了,"大道以多歧亡羊",这个大道是广义的,所谓道就是天下的大道,很宽的路,真理只有一个,真理本来就很简单嘛!后来儒家有儒家的真理,佛家有佛家的真理,道家有道家的讲法,耶稣有耶稣的讲法,越来越多了。每个人表达的方法不一样,耶稣也不错,里头又分了几百个宗派;佛也不错,到中国来又有禅宗啊,禅宗又分五个宗派,到现在你有你的禅,我有我的禅。到我们学生手里,有些学生告诉我,老师啊,我不是这样看法,那我就不说话了,那就是你的禅啊,也没有错啊,因为你的鼻子也对到嘴嘛!谁不对呀?个个都对,就不要说了。"大道以多歧亡羊",但是羊只有一只,跑出去,因为岔路太多了,岔路里头又有岔路,结果你永远找不到了。做学问修道也是,"学者以多方丧生",方法越多,懂得越多,最后是一无所成。依我看来,现在全世界的教育普及了,知识越来越广博,但却没有真正的学问,就是"多方",方向太多了,生命的真谛没有,结果是"以多方丧生"。

"学非本不同,非本不一",学问本来是一个东西,并非本来不同,也并非本来不是一个,真理就是一个。"而末异若是",最后越学越复杂,所谓科学分门别类越详细越错。所以我常常感觉,有许多同学讲,老师啊,看古书不懂,我看现在人翻的白话懂了。对不起,我看那些翻译白话的人,古书他们自己都没有懂。还有些同学说，哎呀!《易经》啊，中国学问高深，我不懂，我看到外国人写的《易经》才懂。我说真的吗？那叫外国《易经》，他《易经》究竟学好了没有？对了没有？都是问题。他说看了那个懂，越浅的当然越容易懂啊，所以你们看了现在的书，越容易懂的越没有真东西。

现在学问就是这样，市面上出的书，依我看就是这样。这是我们讲到这一段的感触，学问到了越分析越详细，越科学化，学问也就越没有了。"唯归同反一"，他说只有一切归纳，归纳又归纳，归纳到最后，找一个共同的归依，叫做唯一的真理，"为亡得丧"，就不会丧失了。

"子长先生之门"，心都子讲这个孟孙阳，你老兄，你在老师那里是大弟子，"习先生之道"，学的是杨老师的学问，"而不达先生之况"，你对你老师一点都不懂，"哀哉"，他说真悲哀啊。我们现在在本院的同学们，千万不要哀哉啊。今天先到这里为止。

第十四讲

列子臆说

狗吠缁衣

> 杨朱之弟曰布，衣素衣而出。天雨，解素衣，衣缁衣而反。其狗不知，迎而吠之。杨布怒，将扑之。杨朱曰："子无扑矣！子亦犹是也。向者使汝狗白而往，黑而来，岂能无怪哉？"

现在讲的这个故事，还是连续的，属于正反的观念，讲人生处世的哲学，处世的道理。"杨朱之弟曰布，衣素衣而出。"杨朱的兄弟，名叫杨布，穿素色的衣服出门去了。上面这个"衣"是动词，是穿的意思。"天雨，解素衣"，出去的时候是天晴，结果在外面碰到了下雨。古代的农业社会，泥巴到处都是，素色的衣服容易弄脏，像我们小的时候念书，回来就是一身泥，所以古人的诗句，"微雨作轻泥"，微雨会制造轻微的泥巴。这首诗的境界看起来很美，实际的境界却很痛苦。因此，杨布把没有颜色干干净净的衣服脱掉了，"衣缁衣而反"，换上缁衣回家。缁衣是染色的衣服，大半是灰色的。

注意啊！出家人穿的衣服统称缁衣。根据印度佛教规矩，出家人穿坏色衣，各种碎破布剪裁接拢来的衣，所以也叫做衲衣，就是不要漂亮，穿最坏的颜色。到了中国以后，禅宗穿深色衣，在外面念经的穿淡灰色的，叫做月白色。修密宗的穿紫、红、黄、蓝、白、黑，各种都有，反正佛教的规矩，出家人穿的衣，通称缁衣。在家居士自称白衣，印度人的规矩尚白，婆罗门教、上流阶级的人统统穿白的，下等阶级穿黑衣，像小偷穿黑衣，夜里好行动，看不出来。我们夏朝也重视白，中国历史文化，有时候重视白，有时候重视黑色、红色、黄色，每个朝代都不同。

你们诸位看过《红楼梦》，迎春、探春、惜春三姊妹，最后小妹妹出家了。所以在梦游太虚幻境中说的预言，第一句是"勘破三春景不长"，都是双关语，这种小说也与禅与道相关的，因为她们三姊妹的名字都有个"春"字，也代表人生的境界青春好景不长。年轻的时候看小说都背下来的，到现在几十年还忘不掉，所以叫你们背书啊！

勘破三春景不长　　缁衣顿改昔年妆
可怜绣户侯门女　　独卧青灯古佛旁

这是在家一般人的看法。如果是出家人的看法，那不是"可怜绣户侯门女"了，而是最高的境界了，可以去掉"可怜"二字，改成"绣户侯门女，高卧青灯古佛旁"，那个境界就好了。

现在因为讲到缁衣，顺便告诉青年同学们，中国文化、文学里的这些典故。所以杨朱的兄弟，回来碰到下雨，把素衣换成深灰色或者蓝色的衣服回家。"其狗不知，迎而吠之。"这个狗认不得主人了，狗眼看人低，乡下养的狗，不是我们抱在家里吃牛肉的狼狗，但也差不多，狗看见穿破衣服的叫花子来，它就叫；衣服穿得很整齐的，它不响了，所以狗是认衣服不认人的。古人经常借这个情形来骂世界上的人，"只重衣冠不重人"，那是当然的。

像我们小的时候老辈人就告诉我们，年轻人出门，像大学毕业后两三年找不到工作，那个倒霉相，皮鞋也破了，西装牛仔裤已经发白了，头发留得长长的，然后履历表到处送，一看到就晓得是个倒霉的青年。碰到这样倒霉时，怎么办啊？勤理发，理得干干净净的；勤洗衣服，哪怕只有一件，晚上烫得笔挺，早晨出来还神气，把裤带缩紧一点，肚子饿了，问你吃了没有，吃了！那神气十足，工作容易找到的，碰到有些老板就会用你了。

这个狗是相反的，所以这个狗看到主人衣服穿得不对，不出来摇尾巴,反而拼命地叫。"杨布怒",这个杨布气极了,我养这狗多少年,现在我回来,看我衣服换了就叫,"将扑之",要把这个狗打死。

"杨朱曰",他哥哥知道了,"子无扑矣",哥哥杨朱说你打死它干什么?狗嘛!它是个禽兽不懂事,"子亦犹是也",你也是一样,骂这个弟弟。"向者",他说刚刚,上午,"使汝狗白而往,黑而来,岂能无怪哉",假定你的狗一身白毛出门,结果在煤炭洞里滚了一身黑回来,你不把这个狗干掉才怪啊!你也认不得是你的狗啊!外形变了样子,就引起人家怀疑了。

天下事,天下人,这些道理就很多了,我年纪大了退休的朋友很多,刚刚退休的人,开始两三个月,在家里整理东西,还没有完,慢慢来。三年以后苦恼了,开会惯了,办公惯了,忽然没有事做,他就活不下去。像爱打坐修道的,每天多给他事情做,他也觉得活不下去。所以人生就是那么怪,你说哪一样对,哪一样不对?这也可以看到,外形的转变就影响人心理思想的转变,天下事有如此之怪,其中的是非善恶没有定论的。

做善事 要小心

> 杨朱曰:"行善不以名,而名从之;名不与利期,而利归之;利不与争期,而争及之。故君子必慎为善。"

这一段就看到杨朱的人生哲学了。孟子反对杨朱,给他的罪名,是他主张人都要为己。俗话说"人不为己天诛地灭",这些理论就是近于杨朱的思想,是绝对的自由主义,以自我为中心,尊重自己也尊重别人,可惜人做不到。人类是什么心态呢?你的就是我的,我的不是你的,那不知道是什么主义!讲起来很好听,反正不是杨朱的道理。孟老夫子反对杨朱,说他太自私,但是,杨朱的自私哲学,有他哲学的基础。他的哲学理论就在这里,所以他的哲学,人不但不做善事,当然更不做恶事,杨朱的学说思想就是道家思想的演变。

我们先讲一个故事。有些中国文化的书,内容有很多东西,其中提到一个故事,说有一个人嫁女儿,古代出嫁以前,在家里请妈妈训话。她的母亲说,没有别的话讲,你到了这一家做媳妇,不要做好事。这一句话好严重,女儿一听,你叫我不要做好事,那我专做坏事吗?这个母亲就骂她,好事都不做,坏事哪里可以做啊!这就是道家思想,也是杨朱的思想。

现在杨朱就说,"行善不以名",一个真正做好事的人,不是为了求名,为了别人表扬、宣传,才去做好事;这不是好事,因为这是有目的的。我每年都接到要我推荐好人好事的文件,要我推荐几位,我问同学你们要不要,都说不要。我说我也不想推荐,也不晓得哪个好,哪个坏,我看我也不错,不过我自己不好意思推荐,我说算了吧!这本是一个好事,假设一提倡,变成惯例以后,有人专走这个路子,那就失去意义了。

所以官方常说要表扬老人,我说你们做做好事好不好!你不要害人嘛!人家活到七八十,把他们请来站在台上,你年纪轻轻还去训这些老头子半天,然后送些东西给他们,这样搞几个钟头回去非死不可。何苦来哉呢!这些事情都是糊涂蛋做的事,不读书,不懂事。真的要敬老,你去给老人行个礼,东西就交给他,门口贴一个敬老就好了。一定把老人推上车子送上来,你不是玩人嘛!我看到世界上很多不通的事,有时候很气,不过我又怕把自己气死了,只好笑一笑,也知道划不来,不值一笑,只好睡觉。所以人家问我信什么宗教?我什么都不信,我信睡觉,就是这个道理。

所以真正的行善不是为名，中国文化叫阴功积德，阴功是人家看不见的。我们从小受的教育，像我们桌子上一定摆两部书，一部是《文昌帝君阴骘文》，这个现在大概很少有人看到了；还有一本《功过格》，一定摆在那里，专门劝人家做好事，都是课外读物啊！像《朱子治家格言》，我七岁就会背了，早晨一早就起，站在父亲前面背，"黎明即起，洒扫庭除"，都要真做的。现在尽管学校有公民教育，有什么训导啊，同学看到训导处的人背后都在骂，都讨厌，对不对？老师对你们训两句，那就是冤家。像我们就是由这些训导过来的。所谓行善要阴功，大家看不到的，这个累积下来才叫功德。出了钱，做了好事，还要表扬一下，你已经得了果报了，有知名度了，晓得你是善人了，所以再不要期望有果报了。

"行善"，这个"善"字不一定只包括善事啊，做任何好的事，都是行善。"不以名"，真正的行善，虽然你目的不在求名，"而名从之"。事实上很怪，你越不求名，那个名自然而然会跟着来，那是真的。不过，你们年轻人不大信，当然，那要时间的累积，你三天就要效果办不到。我发现社会还是很公平的，真正的好人好事，你盖不住的，它自然会出来。

行善是第一步哦，第二步名就来了。名来了以后第三步怎么样？天下事都会变的，"名不与利期，而利归之"，在这里这个"期"是期望，就是现在讲的希望、目的，也有时候可以说是目标。有了名以后你不求利益也不求钱，最后钱也来了，因为你有了知名度，很多的机会可以使你发财，大财纵然得不到，小财就不必担心了。他说求名是一条路线，求名不一定求利，但是最后利益也因这个名来了，名越高，招牌越硬，生意越好。这是第三步了，以后是第四步。

"利不与争期，而争及之。"有名有利了以后，就有人来争了。任何一件事，就算玩宗教也好，你盖一个教堂、庙子，别人也会盖一个教堂、庙子，你有徒众，他也有徒众。你说你的一派好，他说他的一派高，世界上的人最后还是争。所以人在争，万物都在争，生命以争斗而活，就那么可怜，莫名其妙。有了名利就自然有人来争，做公务员也好，教书也好，到处碰到排挤，大家心里头都明白，嘴里不肯说。哪个地方没有人排挤啊？公司里当一个职员，你负责一点，能干一点，别人就妒嫉你，因为你不懒嘛！你懒了他也要笑你。反正进来一个新人总想排挤掉，最好都归自己，虽然自己也做不了。

所以最近这几个月很多负责人跟我谈公司情况，我说不要悲哀了，全世界都一样，现在年轻人难用啊，进来以后各种毛病不谈，学了三个月，他学会了，也想去开一家了；如果老板生意做不好，他出去讲这个老板不会做生意。反正都不对，这就叫做人，人就是那么一个动物，就是白狗黑狗一样，差不多。因此杨朱哲学的结论："故君子必慎为善"，在做人做事、讲一句话时，应该非常谨慎才好。

这是由于他兄弟白衣出去黑衣回来这件事，引出来杨朱对于人生哲学观点的专论，其中很多做人做事的道理。我向诸位所报告的这一点，还没有解释完全，所以像这种故事多去研究，多去想想，当你碰到事情的时候，你慢慢就会有所启发了。

> 昔人言有知不死之道者，燕君使人受之，不捷，而言者死。燕君甚怒其使者，将加诛焉。幸臣谏曰："人所忧者莫急乎死，己所重者莫过乎生。彼自丧其生，安能令君不死也？"乃不诛。有齐子亦欲学其道，闻言者之死，乃抚膺而恨。富子闻而笑之曰："夫所欲学不死，其人已死而犹恨之，是不知所以为学。"胡子曰："富子之言非也。凡人有术不能行者有矣，能行而无其术者亦有矣。卫人有善数者，临死以诀喻其子，其

子志其言而不能行也。他人问之，以其父所言告之。问者用其言而行其术，与其父无差焉。若然，死者奚为不能言生术哉？"

幸臣说了高明话

这里又说一个道理，注意啊！你们诸位出去传道的、喜欢当老师的注意，"昔人言有知不死之道者"，从前有一个人说，有人会打坐，会修长生不死之道，以这个为号召，广告做得很大。"燕君使人受之"，春秋战国的时候，我们中国一批修道的人，都在燕、齐之间，历史上这些人，科学家、医生、研究生命的道理，都叫做"方伎"。我们拿现在观念讲，就是上古研究科学的。所以像炼丹，就是化学制药，天文、数学、化学这些科学的发展，在整个人类历史上中国最早，都是一路领先的，现在是一路退后。

战国时燕齐之间充满方伎，所以燕君听说有人会传不死之道，就要找来拜他为师，接受这个学问。"不捷"，结果打坐练功夫，练了半天，没有效果，照样生病，照样变老，"而言者死"，传道的人却死了。"燕君甚怒其使者，将加诸焉"，燕国的国君一听大发脾气，要抓那个介绍人来杀掉，说他乱宣传，乱吹牛，乱讲话，要把背后指示传这个谣言的人，统统抓来杀掉。这一下这个案子很严重了。

"幸臣谏曰：人所忧者莫急乎死"，注意呀，皇帝旁边最亲信的是幸臣，不一定是大臣、宰相、大将。国家的大臣很严重的，尤其是帝王政治的时代，大臣几乎就是副皇帝，有时候敢跟皇帝当面反对顶撞。大臣又叫重臣，分量很重。历史上有些名臣，学问好，道德好，不一定是大臣，当然也不是奸臣。又有权臣，权力很大，那不一定是名臣或重臣，所以分类有十几种。

至于幸臣，历史上很多，也有个名称叫弄臣。在高明的皇帝旁边名臣大臣很多，但是小人也有啊，你认为皇帝那么高明，为什么都被小人骗了？那你读历史是理解错误，所以我们当不了皇帝。好的皇帝清楚得很，但是他喜欢啊，为什么？一天到晚跟君子在一起，这个日子很不好过啊。像汉武帝时的名臣汲黯，什么都敢讲，汉武帝要做不对的事情他就反对，汉武帝要修道他也反对，这个皇帝的日子怎么过啊！但是高明的皇帝，处理国家大事时，喜欢这一些重臣，喜欢反对派；至于弄臣、幸臣，虽然会拍皇帝的马屁，但是高明的皇帝心里明白。

所以我经常告诉大家，读历史很难读的。对于幸臣啊，乾隆一句话讲到了家。他的幸臣叫和珅，也是他的弄臣，乾隆相当精明的，满朝文武都讨厌这个人，可是和珅权力大，乾隆喜欢他。乾隆到晚年，八十多了，已经让位给儿子，自己当太上皇了。人家问他，你那么精明的人，为什么要包庇这个和珅？乾隆说你们不知道，做皇帝并不好过呀，你总要留一个人给我玩玩啊。一句话说到了家了。一个人到了某个位置上，碰到人笑话都不敢讲，别人都能讲笑话你就不能讲，那个高位置很难坐啊。就像年纪大了，当老师的，心里想开一个玩笑，开了一半只好吞进去了，这个日子也不大好过啊！所以他要一个弄臣陪着玩玩。你看懂这个书，才晓得唐明皇玩弄李林甫、高力士、杨贵妃，这些皇帝都是聪明人，聪明人一定会搞这个事，他明知道，吃毒药也要吃了，因为他不是圣人。圣人就来打坐了，不管了，不要玩了；皇帝是要玩的，这就是幸臣的道理。

那么在这一段书里，你要看到历史的哲学，当燕王大发脾气时，非要杀人不可了，谁都劝不了的。就像汉武帝一发脾气，谁也没有办法，这个时候东方朔来了，个子矮小，一辈子滑稽，他一到汉武帝前面，一个笑话说下来，汉武帝哈哈一笑，算了，算了，不杀人了。所以人各有各的用处，会说笑话的人也有他的用处的。

所以燕王这个时候发怒，不是一般大臣、权臣、重臣可以化解的，唯一可以解危的是幸臣，在旁边可以随便说笑话的，可以跟他调皮的。这个幸臣讲话了，可是这个人讲的话有道理啊，"人所忧者莫急乎死"，他说一个人啊，最担心的就是死，世界上的人都怕死。"己所重者莫过乎生"，世界上的人，最要紧的就是要自己活着。一个生一个死，人生的两头。"彼自丧其生"，这些修不死之道的人，结果因为修道做功夫把自己弄死了，他难道愿意死吗？他为了要活得更长，结果弄不好反而死了；"安能令君不死也"，连他自己都死掉了，他能教你不死吗？那当然不能嘛！这有什么稀奇啊！他跟皇帝讲，你信他的这些鬼话干什么呢！"乃不诛"，这个燕王一听，高兴了，就不杀了，放他回去，算了，算了。这个故事没有完。

会方法　做不到

"有齐子亦欲学其道"，齐国有一个人，也想学长生不老之道，"闻言者之死"，听说这个人结果死了，"乃抚膺而恨"，捶胸顿足，恨自己恨得要命，没有机会在他死以前找到他。"富子闻而笑之曰"，有一个姓富的人听到，哈哈大笑，笑这个傻瓜，"夫所欲学不死"，他说这个家伙笨啊，这个奇怪的齐国人，他不是想学不死吗？"其人已死而犹恨之"，结果那个知道的人已经死了，"是不知所以为学"，证明这个人不是真知道不死之法，所以这个齐子不是傻瓜白痴吗！

"胡子曰"，另外一个胡子听到就说，"富子之言非也"，这个老富啊，讲错了。注意呀！这个胡子的讲法是另一个理论，也对。他说那个老富错了，笑人家干什么！"凡人有术不能行者有矣"，你们注意，这个话你们一定同意，世界上有些人真有一套办法，但是一辈子做不成。有人一辈子有学问，有能力，像我有许多朋友，讲做生意头头是道，可是看他穷一辈子；不过我始终佩服他，他那个脑筋是对的，命不好而已。"能行而无其术者亦有矣"，也有人能做到，但是并不知道理论方法。因此说世界上这两种人都有，古今中外人类都是一样。

"卫人有善数者"，胡子就讲，说卫国有一个人，算数很高明，能知天文地理，还能知过去未来。历史上相传，中国人算数最高明的是宋朝的邵康节，能知过去未来，上至几万年，下至十二万年以后的事情都知道了。所以算命有个铁板数，河洛理数，是笨的办法，如果学会了算命准得很。据说这个铁板数是邵康节教给儿子的，他怕儿子因为笨，没有饭吃，所以就教儿子学铁板神数，也叫蠢子数。以前算铁板数的都是瞎子，灵得很，不过我也算过，过去的事百分百的灵，连你哪一天跌倒，他都说对了；未来的好像都不大对，可是你过后给他算，他又说对了，这个很奇怪，所以叫铁板，呆定的。

卫国这个人善数学，"临死以诀喻其子"，临死就把口诀教给了儿子。"其子志其言而不能行也"，他的儿子把口诀记下来，但是自己做不到，不会用。"他人问之"，另外一个人问他的儿子，"以其父所言告之"，这个儿子就把父亲留下来的口诀告诉了这个人。"问者用其言而行其术"，结果问的人用了这个口诀，把数学研究得很高明，"与其父无差焉"，跟他父亲一样有成就。"若然"，这种事实很多，"死者奚为不能言生术哉"，难道死掉的人，不可能传一个长生不老的方术吗？虽然他自己没有修好，但是从古相传，是有这个方法留下来的。

所以一个结论，同样的一个技术，譬如学校里学电机、学科学应用、学电脑的，一班学生几十个，而真地成为工程师的，在科学上有发明、有贡献的，有几个人啊？我发现非常少。乃至看历史上，几千年来所谓状元、进士的，多得不可胜数，而有贡献留下名字的，也并不多。这个道理就是在于人本身，不在于这个道理的是非对错。

这些故事看起来都是单独一个，整个连起来它有一套的，这个道理要诸位自己去贯通，我只能讲到这里，这也是一个秘诀，这个秘诀将来看留给谁，能研究出来就对了。

第十五讲

列子臆说

放生的问题

邯郸之民以正月之旦献鸠于简子,简子大悦,厚赏之。客问其故。简子曰:"正旦放生,示有恩也。"客曰:"民知君之欲放之,竞而捕之,死者众矣。君如欲生之,不若禁民勿捕。捕而放之,恩过不相补矣。"简子曰:"然。"

"邯郸之民",邯郸,我们已经提到过几次,在古代历史上是有名的区域,在研究中国的内战史、军事学、研究地理战略,也是重要的重镇。历史上很多的故事都发生在邯郸这个地方,战国时候属于赵国。"正月之旦献鸠于简子",有一个人,正月初一献一只鸠鸟给赵简子。我们过去在大陆看到,年纪大的人,拐杖头上那个鸟就是鸠鸟,代表高年。"简子大悦,厚赏之。"简子很高兴,赏给他很多的钱。"客问其故",这个"客"字在古书上经常提到,就是旁边有一个人,贵姓大名都不讲了。有一个人就问赵简子,为什么正月初一送你这个鸟,你就厚赏呢?简子是当时赵国的权臣,历史上有名的,后来篡位。

"简子曰:'正旦放生,示有恩也。'"正月初一得到一只鸟,把它放生了,有恩,今年运气会好。所以佛教的放生,并不是由佛教开始的,自己中国人不懂中国文化,放生是中国的古礼,上古流传下来的。"客曰",这个人就讲了,他说你这个办法不对,"民知君之欲放之,竞而捕之,死者众矣。"老百姓晓得你喜欢放生,不得了啦,拼命去抓鸟,抓到了,活的卖给你放生,弄死的就吃掉了,或者丢掉,反而把鸟弄死更多了,这样你不是放生啊。"君如欲生之,不若禁民勿捕。"你是个国家的领导人,要放生,不如下个命令禁止打猎、捕鸟,不准杀生,这样不就解决问题了吗!"捕而放之,恩过不相补矣。"抓来,然后叫人念经放生,他说你是做好事还是坏事啊?恩与过两个不相抵的。换句话说,你这个罪过,比做好事还大,你鼓励大家去抓鸟,这不是做好事啊。赵简子一听,"曰然",对,就采用了他的意见,向全国下命令禁止打猎。

所以我经常说学佛的同学们,做好事要有智慧,很难做。今天我从电梯下来,碰到外面来两个彪形大汉,一个人背了个袋子,有几十只乌龟,拿到这里来放生。因为这里有个同学莫名其妙,告诉他们我们这里放生,我叫他们把乌龟放到楼顶去吧!反正楼顶有个自来水管!(众笑)

动植物为谁而生

齐田氏祖于庭,食客千人。中坐有献鱼雁者,田氏视之,乃叹曰:"天之于民厚矣!殖五谷,生鱼鸟以为之用。"众客和之如响。鲍氏之子年十二,预于次,进曰:"不如君言。天地万物与我并生,类也。类无贵贱,徒以小大智力而相制,迭相食;非相为而生之。人取可食者而食之,岂天本为人生之?且蚊蚋嘬肤,虎狼食肉,非天本为蚊蚋生人,虎狼生肉者哉?"

"齐田氏",齐国的田氏,是齐国的权臣。在中国历史上齐国本来是姜太公的后代,六七百年以后,他的权臣田家篡位,自己当国君了。所以战国以后齐国已经不是姜太公的后代了。孟尝君的祖先就姓田,那个时候是权臣,"祖于庭,食客千人",就是祭祖宗的时候,田家素来是很豪气好客,客人很多。所以到孟尝君手里,在他家里常年吃住的,有三千多人。我们看看没有什么了不起,不过现在再有钱的家庭也养不起啊,除非开工厂、大公司。他那时候都是食客啊,不要你做工的,就在家里住,发薪水给你,一天吃饱了没有事,各种各样的人都有。

战国时候流行养士培养声誉,那个时候全中国的人口也不会超过如今的台湾啊,所以孔子三千弟子,同孟尝君养三千食客,在现在人口来比,就是有几百万的学生、几百万的部队,那不得了的。换句话孟尝君在组党,他有群众的力量。虽然食客三千,最后有问题的时候,那些学问好的,讲哲学、科学的都没有用,能够救他的,是鸡鸣狗盗之徒。这是历史上一个大故事,也是历史上一个大讽刺,所以人的专长没有一定,历史上说鸡鸣狗盗之徒就是指这件事。

这里的齐田氏,是田家另外一件故事,是不是孟尝君,或者是他的父亲,不知道。这个田家,"中座有献鱼雁者",可以说在他一千客人中有个人,奉献了鱼还有雁,不是天上的鸢,其实就是鹅啦!"田氏视之,乃叹曰",田家人一看,感叹说,"天之于民厚矣",上天生万物,对我们人类太厚了,"殖五谷,生鱼鸟,以为之用",生了米、麦子、高粱、大豆、青菜、萝卜,各种都有,又生了一些鱼鸟,给我们大家用,就是说上天的恩惠太大了。"众客和之如响",这一班都靠他吃饭的人,看到老板那么讲,大家都说"是、是",是上天的恩惠;佛教信众说那是菩萨的慈悲。

"鲍氏之子年十二,预于次",中间有个姓鲍的小孩十二岁,也是他门下的宾客,"进曰",这个孩子站起来讲,"不如君言",他说你的话我反对。这个孩子胆子很大,天才儿童,"天地万物与我并生,类也。"天地生万物,生人、生鱼、生鸭子、生虫子……上天是一律平等的,"类无贵贱",哪样好哪样坏,没有标准的。"徒以小大智力而相制,迭相食",他说天地生万物,结果生物界是弱肉强食,你吃我,我吃你,大吃小,都是不公平的。尤其人最坏,因为人聪明有智力,什么都吃,连老虎虽会吃人,也害怕人,因为人专门吃老虎。不过人吃了万物,而蚂蚁、蚊子、细菌也吃人,互相吃。"非相为而生之",

这个天地宇宙，是个悲观、惨痛的宇宙，万物互不相爱。

这一点，老实讲，在世界宗教哲学界，只有佛教提出来众生平等。所谓众生不是只讲人啊，包括一切生命、细菌、蚂蚁，有生命的东西一律要互相爱护，要平等，这是佛家几千年前提出的口号。在《列子》这里，这个小孩讲的也是一样，他说"人取可食者而食之，岂天本为人生之？"人最可恶，凡是可以吃的人统统吃，难道上天是为人类而生这些东西吗？

有些宗教的哲学认为，上天是生这些给我们人吃的，这一点是错误的，这个哲学不通，这是人类文化自己吹牛，自己定的，是人类的悲哀。哲学通达的话是众生平等，所以我们几千年前的文化，这个鲍家的小孩子就讲出来了，上天生万物难道是给人吃的吗？所以你看了古书，看了《列子》，再看达尔文的进化论，十七世纪以后的这个世界，强权胜于公理，一直到现在都流行。其实中国人几千年前就讲过了这个道理，自己不读古书不知道。

"且蚊蚋嘬肤，虎狼食肉，非天本为蚊蚋生人，虎狼生肉者哉？"并且蚊子专门吃人类的皮肤，老虎、豹子、狼啊，专吃生物的肉。难道说上天生人就是专为蚊子吃才生的吗？为了给老虎豹子吃，才生出有血肉的动物吗？

所以《列子》讲问题到这里，是一个问号，你们自己去研究，它不做结论。这个哲学从这个小孩子嘴里就讲出来，反驳了田家这个空话，这是一段，道理是连起来的。

谁不是乞丐

齐有贫者，常乞于城市。城市患其亟也，众莫之与。遂适田氏之厩，从马医作役，而假食郭中。人戏之曰："从马医而食,不以辱乎?"乞儿曰:"天下之辱莫过于乞。乞犹不辱,岂辱马医哉?"

跟着下来说,"齐有贫者,常乞于城市。"齐国有一个人,穷得不得了,在城市中讨饭。齐国的国都在山东临淄,"城市患其亟也",都市里的人讨厌这个家伙,来的次数太多了,"众莫之与",所以他来讨饭要钱,没有人给他。"遂适田氏之厩",他讨饭都讨不到了,就到了田家后院马厩养马的地方去。古人养马,尤其大户人家,那马多得很啊,几十匹、几百匹马,马厩里有专人管的。这个人到了田家马厩处,找谁帮忙啊?找兽医,"从马医作役",跟着那个兽医做一点事情,"而假食郭中",得到一点饭吃。"郭"是范围,在那个马厩的围墙里。

"人戏之曰:'从马医而食,不以辱乎?'"大家看到他,笑这个讨饭的,你这个家伙倒霉了,因为古人很看不起医生,中国古代把医跟画符念咒跳神的巫字连在一起,所以叫巫医。而且中国上古凡是会医的人,一定会画符念咒,会装神弄鬼,所以上古对医的这个方伎,非常看不起。到了民国初年,我小的时候,还有些医生门口挂一个牌子"儒医",代表这个医生不是普通的医生,是读书人。以前学医的是学专门技术,除了医,其他学问不懂,所以那些名医、儒医啊,就很难得了。这个乞儿被大家耻笑,讨饭都讨不到,现在从马医那里讨饭吃,"不以辱乎",真不嫌丢脸。

"乞儿曰",这个就是讨饭的哲学来了,注意啊!讲出来我们世界上的人都是讨饭的,哪个不讨饭?你们大学毕业拿到博士学位,我经常说你读出来博士干什么?给世界上那些"不是"用的,什么都不是的人,只要有钱,开公司行号,开大工厂,叫你这个博士专家来,高薪给你,干不干?你一定干。你做得不好,开除,另请专家。所以我劝你们要做"不是",那是最高的,只要有办法,你站得起来,无论什么学问专才都可以呼之即来,挥之即去。你看这个是什么力量?哪个力量最大?所以天下人都是乞儿,都是讨饭吃,我们哪个人不在讨饭?你不要认为是大学毕业,拿高薪,不过是高级讨饭的,你还不是靠别人发薪水给你吗!你有办法,你发薪水给别人,对不对?所以向人家讨饭的多,做老板给饭的人到底还是少数,这个哲学在这里。

现在我们看讨饭的哲学,"天下之辱莫过于乞。乞犹不辱,岂辱马医哉?"他说你们笑什么?天下最耻辱的是向人家讨饭吃,对不对?向人家讨饭吃自己都不脸红的话,替马医做一点事,换一口饭吃,又有什么耻辱啊?这是天经地义嘛。换句话,我以劳力换来的。

归根究底,天下人都在讨饭,有哪个觉得羞耻啊?这个哲学道理很高明了,我们要认清楚,不要傲慢。年轻的同学们本事再大,还是非去讨饭不可,如果人家不用你,你一点办法都没有,除非你用你自己。下面另有一段故事。

心理作用的影响

  宋人有游于道,得人遗契者,归而藏之,密数其齿。告邻人曰:"吾富可待矣。"

宋国有一个人,到外面去游玩,在路上"得人遗契者",捡到一样东西,是人家财产的证据,比如说在路上捡到一个银行定期存折。他高兴得不得了,把这一笔财产"归而藏之",回去把它保护起来。"密数其齿",这个"齿"古代代表年龄,所以看马年龄是看牙齿,马是一岁长一颗牙齿。他捡到了以后计算,定期还有多久就到期了,躺在那里去数。"告邻人曰",他跟隔壁邻居说,"吾富可待矣",你看着啊,我马上要发财了。

人有枯梧树者,其邻父言枯梧之树不祥,其邻人遽而伐之。邻人父因请以为薪。其人乃不悦,曰:"邻人之父徒欲为薪,而教吾伐之也,与我邻若此,其险岂可哉?"

有一个人,有一株枯掉的梧桐树,听隔壁邻居讲,家里庭院中的树木,枯掉了风水不好,不吉利。这个人一听啊,就把这个树砍了。"邻人父",隔壁这个老头子,见他把这棵枯梧桐树砍掉了,"因请以为薪",他说你不要丢掉,给我做柴烧吧。

"其人乃不悦曰",这个人不高兴了。"邻人之父徒欲为薪,而教吾伐之也,与我邻若此,其险岂可哉?"起先我以为他是好意,告诉我风水不好要把树砍掉,结果我听他的话上了当,原来他要拿回去做柴烧。我悟了!原来他是要柴烧,所以讲风水不好,要我把树砍了。他说这样的邻居太危险,太坏了,会打主意的人,我不要跟他做邻居了。

人有亡铁者,意其邻之子。视其行步,窃铁也;颜色,窃铁也;言语,窃铁也;作动态度,无为而不窃铁也。俄而扣其谷而得其铁,他日复见其邻人之子,动作态度无似窃铁者。

"人有亡铁者",铁打成斧头叫做铁,有一个人丢掉了一把斧头,"意其邻之子",研究了半天,谁偷的呢?啊!隔壁邻居那个孩子,学校功课不好,外面有名的太保,一定是他偷的!"视其行步,窃铁也;颜色,窃铁也;言语,窃铁也;作动态度,无为而不窃铁也。"看他走路就是个小偷的样子,看他的态度,越看越像小偷的样子,看他穿的衣服,就是小偷。看他的讲话的样子,尤其最近这一两天,跟我们讲话时,越看越像,这个铁斧子一定是他偷的。

"俄而扣其谷而得其铁,他日复见其邻人之子,动作态度无似窃铁者。"过了几天,在家里找别的东西,又把那把斧头找出来了,没有被偷走。再看隔壁邻居那个孩子，看他讲话的样子，看他的动作，看他的态度，看他的衣服，都不像偷东西的人。

你们在座的同学，很多研究心理学的，这个地方就要注意了，这是很好的一个心理学资料，关系到行为心理、政治心理、医学心理，各种各样。所以常常有人来跟我讲，哎呀！家里有个坏孩子，有神经病啊！好几个人来跟我讲，我说把你孩子叫来我看看。我后来痛骂他，你这孩子一点也没有神经病，你们家里把他搞神经了。很多事情都是这样，被别人造成的。这三段故事，看起来都不连贯的，好像不相干的，孤零零单独的，你们去想想看，这要靠我们的智慧去参透了。最后还有两段，这一章就结束了。

精神专注的结果

> 白公胜虑乱，罢朝而立，倒杖策錣，上贯颐，血流至地而弗知也。郑人闻之曰："颐之忘，将何不忘哉？"意之所属着其行，足蹪株埳，头抵植木，而不自知也。

"白公胜虑乱"，白公是春秋战国时一个小国的领袖，名字叫胜，前面讲过他。白公忧虑下面的人会有叛变，怕人家杀了他。"罢朝而立"，有一天上朝完毕，他站在那里不敢下去，"倒杖策錣"，把手边拿的有铁叉子的那个拐杖，古人做武器用的，他倒过来靠在那里想，谁靠不住？哪个会叛变？他越想越烦，不知不觉把脸靠在那个拐杖叉子上，"上贯颐"，结果杖叉子把脸戳破了，"血流至地"，他自己都不知道。

"郑人闻之曰"，这一个故事被郑国一个人听到了，等于现在说英国人发生这个事，被一个美国人听到了，"颐之忘，将何不忘哉？"听到的人说，一个人自己的脸都可以忘掉，别的事还有什么忘不了的呢！所以一个人啊，思想专心在某一件事上，把身体都忘了，尤其人在恐惧害怕、烦恼忧虑重大之事时，就会把自己忘掉，连生命都忘掉。这都是心理的道理，一切唯心造的。所以做人做事都要懂这些道理，不要自己捣鬼，如果精神专注在某一桩事，其他一切一定会丢得开。像你们学打坐的，坐在那里腿发麻，这里痛，那里痛，然后讲我要空，你空掉个什么？真要空掉的时候就不麻不痛了。他说"颐之忘"，这个脸上反应最灵敏的都会忘掉，被另一个严重的心理换去了，"将何不忘哉"，还有哪一样不可以忘！你怎么空不掉？不过，人就是空不了，因为人不能对自己下一个决心。你说，哎呀！我今天功夫好一点，能够空掉；其实，那不过是你心理、生理另外换一个状态而已。

所以结论，"意之所属着其行"，这个"意"就是代表心理作用。心理作用专注于某一件事上，就表达在你的行为上，从你的行为上就看出来了。"足踬株埳"，足踬起来，乃至踏到一个刺，踏到陷阱里，自己还不晓得，因为自己走路专心。"头抵植木，而不自知也。"头撞上树枝都不知道，像白公胜一样，刺伤了自己，自己都忘记了。这是代表最后一个唯心的作用。下面最后这个故事，是全篇的结论，连贯首尾的。

> 昔齐人有欲金者，清旦衣冠而之市，适鬻金者之所，因攫其金而去。吏捕得之，问曰："人皆在焉，子攫人之金何？"对曰："取金之时，不见人，徒见金。"

"齐人有欲金者"，齐国有一个人想黄金、想钱想疯了。"清旦衣冠而之市"，早上穿了最漂亮的衣服，到闹区去抢金店。"适鬻金者之所"，到了金店、银楼的地方，"因攫其金而去"，看到人家正在做黄金买卖，他穿得衣冠整齐，好像大商人，进来看到黄金在柜台上，他把黄金一拿就走了。这就是白昼攫金的故事。

"吏捕得之",最后被警察抓住了,"问曰:'人皆在焉,子攫人之金何?'"就问他,那么多人在店里,你公然把人家的黄金拿去,好像目中无人,胆子好大。你们在座的,如果做过行政工作的,就问问这个犯人,你怎么搞的?为什么这么傻呢?这个人讲一个道理,"对曰:'取金之时,不见人,徒见金。'"他说我要黄金,那个时候根本看不见一个人,只看到金子,就拿了。

这一篇故事的结论是什么?好的也有,坏的也有,像历史上的汉高祖、唐太宗、朱元璋都是这个样子。这些人要拿金的时候目中无人,只拿金,所以他成功了;项羽也是这样的拿金,但是他倒霉,失败了。所以这个世界上都是白天到街上拿金的人,太多了,看到就拿。这个结论很妙,其实《列子》的文章跟《庄子》的一样,外表是不给你做结论的。全篇的《说符》,开头讲什么,最后以这个故事做结论,其中意义深长,我只提起大家注意。这里把宇宙的哲学、人生的哲学,一切做人做事,领导别人或被人领导,道理统统告诉你了。青年同学们不要听了列子的话,白天上街抓人家的金子,那就不对了,要有本事像刘邦、唐太宗、朱元璋那么抓,才可以。我们今天到这里为止。

第十六讲

列子臆说

(二) 杨朱篇

《列子》第八《说符》讲完了，今天我们开始第七卷《杨朱》这一篇。让我们再重复一次，杨朱是战国时代的人，中国文化的分类，传统把他划为道家的人物。他的思想，因为孟子的反对而声望很高，在孟子的书里也记载有"天下之言不归于杨则归于墨"。战国末期的时候，一般的思想，不是走杨朱的路线，就是走墨子的路线。

墨子的思想接近于大乘的佛学，同时充满了鬼神的思想，信神、信鬼、信天。所谓鬼，不是现在普通讲灵魂学的鬼，而是认为除了我们人类以外，还有非人，有天人，很像一个宗教。但是他的入世的思想，是社会主义思想，牺牲自我，救世救人。拿现在的观念来讲，杨朱没有宗教形态，但是绝对相通于道家自然之道，非常自然，违反自然的都不对。所以一切自然而来，自然而去，自然而生，自然而死。因为生死是自然的两头，所以对于生死也没有忧愁。杨朱之道主张个人的绝对自由，每一个人都爱惜自己，尊重自己，拿现在思想来说，就是真正的、绝对的自由主义、个人主义，所以墨子的思想就是社会主义。世界上其他文化，各种主义、各种思想，在我们古代文化的诸子百家里，早已经全部有了。

孟子之所以反对杨朱，前面也讲到过，认为杨朱个人主义到了极点，"拔一毛而利天下，不为也"，这一段故事也在本节里。为什么"拔一毛而利天下，不为也"呢？杨朱的哲学是，我不能损失一根毛来利人，但是也不要拔你一毛来利我，每人如果都是自尊、自我到极点，天下就太平了，这是杨朱思想的大概。儒家反对个人主义，因为绝对自私是做不到的，人不可能绝对自私；至于墨子的思想"天下为公"，牺牲自己，救世救人，只有少数人可以，大多数也做不到。所以儒家在杨朱的自我与墨子的为公之间，形成中国文化思想争辩的主流，非常有意思。

至于杨朱的哲学,现在能够看到的,就靠《列子》所留下的《杨朱》这一篇了,因此我们今天开始第七卷,就是专讲杨朱的思想。

私心的名利

> 杨朱游于鲁,舍于孟氏。孟氏问曰:"人而已矣,奚以名为?"曰:"以名者为富。""既富矣,奚不已焉?"曰:"为贵。""既贵矣,奚不已焉?"曰:"为死。""既死矣,奚为焉?"曰:"为子孙。""名奚益于子孙?"曰:"名乃苦其身,燋其心。乘其名者,泽及宗族,利兼乡党,况子孙乎?"

"杨朱游于鲁",杨朱在当时也是周游各地,到处讲学的,这个风气是孔子开始的。杨朱讲学到了鲁国的时候,"舍于孟氏",舍就是寄居,他住在孟家,是孟家招待他;不是孟子家啊,这个鲁国的孟家,也是大族。"孟氏问曰",孟家这个人就请教他,"人而已矣,奚以名为?"奚就是有什么,他说一个人啊,做人就做人,为什么要求名?尤其现在我们社会,很多年轻人都想要知名度,人为什么要知名度高?

"曰:'以名者为富。'"杨朱说人求名是为了发财,有了名就有钱。又问:"既富矣,奚不已焉?"既然求名是为了发财,有名了也有钱了,这个人生不也就可以了吗?

"曰:'为贵。'"杨朱说有了名,也有了财,下一步就是为了贵,人的欲望一步一步提高。有名有钱,但社会地位不高,高阶层的社会进不去,所以要求贵。而自称学者者,认为有钱有名又算什么!理都不理人。而这些学问好的所谓有名的学者,在富贵人家看来,是茅坑里的石头,又臭又硬。所以到了名利场合,看到是个教书的，也看不起。这个社会就是这样，很奇怪。可是这个人假使又有名，又有钱，又贵，又有学问，我看很严重了！这个人恐怕要神经了，因为样样都吃得开了。

所以他这里问，既然有名有钱又贵，"奚不已焉？"人的欲望为什么不停止啊？还要追求什么？"曰：'为死。'"为了死。"既死矣"，既然死嘛大家都要死，人生到了尽头，"奚为焉？"还有什么要追求的？"曰：'为子孙。'"为子孙啊，这就是一般人的思想。杨朱并不主张这样，只是说一般人的思想都是这样。

那么这个孟先生又问了，开始人为了求名，去联考啊，尤其现在的家庭，硬要逼孩子联考，结果考焦了还在考，眼睛都考成近视了，考到出国留学，留学回来，公务员也要考。公务员考试三年一大考，考到临死退休的时候还要考一考，我看进了殡仪馆是不是要考，就不知道了。至于为了什么？不知道。所以孟氏提出来，"名奚益于子孙"，这个名对于后代子孙有什么利益？这是讽刺的啊！讽刺世界上的人，究竟是为了什么？

"曰：'名乃苦其身'"，杨朱说，求名太痛苦了，身体一天东跑西跑，你看这个名气越高的，作秀的地方越多，这里讲演，那里讲演，这里唱歌，那里演戏。作秀是外来文化，翻译过来新名词，到处作秀，我们今天也在作秀，越来越苦其身体。"燋其心"，思想痛苦得像烤焦了一样，身心都憔悴。所以在社会上名气大并不痛快，的确是"苦其身，燋其心"这六个字。但是"乘其名者"，有了名的人，名只是个工具，是个敲门砖，有了名就能"泽及宗族，利兼乡党"。

所以我们中国文化，三千年的教育始终都在这里转，一直到现在的联考，都是教育上的错误，是民族文化思想错误的地方。我说中国文化三千年错误，是从有家庭制度以后，就是重男轻女，生了儿子以后，望子成龙，成龙的办法呢？"万般皆下品，唯有读书高"，这是我们小时候就开始念的，现在则是"万般皆上品，唯有读书低"，因为时代不同了。那么要求名只有读书，书读好了以后干什么呢？就要考取功名，所以"十年窗下无人问，一举成名天下知"。有了名就有官做了，升官就可以发财，这都是连着的，一路的思想。

我们仔细检讨，讲起来很好听，我们的文化思想，知识分子几千年来没有脱开这个范围，没有说真为学问而学问，为人生而研究知识，那是高调。真正的实际状况就是这样，也就是《杨朱》这一篇所讲的，"乘其名者，泽及宗族，利兼乡党"，功成名就，同宗亲戚朋友，都沾到利益了，地方都大受其光荣，"况子孙乎"，子孙后代更得其利益。

真名利

"凡为名者必廉，廉斯贫；为名者必让，让斯贱。"曰："管仲之相齐也，君淫亦淫，君奢亦奢。志合言从，道行国霸。死之后，管氏而已。田氏之相齐也，君盈则己降；君敛则己施，民皆归之，因有齐国，子孙享之，至今不绝。"

这位孟先生又问一个问题，"凡为名者必廉"，这是讲真正的名，真正为了求名的人，自己的修养必须很廉正。譬如孔子、老子、释迦牟尼佛，都放弃了名利，结果反而给人捧去当教主，不求名而名自至。所以真正的求名就是宗教家，一定清廉，一定清高，"廉斯贫"，但一定很穷。还有第二个要点，"为名者必让"，真正为名的人，他的道德修养、学问，必然谦退、谦虚。学问好的人，一定是处处谦虚，利益让给别人，自己退一步。退步太过分了，"让斯贱"，自己就没有地方住了，愿意走到最低贱的地方。

它的文字连起来，为名为利的正反两面都有，所谓"乘其名者，泽及宗族，利兼乡党，况子孙乎"，这是为名利的，可以说是真名的反面，我们一般人就是在这个反面。而杨朱的思想，所指出来的真正为名的人，则是走道家的路线，"凡为名者必廉，廉斯贫"，一定是走清高的路线，但是贫苦；"为名者必让，让斯贱"，所以道家愿意处于下流，这个下流不是普通讲下流，是人所不要的位置我来做，一切都让给他人，就是这个结果。

《列子》文章的章法，每个问题都挂在那里，挂了很多，不给你做结论，实际上都是连起来的。

齐国的两个宰相

"曰：管仲之相齐也"，名利的范围扩大来讲，就是我们后世讲功名富贵的道理。他这里提出了一个历史的问题，说明名利的范围、人生现实的现象。我们晓得历史上齐桓公称霸，是管仲这个有名宰相的帮忙而成的，"一匡天下，九合诸侯"，管仲使他的老板在当时的国际上，九次为联合国权威的真主，领导了天下。管仲是了不起的人，孔子都很佩服他的，他比孔子早了一百年左右。

"君淫亦淫"，古代这个淫是过分的意思，譬如辛稼轩的词，我非常欣赏，"平生有负溪山约"，本来想入山修道，但是没有做到，辜负了溪山之约。"无药能医书史淫"，自己爱读书的毛病太大，太过分了。有一次我写这个词句，有个同学看到这个淫字脸就红了，他问这个字什么意思？我说淫是过也，不是现在黄色的意思。

齐桓公是所谓春秋五霸之一，但是齐桓公不是个好国君，本来就是个太保，所以开始管仲看不起他，而去帮助他哥哥，结果哥哥在兄弟争权斗争中失败了,管仲还成为齐桓公的俘虏。在与齐桓公作战的时候,管仲曾射中了他的腰,好在皮带太厚,射不进去。齐桓公挨了管仲一箭,所以他当了国君之后,非要抓管仲来杀了不可。管仲的好朋友鲍叔牙,就对齐桓公说,你要做普通国君就算了,如果想做统一天下的领袖,你只有找管仲当宰相。齐桓公一听马上就把他请出来,过去的事一笔勾销,这一点气度是了不起的。所以像汉高祖啊这些人等,都是这样个性,器量之大,不会因一句小话就瞪眼打架。齐桓公的长处在这里,但是齐桓公又好吃,又爱喝酒,反正烟酒赌嫖样样都来,管仲帮助这样一个老板很难办,这要有方法。所以孔子很感叹管仲,说他命不好,如果管仲碰到一个好老板,他的功业在历史上不止这样,是可以同姜太公这些人媲美的。可是他的对象就是这个人,没有办法,只好跟着他跑。所以他自处之道,"*君淫亦淫,君奢亦奢*",老板喜欢奢侈,他也跟着奢侈,齐桓公讲究吃,他也讲究吃。其实管仲不一定这样,这个里头是人生之道,是所谓君臣之间一个大学问,不是迎合,不是拍马屁,但是不能不做同道,否则没有办法合作。"志合",因此管仲跟齐桓公君臣之间,思想一致,利害相合。"言从",他的话没有一句不听的。"道行",因此管仲的政治思想,大行于天下,成为"国霸",在国际上称霸。

这四点都很难,我们做一个普通人,做一个生意人,经理跟董事长两个人能够志合的,在现在社会我看很少。有些工商界的老板,经常来跟我谈起,说现在的青年人,不敢用,本事没有,脾气来得大,而且不老实,搞搞就跳槽,不像古人,所以很头痛。老板想找一个志合、言从、道行的都找不到;有才能的人想找一个能够做到这四点的老板,也似乎也不可能。

譬如诸葛亮帮忙刘备,谁都知道这段历史,但是刘备对诸葛亮这四点都没有做到。志不一定合，言从，刘备有时候听，有时候不听；这个道行，也并不一定行；国霸呢？没有霸起来，三分天下只据其一，所以并不高明。真高明的是管仲，他做到了，诸葛亮跟刘备做不到同路人，因为诸葛亮有诸葛亮的风格，刘备有刘备的作风，这两人不同。

所以《杨朱》这一篇，对历史的评论非常恰当。这两字一句含义很多，现在大概介绍一下古文的写作方法，帮助青年人多了解。"死之后"，管仲死了以后，"管氏而已"，古文就是那么简单，包括意义很多，他说管仲死了以后就为止了，"而已"，下面没有了。管仲的儿子叫什么？不出名了，到他这一代而已。这是春秋战国有名的一个历史的证明。另外人生历史，大事小事合拢来都是一个证明，这是人生实际的哲学。

"田氏之相齐也"，齐国山东姓田的是名家，几千年了，实际上田家的田完敬仲，原来姓陈，是从陈国逃过来的，在齐国落籍。在战国的时候，孟子见的齐宣王，已经不是姜太公的后人了，是田家篡位，把齐国拿下来自己当了国君，三代以后就是齐宣王，也就是孟子所见到的这个人。那么这里讲"田氏之相齐也"，也同管仲一样做了齐国的宰相，他的做法不同，"君盈则己降"，老板国君非常傲慢，等于西方的亚历山大那个样子，暴躁，专权统治；但是这个田常为相就谦虚起来，权力给国君一个人。"君敛则己施"，这个国君不但权力集中，而且经济集中，很悭吝用钱。田常则相反，爱布施。

我们非常奇怪，中国历史上有十几位皇帝跟皇太后，当了一个国家民族的领袖，但是悭吝之极，一块钱也舍不得用，而且最好大家都送钱给他。如果你们研究心理学，这是很有趣的事。譬如明朝亡国的崇祯皇帝，是好皇帝，道德人品样样都好，就是舍不得钱，吊死在煤山上。打仗的时候他叫大家："捐钱啊！捐钱啊！"皇上自己国库里的钱,就是舍不得拿出来。最后李闯打进了北京,发现皇宫里的金子堆积如山。

这个田家做宰相时就会布施,国君收敛,他大大布施,收买人心,"民皆归之",所以社会上所有的人都归心投向田家了。"因有齐国",因此到了相当的时间,他把国君拉下去,自己做了齐国的国君,"子孙享之",也是延续一两百年。所以孟子见齐宣王的时候,在国际上齐国还是第一的国家,不过换了老板,"至今不绝",到了战国的时候还没有完。

真实则无名　有名则不真

"若实名贫,伪名富。"曰:"实无名,名无实,名者,伪而已矣。昔者尧舜伪以天下让许由、善卷,而不失天下,享祚百年。伯夷、叔齐实以孤竹君让,而终亡其国,饿死于首阳之山。实伪之辩,如此其省也。"

这样看起来,对于名与利的研究,很难下定义,孟氏说,这样就是"若实名贫,伪名富"吧。一个人有了好的名誉,名誉里头有差别啊!伪善的人非常多,处处做善事,非常谦虚,非常客气,又信宗教,谁看到他都说是善人,但是有许多是假冒的。也有些人看起来很暴力、很坏,但是很直爽,却是真善。所以这个善名所包含的内容及真假,实际与否,其中大有差别。事实上,真正流传万世之名的,忠臣孝子、宗教家、有学问的人等等,都是穷苦一生。包括现在清高的艺术家、文学家、学问家,真求实际之名,想留千秋万代的名,这些人的人生境界一点都不马虎的,一生清苦。而那些假冒为善,就像田家一样,开始看不出来,最后富有四海,把人家的国家夺过来,自己做老板。这又是什么道理?

所以杨朱讲到真正为求万世之名的都很苦，除了历史上崇拜的这一些名臣外，很多人死了连棺材都没有，可是却留万世之名。那么杨朱的哲学来了，"曰：'实无名，名无实，名者，伪而已矣。'"他说社会上有名的，不管哪一种名气，照杨朱哲学来讲，包括了一切宗教，一切学者，任何一种名气，"实无名"，如果真实为道的话就没有名，名是假东西。

这一点我们光看佛道两家，佛家出家当比丘，也叫和尚，女的叫比丘尼，也叫尼姑，因为不要名，所以随便取一个名字，什么观啊、圆啊、慧啊、定啊，反正翻来覆去，那几个字摆来摆去，无所谓，挂一个标记就是，心里没有名的。如果我们真的要出家，还求这两个字的名吗？那就不对了，那恐怕要再出一次家了。道家的人也这样，所以中国道家的修道人，本名不知道了，自己随便取一个什么子，姓氏不知道，或者装疯卖傻。所以道家跟佛家很高的人物，死了不知所终，究竟死了没有死，考据不出来，名更不要；凡是留下名来的都是不真实的，都有假，都有问题。所以杨朱的结论："名者，伪而已矣。"一切有名的都是假的，因为假所以有名，真的东西没有名，这是他对于历史哲学的批评。下面就很严重了。

近百年来，在中国学术思想上，都是走疑古路线，尤其前几十年，对自己历史都在怀疑。现在反过来了，因为很多东西的出土，证明我们上古历史一点没有错。可是几十年前我们年轻的时候，大家都在怀疑，甚至怀疑尧舜禹是否真有其人。日本人首先怀疑，想毁灭中国文化，说大禹是个爬虫，把中国的土地爬出来九条河。尧是个香炉，舜是个蜡烛台，搞得我们中国的学者跟着西方、跟着日本，自己也怀疑起来。那些学者的名字都不提了，大家对于这些学者也非常反感。几十年后大陆上东挖西挖，挖出了夏代的东西，把外国造的谣言整个都推翻了，证明我们自己的历史是对的。再加上美国现在相信我们的远古史,美国开始研究《山海经》,相信大禹曾到过美国的,在我们上古史上都有记载,也到过非洲,到过欧洲,统统去过的,通四夷,通九洲。现在美国人研究《山海经》,疯了一样,比研究禅宗还要疯。

真假谦让

但是对于历史的怀疑、反感和批判,不仅是这百年当中的事啊!从古代就有,尤其是从道家杨朱这一派就开始了。"昔者尧舜",他说我们历史上讲,三代禅让,尧让位于舜,舜让位给禹。杨朱讲那是假的,"伪以天下让许由、善卷",尧年纪大了,这个位子要找好人来做,结果找两个修道的隐士,一个许由,一个善卷,但是他们不干。许由嘛,有一个很有趣的故事,我们讲过很多次了,许由听了很生气,把尧赶跑了,然后跑去洗耳朵。他有个隐士朋友叫巢父,放牛过来,就问他为什么洗耳朵呢?他说我听了脏话所以洗耳朵。巢父就骂他,你把脏话洗在这个水里,我的牛就不能喝了,所以把牛就拉走了,这是有名的故事。杨朱说尧当时让位给许由、善卷是假的,因为尧发现自己的儿子不行。

所以圣人的儿子不一定好啊,诸位家长们注意呀,了不起的人的儿子多半都是起不了的啊,起不了的父母往往生出了不起的儿女。所以当家长的头脑要清楚,不要把自己的希望寄托在下一代身上,这是我非常反对的。大丈夫难保妻贤子孝,为什么一定要自己儿女好啊?也可以让人家的儿女好一阵子啊,人不要这样狭隘。而且儿女好不好各有因缘,这个在教育上,我们觉得是家长出了问题,家长把自己平生的痛苦失败、假想的光荣拼命逼到孩子身上,然后近视一千度,最后弄到一个学位,酸不溜丢的,如此而已,何苦来哉!

所以尧是儿子丹朱不肖，大舜是父母不好，父亲是老太保，父亲跟这个后娘生的兄弟处处害舜。所以历史上称大舜是孝子，不但对父母孝顺，对后娘也孝顺，后娘生的兄弟虽然害他，他还是爱护他们。父亲的眼睛瞎了，大舜已经当了行政院长，父亲还不跟他见面，后来尧下了命令，总算见了面。大舜抱着父亲哭，传说用自己的舌头舔父亲的眼睛，这一舔啊，父亲看见了，晓得自己上了太太的当，太对不起这个儿子了。所以大舜是孝子。就是这个原因，尧把自己的两个女儿同时嫁给了舜，最后把皇位让给他。这一段是有名的历史。杨朱说这个尧是打算盘的，儿子不好，培养一个女婿来当皇帝，所以天下还是归自己。

后来大舜让位给禹，禹的父亲叫鲧，整理了几年的水利工程，整不好，所以被杀了。但是这个洪水还是没有治好，因此提拔了鲧的儿子大禹出来治水，大禹几十年在外奔波治水，三过家门而不入，九年当中把中国的水利治好了，奠定了中华民族以农立国的基础，因此舜把天下让给他，请他当了皇帝。由这一段历史上的看法，我们发现一个哲学：人做得再好，还是有人骂，而且骂得更难听。所以世上没有绝对的是非，没有绝对的善恶，因此孟子讲两句名言，"有不虞之誉，求全之毁"，就是说有些人特别恭维人，加油加酱地恭维，好啊，好得不得了，实际上没有那么好，不虞之誉，想不到的来了。可是批评人家却很刻薄，求全之毁，所以人生的道理啊就很难讲了，这一段就是这个思想。在这个位子上的尧舜，"伪以天下让许由、善卷，而不失天下"，假意让天下给隐士，结果天下还是属于他自己，"享祚百年"，自己百年千代以后，历史上还留名。

第十七讲

列子臆说

刚才我们提到，古人已经对于历史有所怀疑，对于历史哲学是反面的驳斥。下面杨朱提一个相对的说明，"伯夷、叔齐实以孤竹君让，而终亡其国"，伯夷、叔齐这两位历史上的名人，大概诸位同学在初中都念过《史记》的《伯夷叔齐列传》。我们都很清楚，殷商时的孤竹君，也是一个诸侯，伯夷叔齐两兄弟，都不想当王，晓得爸爸孤竹君喜欢弟弟，愿意让位给弟弟，所以两兄弟就逃掉当隐士了。他们太谦虚退让，做人做得好，结果他们国家亡了，最后"饿死于首阳之山"，到了周朝就都饿死了。所以真正的求名，像伯夷叔齐太清高，就会自己苦一辈子。

历史上的这两件事，尧舜让位同伯夷叔齐的让位，在道家的哲学，列子杨朱的眼光里，认为尧舜的让位是做假，伯夷叔齐的让位是真，这个文化道德的标准究竟在哪里？"实伪之辩"，一个真，一个假，这个中间的论辩、推论就很多了。"如此其省也"，省是清醒、清楚的意思，就是这样一来，我们头脑应该清楚了，清楚什么叫真，什么叫假。他现在提出来"实伪之辩"，这个名与实际，换句话说就是理想与现实，哲学的道理与实际的行为，究竟是如何。接下来，由大的讲到小的。

人生好日子有多少

　　杨朱曰："百年寿之大齐，得百年者，千无一焉。设有一者，孩抱以逮昏老，几居其半矣！夜眠之所弭，昼觉之所遗，又几居其半矣。痛疾哀苦，亡失忧惧，又几居其半矣。量十数年之中，逌然而自得，亡介焉之虑者，亦亡一时之中尔，则人之生也奚为哉？奚乐哉？"

　　杨朱这里提出了人生哲学，他算了一个账。说到这个账，有一个日本哲学家，记不得他的名字了，第二次世界大战以前非常有名。因为日本人要打中国，他非常反对，他说日本这样做完全错了，将来自己国家要亡。日本政府没有听他的话，他就跳楼自杀了，因为他不愿意看到自己国家亡掉。以前看他的书，觉得他这个账算得很好，原来又是千古文章一大偷，偷的是杨朱的道理。

杨朱把我们的人生算一个命，"百年寿之大齐"，大家都希望长命百岁，但是一百岁有什么了不起！"得百年者，千无一焉。"一千个人里头没有一个人活到一百岁。假定有一个人活一百岁，"孩抱以逮昏老，几居其半矣！"从小孩到成年的十几廿年，加上六七十岁以后昏老的三十多年，人生已去了一半，一百年打了一个对折五十年了。在五十年之中，"夜眠之所弭，昼觉之所遗，又几居其半矣。"夜晚睡觉加上三餐、大小便及生活，还有电视一看，再加上在那里愣头愣脑，又去了十来年。再加上"痛疾"，生病，发烧感冒，头痛牙齿痛；"哀苦"，谈恋爱失恋，躺了一个月都不肯起床，然后股票失败，又痛苦好几个月；"亡失"，被扒手偷了，给土匪抢了；"忧惧"，这里担心，那里害怕，又去了一半。结果你算算看，真正的人生不过十来年。而且在"量十数年之中，逌然而自得"，有多少时间心里头是舒服的，是自由自在的？"亡介焉之虑者"，一个人坐在那里心中无忧无虑，这样的日子，没有多少时间。纵然有，也"亦亡一时之中尔"，偶然瞎猫碰到死老鼠，又没有感冒，肠胃又好，心里也没有烦恼，坐在那里一笑，这很难得了，是偶然碰到的。所以把人生这样一算，"则人之生也奚为哉？"人生究竟是干什么？自己想想看，"奚乐哉？"人生有什么好？有什么快乐呢？

人生是为了什么

"为美厚尔,为声色尔。而美厚复不可常厌足,声色不可常玩闻。乃复为刑赏之所禁劝。名法之所进退;遑遑尔,竞一时之虚誉,规死后之余荣;偶偶尔,慎耳目之观听,惜身意之是非;徒失当年之至乐,不能自肆于一时。重囚累梏,何以异哉?"

这个人生被杨朱一分析、算账,完蛋了,人生没有道理的。他说人生活着"为美厚尔",为了美厚,衣服穿得漂亮,口红啊、粉啊,擦了一堆,一个礼拜或三天又要去洗一次头发。"为声色尔",为了好听的,好看的,工商业发达的世界,人生就是为了享受。"而美厚复不可常厌足",厌足就是满足,美厚欲望不会常常满足的,好吃的、享受的东西不会常常有。"声色不可常玩闻",好听的、好看的并不是随时随地有,打开电视,正想看《楚留香》,结果广告又来了,坐在那里生气,讨厌的广告,人生就是这个样子。"乃复为刑赏之所禁劝",你要买的东西,进口货,进不了口,海关扣留,法令禁止。除了法律以外,"名法之所进退",社会的舆论,文化的包袱,社会道德的观念,这个是名法,都在限制人。人不可以穿这个衣服上街,露背装太露了,去换了才准出门等等。

"遑遑尔",他说人生啊,栖栖遑遑,一天忙忙碌碌,"竞一时之虚誉",只为了争取短暂的光荣,这个光荣是毫无道理的。像在大庭广众演讲,尤其那些长官带领,来了,鼓掌。下面有些人在那边骂,这个家伙讨厌,讲那么长,啰唆。你们年轻人这些要知道啊,这些都是"竞一时之虚誉",假的名誉,有什么用?"规死后之余荣",再弄个死后假的风光。这两句是很好的对子,也是很好的挽联，天下人死了都可以用这一副挽联的。我们可以换成白话，"遑遑尔"把它换成"可怜的"三个字，可怜的争一时之虚誉。"偊偊尔"，就是自己的满足，我多么了不起啊！等于我们看大家化妆，男士梳头，女孩子化妆，然后对镜子这么一看，自己越看越好看。"慎耳目之观听"，好看不好看谁知道啊！不过自己觉得好看，你就好看去吧！这就是"偊偊尔，慎耳目之观听"。

"惜身意之是非"，自己珍惜自己，你看！我的观点完全对了！尤其是写文章的人，天下文章就是我第一。他说这个人生的境界啊，就是这样给他骗去了，一毛钱不值了。"徒失当年之至乐"，所以人生真正自由在哪里？没有自由，都是被外境界依他而起，人生不是为自己活的，都是为别人活的。你说打扮漂亮，穿衣服漂亮，绝对不是给自己看，是给别人看的，所以丧失了当年的至乐，"不能自肆于一时"，肆就代表真正的自由，人生真正的快乐自由自在，一直做不到。

到底什么叫做人生？"重囚累梏"，所以人生活着等于在牢狱的囚犯，戴了手铐，戴上刑具。照杨朱的观念，人生就是宇宙世界上的有期徒刑的重犯，"何以异哉"，与当犯人没有什么两样。你看道家的思想，到杨朱嘴里那么的锋利，那么的刻薄。佛家呢，也是一样，佛说"三界如牢狱"，岂止这个世界上的人，就是做鬼也是坐牢啊。"世事如空花"，佛家几个字就讲完了；道家讲得那么尖刻，好像法医解剖死人一样，一点一点把你刮开了，明明白白地拉出来给你看，把人生解剖得一毛钱不值。现在我们要注意啊，这一段是杨朱到孟家去做客，孟家问他的问题，他的答复，到现在都是他一个人在作秀。他的嘴巴还在说下去，我们到这里还没有鼓掌啊！

太古人的生活

"太古之人,知生之暂来,知死之暂往;故从心而动,不违自然所好,当身之娱非所去也,故不为名所劝。从性而游,不逆万物所好;死后之名非所取也,故不为刑所及。名誉先后,年命多少,非所量也。"

杨朱继续说,"太古之人,知生之暂来,知死之暂往",这是讲中国所谓道,什么叫做道,不是说叫你念个咒子,念一句佛,打坐啦,身上搞气脉,放个光啦,这些都不是道,那都是花样。真正的道,中国文化的大道,也通于禅宗佛家的道。他很明白地讲,我们中华民族上古祖宗的文化,包括了人类祖先都有道。什么是道?用不着了生死,"知生之暂来",活着也没有什么稀奇,生是暂时来,到这个世界上做客,住旅馆,暂时住在这里。这个世界值得我们感谢,总算让我们来观光一番,已经玩了几十年,可以走了。"知死之暂往",死了来不来?会来的,死是暂时他去而已,所以死没有那么悲哀。生与死都是两头的现象,等于每天的早晨跟晚上一样,这自然之道,自性同虚空一样,不因白天夜里有所变动,那个是道,那个是性。至于生死如何真地去"了",人有把握去死,那是小乘了生死,还不是究竟的,那是功夫做出来的。

大道的了生死是什么?"知生之暂来,知死之暂往",这两个暂字注意,都是偶然的、暂时的。在佛家呢?对这个暂时形容得很清楚,就叫做因缘生法。在这一点来说,佛学和道家一样,把暂来暂往分析清楚,叫做因缘生法,缘生则聚,缘去则空。

所以真正修道的人,"故从心而动",就是从心所欲,不要解释错了。这句话,哪个人讲得最彻底呢?就是孔子。孔子对于中国文化所谓"道",下过工夫。孔子晚年的报告,从十五而志于学,到七十岁才从心所欲而不逾矩,他加三个字就彻底了。这是孔子走渐修的路线,讲得最清楚了,经过几十年的修持,到了晚年才做到,这个叫做真自由,得道了。所以杨朱讲真正修道,同孔子表达的方法两样,但目标是一个,就是"**从心而动,不违自然所好**"。也就是享受自然,合于自然。什么叫自然呢?是大自然的空灵,这个特别要弄清楚啊!不要认为肚子饿了要吃是自然,这个不是自然,这是人为的法则。

"**当身之娱**",为了身体之娱乐跟享受,享受是要享受啊,并不是说叫你那么刻薄自己,"**非所去也**",想是应该啊,普通人饿了要吃饭,冷了要穿衣,不要过分简朴,"**故不为名所劝**",这个名就是代表了名法之名,外在的行为,虚名。就说我们穿衣服吧,很多为虚名而穿,今天穿这件衣服好漂亮啊,哪里买的啊?真漂亮!你听了不晓得多高兴!这个就是为名所动。这些是虚名啊,都是假的。"**不为名所劝**"就是不为外界的环境所影响,要合于大自然的空灵,这是外面外在的行为。内在的修养,提出来"**从性而游**",道家提出来明心见性的道理,从人性合于自然的真正的自由,"**不逆万物所好**",不违背天地万物的原则,冷了自然要加衣服,热了自然要减衣服,不违背原则。

所以《易经》中也讲到,得道的人"与天地合其德,与日月合其明,与四时合其序",不违反自然。譬如说一个功夫做得好的人,夏天可以穿皮袄,冬天可以开冷气,这是违反自然,不是这样的。"**不逆万物所好**",不标新立异,虽然可以做到,但很平凡,因为平常就是道。"**死后之名非所取也**",死了以后说万古留名同你有什么相干啊?"**故不为刑所及**",这个刑就是刑法,换句话说,死后之名管它干什么!何必活着找罪受呢!所以一般人活在世上,都是死要面子活受罪，为了死后之名，那又有什么意思啊！所以要合其自然，这是道家思想，人性、天性始终就是那么自然，个个都有道。人所以忘记了道啊，都是人为的自己加上太多东西了。

"名誉先后"，讲到名誉，这两天有个老朋友很生气，因为到一个地方开会，没有给他排到前面的位子，所以很不高兴。我劝他几个钟头，不过一边劝，我心里一边在笑，搞了半天连这个还看不通！我后来告诉他，像这种地方我根本就不去。常有些什么顾问帖子给我，我就丢到废纸篓里，我也不顾，也不问，我也不想去。除非对人有好处的地方，那非要去一下不可，为了帮助别人才要去。所以去干什么呢？然后还争位子，坐在前面，何苦来哉啊！所以修道的人，自己将来、生前及死后的名誉，"年命多少，非所量也。"活多久不必介意。有人还去算命看相，看能不能长寿，活一百年，或者活五百年，我毫不考虑，明天死同再活一百年以后死是一样的。所以这就是解释老子一句话，"道法自然"，就是那么自然而然，生从自然来，我们人生来的时候，谁也没有跟妈妈打个招呼，我要做你的儿子，做你的女儿，莫名其妙就跑来了；要跑回去时，也莫名其妙就跑走了，没有什么。讲到这里，杨朱的话大概讲完了，下面是另外一段，观念是连着的，因此又起个头，这是文章的作法。

生命你能自主吗

杨朱曰："万物所异者生也，所同者死也。生则有贤愚贵贱，是所异也；死则有臭腐消灭，是所同也。虽然，贤愚贵贱非所能也，臭腐消灭亦非所能也。故生非所生，死非所死；贤非所贤，愚非所愚；贵非所贵，贱非所贱。然而万物齐生齐死,齐贤齐愚,齐贵齐贱。十年亦死,百年亦死。仁圣亦死,凶愚亦死。生则尧舜,死则腐骨;生则桀纣,死则腐骨。腐骨一矣,孰知其异?且趣当生,奚遑死后?"

你们常讲现实主义,这一段文章就是现实,大家大概都看懂了,现在我们浪费一点时间,再说一下。杨朱说"万物所异者生也",万物有所不同,是在活的时候,就是《庄子·齐物论》的分析,万物不齐;"所同者死也"有一个相同的是死。"生则有贤愚贵贱,是所异也",中国文化对人性的分类,在春秋战国时候已经有了,有贤愚贵贱的不同,就是生活的形态、道德文化的水准不同。另有贤、愚、智、不肖四种,是以道德、知识做标准。国父孙中山先生的三民主义,就是以这个做分别的。"死则有臭腐消灭,是所同也。"所以到死后,不管哪一种人都是一样,臭了,烂了,没有了。

"虽然",但是,"贤愚贵贱"不是我们自己做得了主的啊,注意啊!"非所能也"。想把自己弄聪明一点,你弄不成啊,笨就是笨,聪明就是聪明。这个后面有个东西了,不是自己要聪明就做得到的。譬如我生来不漂亮,要弄漂亮一点,就是去整形,到老了痛苦得要死,千万不要干。人活着一切都不是你能做主的,后面有个东西要注意。

"臭腐消灭亦非所能也",死了谁做主呢?臭了,烂了,消灭了,自己也做不了主。严重地讲,"故生非所生,死非所死",活着不容易,死也不容易啊!你们仔细研究看看,就是现在想死,也不容易呀,虽然勉强地自杀,那不算本事。所以不能自主嘛!死了以后要回来就能回来吗?不一定。现在几千年以上的尸体还挖出来,他要烂也不容易呀,死后三千年不想被挖出来,也办不到,所以说这个生命后面是有个东西。

你不要看到这一篇文章容易懂,一下就读过去了,后面有东西哦！所以"虽然"这两个字一转，里头出来有哲学的意义，这个做主的东西是什么？因此说"故生非所生"，活不是你活着的，宗教家就讲上帝让你活着，菩萨让你活着，那也不是，是后面有个东西，你自己后面有个大老板在指挥。目前你们坐在这里听课，我在这里讲课，都是二老板在指挥，有个思想在指挥你，思想还不是真的生命，思想后面还有个老板。所以你不要搞错了，我们觉得，现在生活得很痛快，但是你这个活着的是假的，你还没有找到自己的老板啊，主宰没有找到。"死非所死"，因此你的死也是听人家支配的，除非真明白了，这个死才可以做主。因此"贤非所贤，愚非所愚；贵非所贵，贱非所贱"，道家把这个生命后面第二个投影叫什么？命也，这个叫命，它不是根本啊，命的后面还有个东西，中国文化传统的道学叫做性和命。

所以性命之理，命是第二个投影，原来那个老板叫做性，后来佛学来叫明心见性，追求第一个生命的老板，就是禅宗所要证悟的这个东西。你看这个文字很好懂，但是文章后面有个东西，"然而万物齐生齐死，齐贤齐愚，齐贵齐贱"，然而，这个虚词都要注意，现在他谈话后面提出来一个重要问题，到达了形而上哲学，又一转，转回来。但是有一个相同的你们不要怕，齐就是相同，什么相同啊？死是相同的。"十年亦死，百年亦死"，活十年死了叫做死，活百年死了也叫做死。"仁圣亦死，凶愚亦死"，圣人死了叫做死，凶人、笨人死了也叫做死。

"生则尧舜，死则腐骨"，所以人活着的时候叫圣人，叫尧舜，尧舜又怎么样？死了还不是一堆烂骨头！"生则桀纣，死则腐骨"，像桀纣活着是坏人，死了也是烂骨头。"腐骨一矣"，所以死了都变成一堆臭骨头，是一样的。"孰知其异"，这一句来了，骨头里头有不同了，虽然说形象大家都变成一堆烂骨头，但是那个能够做主、能够知道自己是不是烂骨头的那个东西,是自己。"孰"就是谁,中间同异的关系,谁能够知道?你找出来这个生命真谛,就得道了。大家都找不出来,所以结论是"**且趣当生,奚遑死后**",因此不要灰心,只管现实好好地活着,不要担心死后的事。"**且趣当生**",趣就是追求,就是痛痛快快地活,万一生病痛苦呢?就快快乐乐地生病,哎哟就叫,没有关系。因为生病也是一种活着的艺术,这就叫活着,所以只管现实的人生,"**奚遑死后**",不要管死后的事。杨朱的思想,我们今天先讲到这里。

第十八讲

列子臆说

上次讲到《列子》的主要思想是齐死生。所以这个生死问题，先要我们看通，尊重自己的生命，泯是非，把人世间一切是非这些观念平息，过一个真正自在的人生。

伯夷与柳下惠的欲望

> 杨朱曰："伯夷非亡欲，矜清之邮，以放饿死。展季非亡情，矜贞之邮，以放寡宗。清贞之误，善之若此。"

道家杨朱的思想，现在提另外一个观念。"**杨朱曰**"，他提到历史上的一个故事，"**伯夷非亡欲**"，我们晓得儒家所标榜的伯夷、叔齐，历史上都很推崇，尤其是孔子，认为这二人清高到极点，皇帝不要当，让位给兄弟，自己两人逃去当隐士，最后饿死在首阳山，这是儒家标榜最清高人格的一个典型。第二个人是展季，就是柳下惠，也是非常有名的，至少我们大家知道柳下惠坐怀不乱。柳下惠在中国文化历史上，代表非常有正义感的人，也是非常有侠义精神的一个人。现在杨朱对这件事情做了评论，他说伯夷展季真做到心中没有爱与欲吗？拿我们学佛的讲，爱与欲能够完全清净，破掉了，那是证了道的，证到了罗汉果位或者证菩萨地。杨朱也有这样的看法，"**伯夷非亡欲**"，他并不是没有欲，他的欲望转向了，转到哪里？"**矜清之邮**"，这个"矜"字注意啊，矜字有一种坚持自我意见的意思，对自己的主观不轻易放掉，是一种非常傲慢的态度。清，就是为了清高，执著自己清高的人品。邮，是代表了把这个清高人格广布出去，宣扬出去。所以伯夷并不是亡了欲，而是把这个欲转向另一方面，就是自己清高的这一面。"**以放饿死**"，为了求得自己理想的清高，人格的清高，所以"放"，就是散放在社会上冷清的地方，结果是饿死了。这是为了清高，清高也是欲，还是没有彻底，没有得道。

"展季非亡情"，柳下惠难道对人世间所谓的情欲，真的没有了吗？不是的，"矜贞之卹"，为了坚持自己的贞节境界，想广布出去，"以放寡宗"，因此放浪不羁，做到寡情好像没有情欲。杨朱说其实这两个人还是有欲望，只是欲望换了一个方向；还是有感情，只是感情转了一个方向。他转到两个字的目标，一个是为了养成自己的清，一个是为了养成自己的贞，实际上这也是欲。像杨朱这种思想，同佛家的思想是一样的，尤其同佛家修持的思想相同，如果你有一个空，有一点清高的清字，有这么一个境界在心中，还不是彻底了道。所以他说"清贞之误，善之若此"，后面这四个字就妙不可言了，司马迁后来写《史记》，可能也受杨朱这个思想的影响。司马迁说一般人都想当个善人，善人怎么样呢？上天对于善人的报应又如何？善人的结果竟然是这样，这是一个幽默的看法。

善乐生　善逸身

>　　杨朱曰："原宪窭于鲁，子贡殖于卫。原宪之窭损生，子贡之殖累身。然则窭亦不可，殖亦不可，其可焉在？"曰："可在乐生，可在逸身。故善乐生者不窭，善逸身者不殖。"

这也是历史上有名的故事。"杨朱曰：'原宪窭于鲁，子贡殖于卫。'"孔子有三千子弟，七十二个贤人，在学生之中，也有帮会的领袖，最有名的就是这位原宪，这个人等于是帮会的头目，应该是武侠小说中侠义道的人。在孔子当鲁国司寇的时候，他做过孔子的总务长，孔子下台，他也就回到民间社会了。孔子死后，他始终没有出来，在民间隐于一个地方，穷得要死。他的师兄弟子贡，到了晚年，在外交、政治各方面，权位都很大，尤其还是工商界的巨子。子贡想到这个同学在乡下，很穷，有一次去看他，"结驷连骑"，随从的保镖卫队、侍从人员，几部大车子，巷子里进不去，只好下来走路进去。他说你怎么穷成这个样子啊？原宪说我没有穷啊，就骂子贡，好像你学了夫子之道，既不能救世，又不能救人，光是有钱，名气大，像你这个样子，排场那么大，等等，就把子贡训了一顿。子贡的一生最遗憾的，就是受了原宪的这一顿骂，所以原宪是个非常有名的人。

这里杨朱就提到这个事，"原宪窭于鲁"，孔子死后，原宪在鲁国穷一辈子，可是他在下层社会是一个领袖了。相反的，他的同学子贡，"殖于卫"，殖就是货殖，在卫国做生意，是工商界的巨子，钱多场面大。所以司马迁写《史记·货殖列传》，就是关于工商界发展、国际间的贸易，第一个是姜太公，子贡也在内。

杨朱的看法，原宪、子贡这两个人，一个有钱，一个那么穷，"原宪之窭损生"，这是讲人生的境界，原宪的穷，太穷了，刻薄自己，他并不是不能赚钱，而是不愿意；为了救济社会反把自己搞穷了，损害自己的人生。子贡呢？人生观点相反，认为要救社会，要做事业必须要有钱，所以发展工商业，做货殖，事业做大了，把自己的身体也累垮了。而清高的人，打坐啊，饿肚子，或者是讨饭，营养不良而短命，也把自己害死了。两个都一样。"然则"，那么说起来，"窭亦不可，殖亦不可，其可焉在？"怎么样做才对呢？

"曰：'可在乐生'"，他说人生的原则，是恰到好处，自己的人生是快乐地活着，幸福地活着。"可在逸身"，恰到好处适可而止，身体很安逸，安逸不一定是求享受，这个观念要搞清楚。"故善乐生者不窭，善逸身者不殖。"因此一个人真正善于安排自己，过一个快乐的人生，绝不过分把自己弄穷。有人故意求个穷，因为不穷不清高。那么同样的话，一个善于保养自己的生命、注重身体安逸的人,不殖,是不想发大财的;因为事业大了,名气大了,钱多了,累得要命。至于说钱多了,多舒服啊!名气大了,多有权威啊!那是一般没有名利的人幻想,真到了名气大、事业大、钱多了,不晓得多烦,那简直活不下去。每分钟、每秒钟都有事,都在痛苦中。我们普通人以为当皇帝很舒服,真当了皇帝宁可换做老百姓,真不想做,就是这个道理。

生前死后的人情

杨朱曰:"古语有之:'生相怜,死相捐。'此语至矣。相怜之道,非唯情也,勤能使逸,饥能使饱,寒能使温,穷能使达也。相捐之道,非不相哀也;不含珠玉,不服文锦,不陈牺牲,不设明器也。"

"杨朱曰:古语有之",杨朱讲人生的现实哲学,他说,我们上古文化传下来的话语,"生相怜",活时彼此互相怜惜,彼此同情,彼此相爱;"死相捐",死后彼此就丢开了。这个话是文言,讲得非常好,白话有一句俗语勉强也可以讲,"人在人情在,人死就两丢开",人活着就有情在,人死掉就没有了。我常告诉有些朋友的太太,我说你啊,最大的福气要死在先生前面,为什么?丈夫地位高声望还在,夫人的丧礼,大家都来;如果先生早早死了,最后剩一个孤老太太,死的时候啊,殡仪馆旁边那个小厅,大概来个小猫三四只都很难得。这也代表了"生相怜,死相捐"。

我们讲到社会上这种现象,了解许多人生,所以学问在哪里?不一定在书本上,你要观察才懂。假设一个人生病找你救济,第一次出三千,第二次两千半,第三次就是一千五,第四次就很讨厌了。死的时候买不起棺材,有替人做好事的,一出一二十万。我说与其这个时候出二十万买个棺材,他活着的时候你为什么不给他多弄一点钱呢?当然也有道理,因为这一趟跑完了,烧了,以后就没事了;如果平常给你医好了,又不死不活的,更是麻烦。所以做人应该怎么办?这是大家的课题,怎么样叫做做好事?这个好事里头有学问了,这就是人生。杨朱讲"此语至矣",这一句话"生相怜,死相捐",古今中外,千古的名言,说到家了。

"相怜之道,非唯情也",他说相怜之道,并不只是情的关系。注意下面的话,所以我们鼓励青年同学们,要保存自己的文化,非要学古文不可。你看这四个字一句,都在说相怜之道:"勤能使逸",勤劳的人可以使他安逸,古文好像这个文法不对,逻辑交代不清楚。但是古文有它的文法,"饥能使饱",肚子饿了,可以使他饱,那当然是相怜了,同情嘛。"寒能使温",衣服穿不够冻得要死,使他能够得暖。"穷能使达",这个人倒霉到极点,使他有地位,有钱,这都是相怜之道。

这个文字是不是这样呢?佛家禅宗有一句话,"依文解义,三世佛冤"。讲佛经的时候,依照文字解释佛学的道理,过去佛、现在佛、未来佛都在喊冤枉,冤枉啊!你把我的话解释错了。下面还有两句话,禅宗祖师讲,"离经一字,允为魔说",如果说法的时候,没有根据佛经的话,就不是佛法,而是魔说的,你看难不难!所以真正讲到禅宗,不但要真参实证,功夫到,而且佛经都要通达,既不可依文解义,也不可离经说法。这个道理现在我们引用《列子》的这几句话,刚才的讲法是依文解义,文字解释没有错,进一步呢?我们看出一个道理,青年同学们读书要认真,就是"好学深思",要再三地研究,不但要好学,还要深深地思考。

"勤能使逸",进一步的道理,使就是使唤、指挥,就是一个在勤动当中的人，才能指挥安逸的人。"饥能使饱"，肚子饿的人可以叫肚子饱的人做事，使唤、指挥他。"寒能使温"，自己冻得要死的人可以指挥穿皮袄、有暖气机的人。"穷能使达"，只有穷苦的人，才能够指挥有钱有地位的人。这个道理是什么？用之于谋略去了，所以古代"子书"里包括了很多策略的谋略道理。换句话说，富贵不能骄人，贫贱可以骄人。富贵的人当皇帝都没有那么大的权威，世界上权威最大的是穷人，穷到极点，准备求死嘛，连皇帝都怕他。

古代有一种剐刑，把犯罪的人脱光了，拿网袋网起来，网袋有眼洞，把露出来的肉，一块一块慢慢地割。所以四川人有句土话，"不怕一身剐，皇帝前面耍"，就是这个道理。你看到是一句随便的话，却说明人生的道理：一个饥寒到极点的人，跑到你这个富贵的地方来，他如果硬是不要命，你非听他的不可！

何以做这样的解释呢？下面有一句话，你就懂了，他说这个是"相捐之道"，彼此相抛弃，没有感情，也没有必然的利害关系；拿现在观念来说，是矛盾斗争的道理。所以古代不准多读"子书"，读了深思以后，对人情世故的另外一面就看透了。

"相捐之道，非不相哀也"，虽然人死了就死了，并不是说人与人之间没有同情心；只不过，用不着那么多陪葬，所以他说死后"不含珠玉"。我们古代人死了，富贵人家很麻烦，把死人嘴巴撬开，放进去一块珠玉。一个棺材里七层东西，连茶叶木炭种种都有，有些高贵的还放水银，都是保护尸体不腐的。身上戴的都是金银珠宝，多得很，所以装进去不久，就会有人来盗墓了。"不服文锦"，身上不要穿那么漂亮；"不陈牺牲"，反对拜拜，鸡鸭、牛肉，都不要；"不设明器"，弄个石头刻个碑啊，或者多少人马陪葬，这些都不要。这是一段，引出来下面的故事。

晏平仲问养生于管夷吾，管夷吾曰："肆之而已，勿壅勿阏。"晏平仲曰："其目奈何？"夷吾曰："恣耳之所欲听，恣目之所欲视，恣鼻之所欲向，恣口之所欲言，恣体之所欲安，恣意之所欲行。夫耳之所欲闻者音声，而不得听，谓之阏聪；目之所欲见者美色，而不得视，谓之阏明；鼻之所欲向者椒兰，而不得嗅，谓之阏颤；口之所欲道者是非，而不得言，谓之阏智；体之所欲安者美厚，而不得从，谓之阏适；意之所欲为者放逸，而不得行，谓之阏性。"

管仲说养生

"晏平仲问养生于管夷吾"，晏子、管子两人，都是齐国的名宰相，春秋时代第一个名宰相是管仲，就是管子，号夷吾。管仲比孔子的年代还早约一百年，孔子对他都非常佩服的。后来一个宰相是晏子，比较后一点了，但是这里扯在一起，没有办法考证他们的年代关系了。这些子书讲起来中间差别很大，可以说道家喜欢作假托之文。管仲当宰相奢华得很，气派大，好享受，要吃好穿好，神气得不得了。晏子，名叫晏婴，号平仲，也当宰相，穷得不得了，清高得不得了，连衣服都是破的，所以这两个相反的就放在一起比较。

晏平仲问养生，这一点我们特别提出来注意，中国传统文化有一个名词叫"养生"，后来道家修道打坐，求长生不老之学，所以神仙之道叫做养生之道，也叫做摄生。西方文化翻译过来叫做卫生，可以说卫生是消极的，养生是积极的，卫生是防御性的，养生是保养性的。等到有毛病再保卫自己，来不及了。所以中国的医学是主张养生而不是卫生，没有病先注重医药，并不是等生病的时候再去找医生，去吃药。现在晏平仲问管夷吾，一个人怎么养生，保养自己？求健康长寿之道。

"管夷吾曰：'肆之而已'"，管仲是喜欢享受的人，他活得虽然不太长，也并不短。他告诉晏平仲，他说人要活长啊，就放任自然，"勿壅勿阏"，不要压制欲望，自己的思想也不要压制，不要把它堵住，不要把它闭掉，就是这个话。"晏平仲曰：'其目奈何？'"晏子说，你讲了半天，方法是什么呢？

"夷吾曰：'恣耳之所欲听，恣目之所欲视，恣鼻之所欲向，恣口之所欲言，恣体之所欲安，恣意之所欲行。'"管仲说，耳朵喜欢听的时候，就让它去听，想听歌就去听歌，不听歌的时候，法师讲经、唱赞，赶快跑来听经。有时候听烦了，跑到山里去听听高山流水的声音，去享受享受。眼睛要看就去看，鼻子要闻就去闻。他说用不着把自己身体的官能欲望，压制得那么厉害。下面管子有他的道理。

管子的思想放任自然，这个放任很不容易啊！我们要特别注意，我们刚刚看了管仲那么讲，要看就看，换句话说，难道我看到银行钞票，要抢就抢，不抢就不是养生之道了吗？看到馆子饭店好吃的，就要拿筷子夹一口，因为我要养生啊！管仲可不是这个意思，不要解释错了。如果我们只看道家这一段就会误解放任之道，这样的自由主义，发展到极点，就变成个人主义了，社会上太保流氓，乃至坏蛋就会非常多。在美国好多年前，公园里头有位老头子，坐在那里晒太阳，小孩一刀就把他杀死了，警察抓去问他，他说我听说杀人很有味道，所以试试看。自由主义不是这样。

管仲所讲的这个道理，拿什么来解释呢？唐宋禅宗经常用的一个名词，"任运自在"，那你就懂进去了。所以，并不是放纵自己的眼耳鼻舌身意，让这些个欲望乱发展，而是要自己非常宁静地听其自然。所以这一段文字我想容易懂,不要再一句一句解释了。他说的两段意思相反,前面第一段讲眼睛要看美色,你就要看。我们青年人不要误解了,不是说男的要看女的,女的要看男的,丑的不要看,要看漂亮的,美色不是指这个。这是说耳目五官的享受,听其自然,虽然是听其自然,不可过分。譬如我要做好人好事,也有限度啊,你说一定要把自己弄得像梁武帝一样,卖给庙子,然后文武百官捐钱把他赎回来才算吗?这种行为不是皇帝,也不是真正的学佛的人,是像小孩子一样。所以梁武帝始终成不了什么,就是这个道理。

不可压抑　快活自在

"凡此诸阏,废虐之主。去废虐之主,熙熙然以俟死,一日、一月、一年、十年,吾所谓养。拘此废虐之主,录而不舍,戚戚然以至久生,百年、千年、万年,非吾所谓养。"

现在看他下面的结论,这里是重点。他说譬如我们老辈子读四书五经出身的,每人都标榜自己是儒家,实际上大家都是学宋朝朱熹、陆象山的理学,规矩得很,这个话你们年轻人不容易体会到。所以我经常说,中国的理学家是佛教律宗的人,坐也规矩,行也规矩。要出去,祖宗前面敬个礼,回来敬个礼,规规矩矩。我在这些老师前辈的前面,就深深体会到那个理学家之可怕,也就是这一篇里头管仲所讲的,把自己的欲跟意志,压制得死死的,一点活的生气都没有。

所以管子这一段反对假装、堵塞,非常有道理。"凡此诸阏",故意把自己要看的不敢看,要听的不敢听,装那个死相,他说硬把自己堵起来。"废虐之主",把自己的自由意志废掉了,虐待自己。

"去废虐之主",把心里头这些鬼心思拿掉,"熙熙然",熙熙就是我们笑的声音"嘻嘻",写成"熙熙"。形容一个人非常活泼自由,如沐春风中,一脸的自在相。"以俟死",人生最后有一天要死,可是没有死以前还是高兴的、快乐的,脸上不要绷得那么紧。我经常在街上看到,尤其到银行、办公的地方,每人都是债主的面孔。有个人说,老师啊,我在美国的时候,一个美国人好朋友对我说,你从出生到现在会不会笑啊?我才警觉到我这个脸孔太不对了,不会笑,像讨债面孔。

所以要学着笑,人生何必摆起那个死样子啊?"一日、一月、一年、十年,吾所谓养。"活一天也好,一年也好,十年也好,反正在没有死以前,要快活自在,宗旨在这里,这个叫做养生。用不着吃维他命,你就是快乐,这就是中国道家说的,"神仙无别法,只生欢喜不生愁",就会得道。所以你看从前大陆的丛林,不管是显教、密教的修行,已经传道给你了,一个大肚子的弥勒佛,哈哈地笑,弥勒佛前面一副对子,"大肚能容,容天下难容之事;开口常笑,笑世间可笑之人",就是先学笑。所以学佛的人先学弥勒佛,学道的人先是熙熙然。总而言之,没有断气以前一秒钟,我活得还是快活,何必在那里担忧死了怎么办!

我们讲到杨朱代表管仲所说的话,讲人生的境界,"拘此废虐之主,录而不舍",一个人非常拘束,虐待自己,把自己活着的生命,变成一个残废人一样,让自己心中的这个观念做了主,始终不放下。"戚戚然",一天到晚愁闷不乐,这样地活着。包括我们修道,一天到晚忙得要命,尤其是后世道家思想,子午卯酉一定要打坐,饭也可以不吃,"以至久生",拼命求长生。不过我看了几十年,也没有看到一个修道家的人,能好好活得久的,不是高血压就是心脏病死了。练功夫的人都练到这个结果,管仲认为不是养生之道。"百年、千年、万年，非吾所谓养"，假使把自己拘束得那么痛苦，一天到晚担心得要命，小心得要命，这样地活着，活一百年、一千年、一万年，在管仲的看法，不是养生之道。这个话是不是管仲讲的无法考据，不过在历史上，管仲的作风是比较自由的放任主义，可是他不超过范围。

第十九讲

列子臆说

死和死后的事

> 管夷吾曰:"吾既告子养生矣,送死奈何?"晏平仲曰:"送死略矣,将何以告焉?"管夷吾曰:"吾固欲闻之。"平仲曰:"既死,岂在我哉?焚之亦可,沉之亦可,瘗之亦可,露之亦可,衣薪而弃诸沟壑亦可,衮衣绣裳而纳诸石椁亦可,唯所遇焉。"
>
> 管夷吾顾谓鲍叔、黄子曰:"生死之道吾二人进之矣。"

"管夷吾曰:'吾既告子养生矣,送死奈何?'"注意一个问题啊!我们经常讲中国文化,几千年来对人生有四个字,"养生送死"。包括《礼记·礼运》篇里的一段,也就是我们政治哲学所标榜的世界大同的思想,"老吾老以及人之老,幼吾幼以及人之幼",平等爱世人,救世人,这个思想都属于养生。但我们更注重"送死",对于这个死亡,也包括了现在的社会福利思想,都重视如何使一个老年人安心地活下去,直到最后。

讲一个例子,我们有一个老朋友,现在九十岁了,过去在大陆是财政部管盐务的官,那不得了,比一个省主席威风大,钱多,权也大。他清朝的时候出去留学,回国在武昌起义的时候还拿旗子在喊的,当然都是你们这个年龄。后来推翻了清朝,国民政府成立了,就做四川盐务总督,我们上将军的威风还不及他啊。到台湾来时,还带有一千两金子,一个晚上没有了。我问他怎么没有了?他说到了台北没有熟人,跑到延平北路一个开金店的同乡那里,就把这个金子借放在他的钱柜里,明天来拿。第二天下午跑去,一看银楼关门倒闭,其实就为了他这个黄金倒闭的。我说蛮好、蛮好,你这个礼送得蛮大。从此就在台湾,也修道,现在活到九十岁了,老病不堪。前天我们听到消息以后,晓得他在台中,赶快送钱去。有一个同学发心走一趟,回来报告,说他两夫妻老了,头脑昏聩,时好时坏,人生到此你说怎么办?也是修道的人啊。

所以修道是养生之道,修道也要养生,我常说你们修道学佛,先不要讲远大目标——了生死,能够活时无病无痛,快快乐乐,死的时候干脆利落,既不麻烦别人也不拖累自己,说走就走就是成功了。

讲到这里管仲就问晏子,你问我养生之道,我已经跟你说了,老弟啊!你认为送死怎么办呢?晏子说,"送死略矣",他说我问你的问题麻烦,你问我的问题送死,死了很容易嘛,"将何以告焉",他说这个还有什么可问的呢?不需要多讨论啊。

"管夷吾曰:'吾固欲闻之。'"管仲说,虽然我知道,但是我还是想听听你的意见。"平仲曰:'既死,岂在我哉?'"晏子讲既然死了,我还能管吗?管他干什么?"焚之亦可,沉之亦可,瘗之亦可,露之亦可",烧了可以,丢在水里也可以,把我埋在土里也可以,丢在路上也可以。"衣薪而弃诸沟壑亦可",外面拿个草包起来,丢在水沟里也可以;"衮衣绣裳而纳诸石椁亦可",给我穿皇帝的衣服,化个妆,弄个漂亮的棺材把我装起来也可以。反正都不属于我,随便怎么弄。"唯所遇焉",看是什么际遇,由他们搞就行了。

讲到这里,晏子的话他只说了一半。有些人对于死啊,也同晏子一样,死后由人安排,随便都可以。譬如我们年轻时,碰到抗战,一边读书,一边逃难,那痛苦得很。这个时候我们想到了有两句话,"求仁得仁又何怨,老死何妨死路旁"。可是有些人虽对于这个看通了,不过想留死后之名,做人一辈子不要遗臭万年,所以要在历史上留点好名。我的朋友很多有这种想法,虽然生死看通了,这一点没有看通。

这个里头还有个故事了，京戏里头有个《赵五娘》，讲的是东汉时候的蔡邕，号叫伯喈，他的太太是赵五娘，蔡伯喈中了状元，讨了宰相的小姐做太太，把自己家乡的太太赵五娘丢弃。后来她去找丈夫，蔡状元不承认她是他的太太，所以历史上这是男人忘恩负义的代表。实际上蔡伯喈也没有太太姓赵，蔡伯喈在汉朝也没有中过状元；只是宋朝有一个人也叫做蔡伯喈，民间编的故事，就编到汉朝蔡伯喈身上去了。到了宋朝我们有个名诗人陆放翁，有一天到乡下去，看到乡下人唱戏，就唱这个《赵五娘》。陆放翁学问当然好，就作了一首诗，也看出人生的无奈。

　　斜阳古柳赵家庄　　负鼓盲翁正作场
　　身后是非谁管得　　满村听唱蔡中郎

把那个忘恩负义的故事搬到蔡邕的身上来了，可见天地间的冤枉事多得很，古今中外历史，把好人说成坏人，多得很呀！所以人生要把身后的虚名看通，我们从小读书，这一些事牢牢地记住，有时候给人家骂得冤枉了，我们就拿这个当作"是无上咒，无等等咒，能除一切苦，真实不虚"。人生就是这个样子，这就是养生送死的哲学。所以有些人拼命为死后之名，光宗耀祖，在那里红起脖子跳起来，如果学过道、学过哲学，觉得真可笑啊！你说历史上那些祖宗的故事都是真的吗？都靠不住，十分之七八都是假的。历史上人名地点都是真的，故事都变了；小说中人名地点都是假的，故事都是真的，社会上就有这一种事。

　　"管夷吾顾谓鲍叔、黄子曰：'生死之道吾二人进之矣。'"杨朱借管仲、晏子的嘴，讨论了生死的问题。辩论到这个时候，管仲回过头来看看鲍叔、黄子。鲍叔也是齐国很有名的一个内相。管仲说关于生死道理、了生死，他说我跟晏子两个人总算"进之矣"，通达了。

宰相的兄弟们

子产相郑，专国之政三年，善者服其化，恶者畏其禁，郑国以治，诸侯惮之。而有兄曰公孙朝，有弟曰公孙穆，朝好酒，穆好色。

朝之室也聚酒千钟，积曲成封，望门百步，糟浆之气逆于人鼻。方其荒于酒也，不知世道之安危，人理之悔吝，室内之有亡，九族之亲疏，存亡之哀乐也。虽水火兵刃交于前，弗知也。穆之后庭比房数十，皆择稚齿婑媠者以盈之。方其耽于色也，屏亲昵，绝交游，逃于后庭，以昼足夜；三月一出，意犹未惬。乡有处子之娥姣者，必贿而招之，媒而挑之，弗获而后已。

这都是好文章，你们好好学哦！我们小的时候朗朗上口，唱歌那么唱的，一个字用错了，音韵就不对了。他说"子产相郑"，子产是郑国的名宰相，比孔子还早一点点，差不多同时。孔子也很佩服他，"专国之政三年"，这个宰相，上面国君不大管事，因为太信任他，三年之中他把这个国家治理得好好的。"善者服其化"，好人更感谢他，听他的教育教化，"恶者畏其禁"，坏人怕他，不敢犯法，因为子产在当宰相，坏人不敢动了。"郑国以治，诸侯惮之。"郑国因此天下太平，大治，各地诸侯不是怕郑国，是怕子产。"而有兄曰公孙朝，有弟曰公孙穆，朝好酒，穆好色。"这个子产与管仲、晏子都齐名的，都是名宰相，可是他有一个哥哥叫公孙朝，一个弟弟叫公孙穆，坏透了，哥哥好酒，弟弟好色。这里我们读书懂了一个事情了，郑国宰相子产，姓公孙。

这就告诉我们，一个圣贤的人，不一定有圣贤的家属。孟子也说过"君子之泽，五世而斩"，意思是说，圣贤的后代不一定是圣贤，英雄的子孙不一定是英雄，所以人生的道理都要通达。虽然子产是了不起的人，子产的哥哥弟弟就不行了。

我经常告诉大家，现在少有好的家庭教育，老实讲你们不是好家长啊！我很想办一个家长大学，真的呀，现在的家长都要重新受教育，因为最上流的家庭受的是末等的教育，夫妻都要去上班，小孩子交给佣人去管，交给司机去管了。然后电视教育，坏的都学会了，好的没有学，所以二十几年前我在大学教书时，哲学系六十多人，我说哲学系顶多是三个学生，因为哲学不可能普及的啊！六十几个学生，五十几个都是女的，我说女哲学家我到现在还没有看见过一个。你们学这个干什么？将来不能做贤妻良母，大学毕业做职业妇女，家庭教育没有了，生了孩子交给佣人管。就算不做职业妇女，知识高了嘛，打麻将；再不然呢，外面玩玩，到了中年以上都出了问题。所以我始终讲二十世纪九十年代以来，都是教育的问题。过去抗战时，大家埋怨政府，我说你们莫名其妙，政府有什么可埋怨啊？政府里的成员都是别人的儿女呀，自己没有把儿女教好，你怎么埋怨政府呢？政府成员都来自社会嘛，所以是教育的问题。你看名宰相子产，也是有家庭的问题啊。

自古以来父子骨肉之间，是人生最难处理的问题。你不要看你本事大、学问好，碰到家庭问题，你看汉高祖、唐太宗，这些英雄、圣贤、将相，哪一个解决了家庭问题？你说苏格拉底碰到那么坏的太太，林肯也是，有说孔子、孟子也离婚，都是家庭问题呀！英雄豪杰我给他们一算账，没有一个家庭问题处理好的，这是个历史大问题，不是给你们讲笑话。

现在这里也是家庭问题、兄弟问题。子产那么好，他的哥哥阿朝却嗜好喝酒，弟弟阿穆好色。你看他形容，"朝之室也"，这个阿朝的家里,"聚酒千钟",拿破仑、白兰地、金门高粱、葡萄酒,无所不有,家里堆的都是酒。"积曲成封",做酒的曲,一袋一袋堆起来。"望门百步,糟浆之气逆于人鼻。"离他家里还有一百步路,那个酒糟的味道,已经冲到你鼻子来了。"方其荒于酒也",这个家伙一天到晚喝得醉醺醺的,叫做"荒于酒"。下面好文章来了,你们可以引用,这个家伙"不知世道之安危",他哪里晓得什么抢银行啊,英国跟阿根廷打起来了,他理都不理,说这个汇率多少啊,经济问题,他听都不听,世道安危他不管。"人理之悔吝",人情世故他一概不理。"室内之有亡",家里头有什么问题?不管,有的就是酒。"九族之亲疏",什么亲戚朋友,哪个贫穷该救济啦,哪个要帮忙啦,哪个做生日,他根本不管,亲的、疏远的,一概不理。"存亡之哀乐也",某人死了父亲,他说那些事不要找我,我要喝酒,就是这样一个人。"虽水火兵刃交于前,弗知也。"火烧到他眉毛,也是先拿酒来喝了再逃,你刀砍到他脖子,他还是要喝酒。这么一个爱喝酒的阿朝,就是这个宰相的哥哥。

这个弟弟好女色,跟哥哥两样,各走一端。"穆之后庭比房数十",一个女的一个小公馆,像皇帝的后宫一样,小太太编号有多少已经不知道了,"皆择稚齿婑媠者以盈之",都是年纪轻的,最漂亮的。"方其聘于色也",他在好色的时候啊,"屏亲昵",亲戚朋友,万事不管。"绝交游",朋友也不要了,一天到晚混在女人堆里,比贾宝玉还要贾宝玉。"以昼足夜",夜里不够,白天也加上去。"三月一出",三个月偶然向外面走一下,马上就回到房间去了。"意犹未惬",漂亮的那么多还不满足,看到地方上哪一个女的长得漂亮,一定用钱买过来,或者想办法把她骗来。你看这个弟弟给子产丢人吧!

教化家中子弟

子产日夜以为戚,密造邓析而谋之,曰:"侨闻'治身以及家,治家以及国',此言自于近至于远也。侨为国则治矣,而家则乱矣。其道逆邪?将奚方以救二子?子其诏之。"

邓析曰:"吾怪之久矣,未敢先言。子奚不时其治也,喻以性命之重,诱以礼义之尊乎!"

子产用邓析之言,因闲以谒其兄弟,而告之曰:"人之所以贵于禽兽者智虑,智虑之所将者礼义,礼义成则名位至矣。若触情而动,耽于嗜欲,则性命危矣。子纳侨之言,则朝自悔而夕食禄矣。"

"子产日夜以为戚",这个子产啊,觉得太丢人了,那么好一个名宰相,人品好,学问好,碰到两个兄弟这样坏,怎么办?一天到晚愁这个事。"密造邓析而谋之",好朋友邓析,是诸子百家里一个名家,"密造",偷偷地,夜里给邓析打个电话说我来看你了,有事情商量。他跑来找到邓析商量,这兄弟家人骨肉之间最难相处,没有办法讲利害,没有办法用权力。"侨闻'治身以及家,治家以及国',此言自于近至于远也。""侨",就是子产的名字,他对邓析以小弟弟身份说话。他说我是读书人,我们中国文化,修身齐家治国平天下这个道理,我们都晓得啊!"侨为国则治矣",我今天把郑国治好了,"而家则乱矣",但是我家的两个兄弟,没有办法。怎么办呢?就问邓析,"其道逆邪",难道我错了吗?"将奚方以救二子",请问老兄,你救救我,教我一个方法,我总要把兄弟两个搞好,"子其诏之",我没有办法把兄弟教育好,我今天夜里来拜托你,转个弯,你来帮个忙,你把他们找来训一顿,好不好?

"邓析曰",邓析一听就说,"吾怪之久矣,未敢先言",他说老兄啊,你今天晚上才来跟我讲,我心里头也在怪你啊,你怎么对哥哥弟弟都不负责任呢?但是你不跟我讲,我也不好讲你。"子奚不时其治也",他说你现在太晚了,你对于哥哥弟弟太爱护,太放纵了,少年的时候你没有把他教好,到现在年纪大了改不过来了。不过呢,你还是应该教他,"喻以性命之重",告诉他生命要紧啊,不要这样乱玩啊,"诱以礼义之尊",告诉他文化、精神文明的道理。

"子产用邓析之言",子产听了他的朋友邓析的建议,"因闲以谒其兄弟,而告之日",找到一点空闲时间,去给哥哥弟弟讲话。他讲大道理,他说我们人与禽兽不同啊,禽兽没有思想,人有思想,有思想就有文化,有智慧,就是教育成功,懂得人伦的道理,有礼义。

这里要提一个问题,我记得二十七八年前了,我一个学生,师大研究所硕士毕业了,出去教书好多年,有一天到我家里谈,讲教育种种的痛苦,种种的不对。正在谈,很多同学都跑来了。那一班师大出来的同学,在外面当校长的,当训导主任、教务主任的,多得很。我说我要问你们,现在教育的目的是什么?第一个来的同学说,老师你这个还要问。我说我们教育的目的在"考",一路考试考到底。小学考中学,中学考大学,大学考留学,留考出去了以后回来考考公务员,三年一大考,一年一小考,一路考到底,退休了以后是不是还要考,我不知道了。所以我们非常感叹,美国的教育目的是生活;我们中国文化,过去几千年来,始终把"成己成人"作为教育的目的。至于人做成了以后,你该当皇帝你去做皇帝,或去挑葱卖蒜,那是职业的不同,人品是平等的。我们现在的教育,西方东方混乱了,只教知识,教技能,教育为了生活,为了技能,不管人格养成,这个教育混乱了。现在美国也出问题啊,教育经费也没有，所以现在美国的校长也到处要钱。可是我们的教育还要跟着人家学，跟着人家走，研究所什么系啊，系来系去，系的什么影子都没有了。

所以教育的目的，这里头看得出来，"人之所以贵于禽兽者智虑"，人不同于禽兽，是因为人有智虑，有思想，有文明。"智虑之所以将者礼义"，成人教育有礼义。"礼义成者名位至矣"，人做好了再谈事业，人都没有做好有什么能力啊！谈什么事业啊！"若触情而动"，如果跟着情绪跑的，这是个禽兽，禽兽饿了就要吃呀，冲动了就要咬人，因为它没有文化。"聃于嗜欲"，随自己的欲望爱怎么样就怎么样，"则性命危矣"，这样像禽兽一样，这一条命就活不久了。"子纳侨之言"，他给哥哥弟弟说，你们两位做做好事啊，听我的话，"则朝自悔而夕食禄矣"，他说你今天肯忏悔，改过自新，我马上就给你一个职位，你的功名富贵就来了。

你看子产多么了不起啊，他自己是一个当权的宰相，国君下来就是他；两个兄弟不对，他绝不让他们做事，连个公务员都不给他们当，所以他到此时给他们摊牌。哥哥弟弟听了，有他们一套哲学，把子产骂了一顿，你那一套不对的，我们的才对。

第二十讲

列子臆说

上次讲到郑国的名宰相子产，与他兄弟三个人的故事。子产受了邓析的指导，就给他两个兄弟说教，希望他们二人走上正人君子之路，不要乱搞了。

享乐人的人生观

朝穆曰："吾知之久矣，择之亦久矣，岂待若言而后识之哉？凡生之难遇，而死之易及，以难遇之生俟易及之死，可孰念哉？而欲尊礼义以夸人，矫情性以招名，吾以此为弗若死矣。为欲尽一生之观，穷当年之乐。唯患腹溢而不得恣口之饮，力惫而不得肆情于色；不遑忧名声之丑，性命之危也。且若以治国之能夸物欲，以说辞乱我之心，荣禄喜我之意，不亦鄙而可怜哉？"

子产要兄弟改邪归正，朝穆两兄弟听了子产的教诲以后，怎么说呢？"朝穆曰：吾知之久矣"，你这些道理，我们老早就懂了，"择之亦久矣"，对于人生的选择啊，也考虑了很久了，就骂他这个哥哥你来啰嗦什么——聪明人都是这样，一讲他都懂。"岂待若言而后识之哉？"我们还等到你来教训我们才懂吗！他们就讲自己的人生哲学观点，"凡生之难遇，而死之易及"，人生嘛，生命难得，死太容易。

前天有个朋友来讲，他现在年纪大了，也是个老将领，他说大家都怕死，他就骂这些朋友，有什么怕呢？父母不生我们到这里来，连死的机会都没有，上天已经给我们一个死的机会，多可贵啊！看自己怎么样死，何必怕！很有气派。现在本文里也这样，这个生命很难得，死呢？很容易就死了，随时随地有死的可能。"以难遇之生俟易及之死"，俟就是等，怕这个难得的生命死掉，天天在害怕等死,"可孰念哉",谁愿意把这个怕死的念头,老是摆在脑子里,多难受啊。这是第一点。

第二点,"而欲尊礼义以夸人",他们说,叫人做好人做好事,一天到晚规规矩矩,礼啊,义啊,"以夸人",夸就是夸大,有点吹牛夸大。"矫情性以招名",这个人性本来很浪漫,很奔放,因为受了教育只好自己规矩起来,就矫揉造作,那是错误的——教育本来就是塑造一个人,使人变成一个什么形态,以教育的立场来说,塑造是教育的宗旨。但是以公孙朝的哲学来讲是矫揉造作,改变人的个性与情绪,为了求名,算是有学问道德。"吾以此为弗若死矣",他们说我们认为人生勉强改正自己,走向不愿意的路上,那是变成个活死人,不如死了好。这是他们的第二个观点。

第三个观点讲人生,"为欲尽一生之观",这个观就是看得见,换句话说,我们人活着就是享受,享受为了要好看、好听、好穿、好吃,过这种人生。"穷当年之乐",他们说因此人生要把握现实,同现在人所讲现实观念是一样的。"唯患腹溢而不得恣口之饮",就怕自己肚子太小,吃不下太多就满了,要想喝什么就喝就好了,有酒就喝,有茶也喝,汽水、可口可乐什么都行,只要能吃得下,尽量地吃。"力惫而不得肆情于色",生怕体力不够了,不能尽情地玩,包括男女之间,爱怎么玩就怎么玩。"不遑忧名声之丑,性命之危也",至于别人怎么批评,毫不考虑,没有空儿啊,怕明天死掉。所以明天是明天的事,我今天玩了再说,哪有时间为明天死去担心啊。

"且若以治国之能夸物欲",骂他们的兄弟,你现在当郑国的宰相,国际上有名,说你的政绩好,你在我这里吹牛,把世间物质的欲望夸大其辞。"以说辞乱我之心",这个"说"字就是悦,你想以好听的话,改变我的观念,"荣禄喜我之意",以利益来诱惑我,叫我改过就有官做,就有财发,以这个荣华富贵来骗我,"不亦鄙而可怜哉",你这个做兄弟的真下流,而且我觉得你很可怜。

治外与治内

"我又欲与若别之。夫善治外者,物未必治,而身交苦;善治内者,物未必乱,而性交逸。以若之治外,其法可暂行于一国,未合于人心。以我之治内,可推之于天下,君臣之道息矣。吾常欲以此术而喻之,若反以彼术而教我哉?"

刚才他的哥哥公孙朝与弟弟公孙穆,骂完了第三点,恐怕他不服气,第四点还有理由告诉他。这又是道家的观点来了,这是道家思想所做的结论。"我又欲与若别之",我再告诉你,你不懂哲学,看不懂人生,一个人"善治外者,物未必治",这是哲学千古名言哦!这个物代表一切的外境,生命身体以外的东西,譬如说政治也好,工商管理也好,社会、军事、教育、政治、经济这一些等等,都是治外。

我们看人类的文化,各种制度,各种思想,各种主义;什么无政府主义啊,民主政治啊,帝王政治啊,独裁政治啊,什么唯物、唯心思想,这一大堆,人类闹了几千年了,结果几千年古今中外,人类没有过到一百年太平的日子,顶多二三十年,不是东边冒火就是西边冒烟,总有战争,总有变乱,不一定安定。

所以我常说,柏拉图的理想国,我们的大同世界,黄帝的华胥国都是理想,华胥国比柏拉图的理想国还美,这些东西啊,永远是理想。假使人类达到了大同世界,天下太平了,大概地球也毁灭了。这就是一个悲哀,人类永远在痛苦矛盾中,就是那么过下去。所以由这个哲学我们就懂中国文化的《易经》,八八六十四卦以天地开始,最后一卦"火水未济",这个宇宙人生永远是未济,就是得不到结论的。所以由乾坤始,以未济终,这就是一个大哲学了。这个法则是道家的思想,"善治外者,物未必治,而身交苦",一辈子累死了,所以人生真正的哲学修养,是要先医治自己的心。

"善治内者,物未必乱,而性交逸",你心安了,心定了,尤其佛家禅宗啊,万缘放下,一念皆空,外面虽然乱,跟你没有关系,外物的乱也不是乱,它有自然的规律。所以只管内在的修养,只管自己内心,不管外物,外物自然清净,本来安详。可是人只觉得外面乱,这个不对,那个不对,是是非非,善善恶恶,是你自己给自己捣鬼。自己心里只要一念放下,就清净了,管那些干什么呢!

"以若之治外",譬如你现在当郑国的宰相,外在的行为,把社会安定起来,政治上了轨道,"其法可暂行于一国,未合于人心",你这个政治哲学的法则,看起来暂时对一个国家有用、有贡献、有帮助,"未合于人心"。这个人心代表了人类世界,古今中外,所有能够安定人心的,他说你这一套是不行的,不合人心,政治到底是一个地区、一个时间、一个空间的行为,不能解决人生基本的问题。他说像我这样,你看我整天喝酒,整天玩,那个是外形啊,我是对治我自己的内心。"以我之治内,可推之于天下",他说像我这样,只管自己的内心;换句话说是真正的个人主义,我只要把个人修养好了,我不想害别人,别人害不害我,毫不在考虑之内。

他说我是治内的,你玩政治是治外,我的治内可推之于天下,凡有人类的地方,这道理永远走得通。也就是叫天下人人绝对的自私,专门管理自己,不伤害人,也不被人伤害;不想听是非,也不讲你的是非;也不管别人的善恶,我只管自己的心。如果个个都是如此的话,"君臣之道息矣",不需要政治,皇帝啊,部下啊,老百姓,都平等嘛,人人都做到如此,社会没有变乱,天下也可以太平了。子产兄弟骂他,"吾常欲以此术而喻之",我常常把这一套哲学道理、方法告诉天下人，"若反以彼术而教我哉"，结果你反而要教我改邪归正，学习做人，我正想教你改正归邪呢!

善恶的定义

子产忙然无以应之，他日以告邓析。邓析曰："子与真人居而不知也，孰谓子智者乎？郑国之治偶耳，非子之功也。"

子产这两个兄弟这一套哲学讲完了，"子产忙然无以应之"，忙然就是茫然。子产是何等高明的人，孔子也佩服的，他一听这个道理啊，自己讲不出话了；这两个兄弟并不是没有道理，也有他们哲学的道理。这一套个人修养，道家与佛家都是同样的道理，不过要求个人可以，以此要求天下人，要求个个众生都做到，不可能！人性到底不同。因此回转来说，孔子儒家之道，这些法家之道还是对的，不过在哲学的前面，像在法律前面一样，不得不低头。子产是茫然难以答复，在哲学的真理面前也低头了。

邓析告诉子产劝兄弟两个人，结果子产却在兄弟两个人前面吃瘪了。有一天子产又同邓析碰面了，他说我照你的话告诉哥哥弟弟，我还吃瘪。邓析一听，"子与真人居而不知也"，他说你这个昏头，你家里有得道的真人，也就是讲哥哥弟弟比你高明，你跟神仙住在一起，自己却不知道。"孰谓子智者乎？"别人都讲你智慧高，我现在才看出来，你真是一个笨蛋，你家里有菩萨，有神仙，你自己不知道。因此他批评子产，"郑国之治偶耳"，郑国被你治好了，那是瞎猫碰到死老鼠，偶然碰上的啦，"非子之功也"，不是你的功劳。

这一卷是列子借杨朱这篇子产的故事，说明一个人生的大哲学，也是政治哲学的大道理，更是形而上境界的一个大哲学。所以政治哲学归纳起来，不管自由民主的思想，帝王专制的集权思想，什么有政府主义、无政府主义等等社会制度,不外乎两大原则,一个是天下为公,一个是天下为私。杨朱之学,所谓自由主义、个人主义,是天下人人为私的道理,这一篇后面的结论,如果人人为私,天下可以太平。

不过,人很奇怪,你叫他为私一点,你不要管人家闲事嘛,他不肯,非要管不可,看不惯,吃饱了饭狗拿耗子多管闲事,所以天下乱。反过来讲,你既然爱管闲事,就牺牲自我去救世救人嘛!只要有利于人,饿死都可以,他也不肯,所以天下为公也做不到。儒家之道,为公为私都不采用,而把天下为公作为目标,但是保留人类天性为私的一部分,这个叫中庸之道。你以为学到马马虎虎叫中庸吗?孔子骂这个叫做乡愿,不是中庸,乡下的滥好人。两个人吵架请他评理,你没有错,他也不错,究竟谁对呢?都不错。看起来这个人很有道德,实际上是滥好人。

孔子说,"乡愿,德之贼也",看起来很有道德,实际上真不道德。所以过去老一辈子的风云人物,我们一提某人怎么样?只说"乡愿"我们就懂了。这是一个很圆滑的人,什么都好,你说我这个儿子要请你介绍介绍,可以,可以,拿履历来,我慢慢给你想办法。实际上压在抽屉里好几年了,他也忘了,他也不去想办法,什么都可以,所以孔子说"乡愿,德之贼也"。接下去有个大故事来了。

子贡的财力　后代的作风

　　卫端木叔者,子贡之世也。藉其先贤,家累万金。不治世故,放意所好。其生民之所欲为,人意之所欲玩者,无不为也,无不玩也。墙屋台榭,园圃池沼,饮食车服,声乐嫔御,拟齐楚之君焉。至其情所欲好,耳所欲听,目所欲视,口所欲尝，虽殊方偏国，非齐土之所产育者，无不必致之；犹藩墙之物也。及其游也，虽山川阻险，涂径修远，无不必之；犹人之行咫步也。

"卫端木叔者，子贡之世也。"孔子有个学生叫子贡，我们常常提到他，大名人。子贡姓端木，这个卫国人端木叔，是子贡的后人。我们晓得孔子有三千弟子，七十二位贤人，实际上了不起的只有十几个。等于释迦牟尼佛十大弟子一样，耶稣也有十大门人，这些教主们真正得力的门人没有几个，千千万万人中能够成就的没有几个。颜回、子贡当然算得上，都是了不起的，子夏、子路都还不及子贡。拿庄子的话来批评，子贡有圣人之才，无圣人之道，这个颜回呢？有圣人之道，无圣人之才。颜回短命死，有圣人之道，而无圣人之福，所以四十来岁就死了，营养不良死的。子贡则不然，你看后来孔子死了，有人看准了一块地葬老师，子贡回来一看，他说不可以，这个只能葬人世间帝王，葬皇帝，不能葬我们的夫子，夫子是万世的素王。他找到曲阜这个地方，可惜对孔家的女性方面下一代不大好，过一代又好。大家同学一商量，天下没有十全的地方，所以就葬下来了。以后子贡庐墓三年，你看所有同学都散了，他一个人搭一个茅棚在老师的坟边，守坟守了三年，这是子贡。

昨天我跟学企管的同学还提到，《货殖列传》上提到子贡、范蠡、姜太公，都是了不起的人，是中国工商界的祖师爷，也就是经济学家。子贡后来又做生意，又会外交，又懂政治，你看齐国要来打鲁国，孔子憋不住了，自己国家出了问题，最后子贡站出来说，老师你年纪大了，我去。孔子说你去我就放心了。他一出来就把吴越之战挑起来，国际上的战争一挑动，自己的鲁国就安定下来了，那个谋略就是不得了。像苏秦、张仪这些谋略家，在子贡前面都谈不上了。这些道理经过要查《吴越春秋》才知道，那精彩得很。子贡出来这一段，那很神气，所以子贡后来非常有钱，孔子穷一辈子，晚年后半生，都是靠子贡供养。

你们学佛的看端木叔这个故事，就是佛经上所描写的一个菩萨的行为。子贡的后代端木叔，"藉其先赀，家累万金。"靠先人的资产，累积的财富，不晓得多少，讲不清楚了。因此他用不着做生意发财，也更不必去找工作。"不治世故"，人情世故，社会上的事情，他用不着管，有的是钱。在家里干什么？"放意所好"，自由到极点，爱怎么样做就怎么样做，有的是钱，祖宗留下来的财产用不完。子贡有这样的孙子够光荣了，"其生民之所欲为"，凡是社会上一般人的欲望，要想做什么事，他都可以随意做得到，钱多到这个程度。"人意之所欲玩"，人类爱玩什么，他要玩就玩，因为有钱。

世界上只有两个东西，一个是权力，一个是金钱。所以我讲个古人编的故事给你们听，有一天玉皇大帝召集开会，财神菩萨也接到命令要去参加。中国的财神骑着老虎，《封神榜》上姓赵的，叫赵公明，塑的是黑脸，良心黑不黑不知道。他骑个老虎，拿个鞭子，拿个元宝，老虎下来要吃人的，这就是财神的装相。这个财神到达南天门，碰到关公，骑着赤兔马，拿着大刀也来了。这个财神就问关公，怎么请到你呢？你是个军人啊，带兵打仗才找你。关公说我手里有这把刀，就等于你手里有元宝一样。

世界上就是这两件东西最重要——权力和金钱。这一篇文章形容有了财富，跟帝王的权力一样，甚至帝王还没有他自由。历史上皇帝很痛苦耶，监察御史、大夫、宰相，都管着你，很多宰相可以把皇帝的命令留中不发，锁到抽屉里去。过几天皇帝问起来，回答说不能办，常常碰这种钉子，一点办法都没有，他站的是正理。

有钱的倒好玩了，"人意之所欲玩者，无不为也，无不玩也。"要什么有什么，统统都有。他形容"墙屋台榭"，家里要做公园就做公园,要摆地毯,有的是地毯。"囿囚池沼",像美国迪斯尼乐园,要修十个都可以。"饮食车服",要好吃的随便都可办得到,车子是最新的、最名贵的都有。"声乐嫔御",什么舞厅歌厅要买票进去,家里开一个就是,歌星舞女都请来。他说他的享受,"拟齐楚之君焉",楚国与齐国的国君都比不上。

"至其情所欲好,耳所欲听",心中想什么,耳朵想听什么音乐,"目所欲视",眼睛要想看什么,"口所欲尝",嘴巴要吃什么,"虽殊方偏国,非齐土之所产育者,无不必致之",世界上的东西,他只要一想,不管多偏远的地方,北极的熊掌啦,"非齐土之所产育者",本土没有的,"无不必致之",他一定办得到,只要钱嘛,就买来了。"犹藩墙之物也",现在我们台北大家有钱,外国来的东西好像自己院子里的东西一样,要什么有什么。你看这个人生享受到这个程度,这个叫做豪富,他也用不着再做生意了,钱太多了。"及其游也",要出去玩啊,不必参加旅行团,像给人家耍猴子一样;自己准备一千万美金,带一个司机、翻译员、打字的,还要带中国茶,一切自由随意。

"虽山川险阻,涂径修远",端木叔出去爬山,不管山川多么危险阻碍,不管路途多远,"无不必之",他都会达到。我们中国有一个爬山专家,又有学问,叫做徐霞客,中国的名山都爬完了。人迹所不能到、只有猴子能爬到的,他一爬到上面,看见有个和尚住茅棚,他佩服极了,全天下的名山,很多只能看到和尚。可是这种游山很危险的,有时候是用树藤一条一条拉上去,那些和尚住茅棚的都是这样住的,到了那个地方,风景之美丽啊那无以复加。现在你们出家人要去住茅棚,在街上租个洋房,盖个佛堂,是你的茅棚精舍,又有沙发,又有汽车,那不叫做茅棚啊!你要看茅棚,要看《徐霞客游记》,要到他到过的那个境界。要经过山川的险阻,有时候没有路啊，他就跟和尚一起，利用这一头的山，用一个藤子，人就那么吊过去，那两个膀子要有武功啊，如果你们小姐去爬，爬到一半，尖声一叫，把猴子都叫下来了，这就是山川阻碍的地方，非常危险。当然他玩起来不会像徐霞客一样，跟着和尚用藤子挂过去的，他说这样危险的地方，他要去玩就不危险了，马上修一条路，因为有钱嘛。所以他出去玩，"犹人之行咫步也"，咫就是八寸，等于我们走一小步一样，他等于坐在家里没有动过，这样舒服。

  我们再讲一个历史故事，明朝有个宰相张居正，湖北江陵人，又叫张江陵，曾被选为中国十大政治家之一，不过这个人是好是坏再说啦。当了宰相以后，是铁腕宰相，手段厉害，就是很有脾气，谁的话他都不管，不过他当年的确是了不起，有良好的政治。可是他也有坏的一面，妈妈年纪大了，从江陵宜昌附近，要到北京来玩，湖北宜昌要坐船，因为妈妈怕晕船，所以不出门，结果各省的地方官，把船调拢来，钉在一起，搭了板就不动了。就这样把妈妈接到了北京，那个船在长江风浪里没有动过，这个权势就可贵了。后来张江陵失败了，最后妈妈很悲惨地死去，这是人世间的势利，这就是人生！所以要多读历史就懂得人生，这个老太太我替她可惜。所以佛说长寿是灾难，你想她这个老太太如果在儿子当宰相时死的话，我看那个风光就无人可比了。

第二十一讲

列子臆说

宾客在庭者日百住，庖厨之下，不绝烟火；堂庑之上，不绝声乐。奉养之余，先散之宗族；宗族之余，次散之邑里；邑里之余，乃散之一国。行年六十，气干将衰，弃其家事，都散其库藏珍宝车服妾媵。一年之中尽焉，不为子孙留财。及其病也，无药石之储；及其死也，无瘗埋之资。一国之人，受其施者，相与赋而藏之，反其子孙之财焉。禽骨厘闻之曰："端木叔，狂人也，辱其祖矣。"段干生闻之曰："端木叔，达人也，德过其祖矣。其所行也，其所为也，众意所惊，而诚理所取。卫之君子多以礼教自持，固未足以得此人之心也。"

江湖豪气　风月情怀

讲到卫端木叔，他还有江湖豪气，古人有一副很好的对子："江湖豪气，风月情怀"，这都是战国时代的社会风气，当时四大公子都在养士。现在讲啊，就是大专毕业，或有什么专长的，就到他家里拿薪水吃饭去；就连会狗叫的、耍滑稽的、说相声的，他都养。像齐国的孟尝君，名叫田文，门下养士三千人，这是有名的。现在看到三千人不多啊，在当时全中国几十个国家合起来，不比台湾现在的人口多。三千人中有高级知识分子，有专长的各种人，统统是他的门下客，等于是他的部下。

由此我们想到民国以来有两个名人，湖北的才子饶汉祥，湖南的才子杨度，清朝下来的才子，都是公子，饶汉祥是黎元洪的秘书长，杨度是袁世凯得力的幕僚。当然清朝被国民革命军一推翻，这些家伙就是开溜的名士了，一溜就溜到上海来，这些遗老也不肯合作，谁养他们呢？杜月笙。你看杜某一个大字不认识，下层出身的,他有这个本事,乃至章太炎都是他养的。杜月笙的养士,不是每月拿单子来领薪水的,只要坐在家里抱怨,他就派人送钱过去了。漂亮!所以我到大学讲演时,他们拿讲演费叫我签个收据,我说你是拿救济金给我吗?我就训他们。你看杜月笙他们懂得做人,把这些老前辈们供养着,按月派人规规矩矩送去红包,"恐怕你府上不够用,杜先生叫我送来"。所以人都让他养得很舒服,他后来自己学问也蛮好。

你看饶汉祥、杨度这些人,都傲慢得很啊!普通人父母死了叫他写副挽联,你拿几万块摆在那里也不给你写啊。章太炎一辈子不给人家写寿句,这些文学界都知道,但是杜月笙母亲做寿的时候,他亲自作文章,亲自写。这是江湖义气,侠义起来谁不感动啊!饶汉祥送给杜月笙的对子,"春申门下三千客,小杜城南五尺天",下联把杜月笙捧得很过瘾,成为民国以后文学上的名对。"五尺天"就是半边天,说他一手可以遮半个中国,都是他的范围。所谓读书,我告诉你们青年同学,昨天也给企业管理的同学讲,你们要读万卷书,行万里路,交万个友,才能谈企业管理。发了财干什么?要晓得用,就是这样用。

讲到这里,我昨天晚上翻元曲,天下的书读不完,我们中国的文学,汉朝的文章,唐朝的诗,宋朝的词,元朝的曲子,就是代表了一个时代。到明朝就是小说啦,清朝是对子,这是我给它定的,现在也流行了这个话。很可惜我没有申请专利。元曲里头有一个书生,作一个好对子,曲子中的歌词完全白话,同词两样,像唱绍兴戏那样唱出来就好听了,用昆曲也可以唱,其中几句,"宁可少活十年,休得一日无权,大丈夫时乖命蹇,有朝一日,天从人愿,赛田文养客三千",就是要比孟尝君还好。这是读书人的幻想,却永远做不到,又不会做生意,又不会什么工商管理,怎么办得到啊!

这个曲子叫做《越调》，就是绍兴戏，曲名《天净沙》，作者严忠济，榜上无名的人物，大概酸不溜丢，读书人就是茅坑里的石头，又臭又硬又酸。

我们唐代的诗人杜甫也有这个思想，文人有这个志气，没有这个行动。杜甫是"安得广厦千万间，大庇天下寒士尽欢颜"，他希望自己将来有房子，国民住宅几千栋，穷人到他这里，都有房子住。人生到此是很舒服啊，可是这是在戏台上吹吹的，谁能够做到呢？！

现在讲"宾客在庭者日百住"这一段，引出来这些插曲，你不要当笑话听哦！要你们去翻书才读到，我敢跟你们打赌，凭你们这一般青年，大概用二十年，还摸不着这些东西在哪个地方呢！所以要好好读书，这是刺激你们的话，也是鼓励你们好好念书，中国文化，祖宗留下来的东西多得很。好了，现在我们回过来看《列子》这一段，这个端木叔的故事还没有完，他家中养的食客那么多，"宾客在庭者日百住"，在他家里吃饭的人，一天百把人，这个不稀奇，但还不及孟尝君门下三千食客，那比他更多。

"庖厨之下，不绝烟火"，大厨房里，一天到晚炉火没有停过，你看靠他家吃饭的人多少！不要说孟尝君养士三千，就像帮会头子杜月笙，第一个也要有资格请得起好厨师，家里的菜比别家都不同，才可以谈养士，才可以谈请客。你以为炒个萝卜丝牛肉端出来，加上一盘花生米，再加一个炒鸡蛋，就算招待客人吗？那个算什么呢？"堂庑之上，不绝声乐"，他家走廊上、客厅里，一天到晚什么爵士音乐啊、流行歌曲，乃至古典音乐，随时不断，比舞厅、歌厅闹热得多了。

是狂人　是达人

"奉养之余",靠他吃饭的人,每月照发薪水,供养大家,仍有多的钱他就"先散之宗族",同宗的亲戚朋友,该救济的,他到处送。"宗族之余",帮助自己同宗朋友之余,然后是"次散之邑里",对于同乡同县的也帮助,"邑里之余,乃散之一国",他还有多的,就救济全国穷人的医药费,签名都不要签。子贡后代这种做法,连孟尝君都做不到,只有佛经上的菩萨道做得到。在自己享受之外,使大家、天下人都得到益处。

"行年六十,气干将衰",到了六十岁花甲以后,年纪大了,身体也衰败了,"弃其家事,都散其库藏珍宝",家里不管了,把财产花得清洁溜溜,散得光光的,只有佛经上看得到这种句子。"车服妾媵",连小太太、丫头都送人,人口都送掉了。所以佛经上说,如果有人要他把眼睛挖下来,他也会挖,头目脑髓都可以布施了。"一年之中尽焉",一年当中把所有财产、家庭所有人口都送出去,"不为子孙留财",不为儿女子孙打算,他不管,一毛钱都不给他们留,散光了。"及其病也,无药石之储",结果他自己老了病了,没有钱了,光身一个人,买药都没有钱。"及其死也,无瘗埋之资",病死之后,买棺材也没有钱。你看看子贡的后代,这个叫做端木叔的这个人。

"一国之人,受其施者,相与赋而藏之",可是全国的人都受过他的恩惠,最后晓得他没有医药费,没钱买棺材,你告诉我,我告诉他,大家一起,把他用金棺材、石棺材,藏之于名山,当神一样。"反其子孙之财焉",然后大家共议,谁得了他多少钱,都送回给他后代的子孙。他本人并没有这个意思啊!他把这些财产送出去，结果又都转回来了。中国佛教有一个人，做过这种事，不过他财产没有那么多。就是禅宗傅大士，把太太、儿子都卖了来做布施，可是他自己没有钱。

"禽骨厘闻之曰"，有一个诸子百家里墨子这一派的名人，叫禽骨厘，这个"骨"与三点水的"滑"字，古代通用的。"端木叔，狂人也，辱其祖矣"，禽骨厘对于端木叔的做法不认同，批评说他是个疯子，对他的祖先子贡是个侮辱。这是一派，所以社会上一样，善恶没有标准的，我们俗语讲，人的嘴两片皮，说过来说过去，没有一定的，都靠不住。

"段干生"也是诸子百家里的一个名人，"闻之曰：'端木叔，达人也，德过其祖矣。'"他说端木叔是得道的人，通达到极点，人生看通了。他的道德修养，比他的祖先子贡还高明，"其所行也，其所为也"，他的行为，他的作风，"众意所惊，而诚理所取"，大家听了会吓死，好像发疯了，其实人生真正懂了道理，钱多了，是要晓得用才行。

我有个理论，赚钱容易，但是你用钱的本事有没有？花钱要有意义才行，这个要本事啊！撒手千金，要撒得有意义。你说我随便捐了做好事，那也不算本事，谁不会捐！譬如二十年前，台南有个财主的儿子，是个太保，很会花钱，随时回来要钱，有一次伸手要一百万，父亲就说没有，给你二三十万最多了。他就骂父亲，三十万吃一碗面都不够，这个父亲气就来了，痛骂他一顿说，你能四十万吃一碗面，我的钱就给你花。结果他跑到面摊上要什么呢？那个时候养鳗鱼苗，一条一条头发一样很细很贵，他说专买鳗鱼的苗，下一碗面给我，这一下就花了四十多万。

你说这个头脑聪明吧！做浪子做败家子也要有一点本事啊！所以我常骂有些同学们，你们做坏人也不会，怎么会做好人呢？"放下屠刀立地成佛"，这是说一个人的气度、气魄、头脑智慧。结果你看到刀就发抖，你还想成佛？叫你做好人，你说没有钱；那你去做坏蛋，又不敢。那你做什么呢？做乡愿，看起来蛮有道德的，实际上姓窝，名字叫窝囊。所以你看段干生的批评，很正确，他说端木叔达人也，这是真懂得人生的人。下面是总结论。

"卫之君子多以礼教自持"，卫国受孔子文化的影响，都是讲仁义道德。"固未足以得此人之心也"，他说你们胡乱批评，哪里懂得他的心理！他这是菩萨行为，这是布施。所以我的经济理论是会赚钱，也会用钱。今天赚了一万块钱，放到口袋里还不算钱，因为上街可能被小偷扒走了，或者是在公共汽车上掉了，那就不是你的钱。如果一万元用完了，才可以说赚了一万块钱，赚钱要有使用的价值嘛！如果拿纸包起来锁进铁柜里，每天拿出来晃晃看，有什么用呀？这就是哲学道理。

讲到这一段，要晓得中国文化所谓达人这个名称，不简单，达人不容易做。我们过去读书，老辈问读通了没有？通了就是融会贯通，所以叫通人，不是读成专家。人生修养要成为达人，通达两个字很难，端木叔这个样子才是达人也。

接下去是另一个故事，《杨朱》这一篇里，凡是这一类的故事都是说明个人主义，这就叫做真自由，自由主义就是这一段所讲的思想，接下来是自由主义的反面。

长生不死可能吗

孟孙阳问杨子曰："有人于此，贵生爱身，以蕲不死，可乎？"曰："理无不死。""以蕲久生，可乎？"曰："理无久生。生非贵之所能存，身非爱之所能厚。且久生奚为？五情好恶，古犹今也；四体安危，古犹今也；世事苦乐，古犹今也；变易治乱，古犹今也。既闻之矣，既见之矣，既更之矣，百年犹厌其多，况久生之苦也乎？"

孟孙阳问杨朱说，"有人于此，贵生爱身"，有人珍惜自己的生命，爱惜自己的身体，"以蕲不死，可乎"，想要做功夫修到长生不死，可不可以呀？杨朱答，"理无不死"，这不可能，道理上讲不通的，人一定会死；想长生不死，永远活下去，不可能。杨朱的思想，也是道家的思想，这叫做了了生死，了现实生命的生死。

孟孙阳又问了，"以蕲久生，可乎"，虽然晓得理上没有不死的，但我希望多活一段时间，做做功夫呀，打打坐呀，做得到吗？"曰：'理无久生。'"杨朱说道理上讲不通，"生非贵之所能存，身非爱之所能厚"，这个生命，不是你贵重它就可以留长久一点，这个生命自有它的主宰，不是因为你爱它不想死就可以不死。这个身体，"且久生奚为"，你爱护自己的身体，谁不爱呀，可是到时间你生病了，再爱护也没有用，你要活那么长干什么？想长寿，佛说长寿是灾难。道家思想、杨朱思想，只问自己活得有没有意义，长短没有关系。"五情好恶，古犹今也"，五情是喜怒哀乐等等的情感，好恶是高兴欢喜或失意悲观。人的心理情绪，古今中外是一样，凡是情感都是一样，只是表达的文字与名称不同。"四体安危，古犹今也"，古今中外身体感冒头痛，也都一样。"世事苦乐，古犹今也"，世界上的苦乐的事情，古今中外都一样呀。"变易治乱，古犹今也"，社会时代的变动，一治一乱之间，古今中外也都一样，可是形态两样。这些问题，"既闻之矣，既见之矣，既更之矣"，也听过了，也看过了，也经验过了。"百年犹厌其多，况久生之苦也乎？"活一百年已经觉得太痛苦了，还想活更久干什么？

我们现在活了几十年，这些话你们年轻人不懂，我们在座的老头子们，都会之于心。你看每个老头子老太太们，爱情也经验过，钱也用过了，烦恼也烦恼过，倒霉也倒霉过了，得意也得意过了，古今中外都是一样，就是活一千年还是一样。而且我发现越活久越没有意思，人老了讲个笑话都没有对象，像我嘴里算不定把文学句子背出来，你们说老师呀，这两个字怎么写呀？句子都听不懂，那怎么来讲！然后饶汉祥、杨度是什么人，还要解释半天。如果你们没有听过《列子》，还以为指头裂开了呢！这个真要命呀！

所以杨朱讲活久了没有道理，"百年犹厌其多"，人生一切都经验过了，一百年都太多了，老了活得再长真没有意思。我们小时候看到看相算命喜欢学，坐在那个算命的旁边，学经验。记得一个看相的在老先生走了以后，他摇摇头说，看相算命只能说假话，不能说真话。这个人譬如说要倒霉，要死了，我不能够说你明天要死，这不得了呀，只能说最好你这几天不要出门，多做一点好事。聪明人就懂了嘛，这个是转弯地说，所以这不是假话。我问他这个老先生有什么不好？他说命太长，命长的人见孙不见子，儿女也活不过他，最后是孙子孝顺他，同儿女的孝顺就两样了，就不舒服，所以说他命不好。

随遇而安　随缘自在

孟孙阳曰："若然，速亡愈于久生；则践锋刃，入汤火，得所志矣。"杨子曰："不然。既生，则废而任之，究其所欲，以俟于死；将死，则废而任之，究其所之，以放于尽。无不废，无不任，何遽迟速于其间乎？"

孟孙阳听了杨朱的话就问他，"若然，速亡愈于久生"，杨先生照你这样讲，人何必活太久，快死就好了嘛！"则践锋刃，入汤火",看到有刀枪、有战争的地方,就冲进去;或者,看到火烧就跳进去好了嘛,"得所志矣",就如愿了,人早死早好,是不是这样?

"杨子曰",他说你听话都听错了,"不然",我不是这个意思啊!"既生,则废而任之",既然父母生下我们,"废而任之"就是不管了,听其自然,佛学叫做随缘而遇。你不要认为道呀、佛呀,有什么差别,差别是你们读书没有读通,就变成青蛙跳井"噗通、噗通",就不懂了。既然随缘而遇,那何必要去自杀呢!"究其所欲,以俟于死",所以随缘而遇,随心所欲而不逾矩,时间到了,要死的时候,痛快地去死,不要上氧气了。"将死,则废而任之",到了真正要死的时候,就不要留恋,也是随缘而遇,听其自然。"究其所之,以放于尽",随便它,死了到哪里都可以,死了不知道了,不知道不是蛮好嘛!知道更痛苦,何必找痛苦呢?任其天命,完了就完了。

所以人生的境界,"无不废,无不任",就是随遇而安,佛学里头有两句话,"随缘消旧业,更不造新殃",在这个世界上是住旅馆,来还账的,该还就还,还完了两手一摊,再见,两不相欠。所以你们看过《红楼梦》中的名句,"不是冤家不聚头",夫妇爱情就是前世的冤家,"冤家聚头几时休",所以你看长命百岁、白头偕老的夫妻都吵吵闹闹一辈子的,如果两个人爱情好,万事圆满,不是早死一个,就是穷一辈子,再不然就有很多的缺陷。因此说随缘自在,"何遽迟速于其间乎",何必加以快慢的选择呢?他们两个人的论辩还没有完,杨朱哲学为什么拔一毛利天下而不为也,下一段正要讨论。

第二十二讲

列子臆说

上次正讲到杨朱所讲的生死问题,也就是他的生死哲学观点,这也说明上古文化的道家,对生死之道是顺其自然的态度。下面开始就是杨朱哲学的要点,杨朱哲学的反对派——孟子,好像气得胡子都翘了,如果我们先读《孟子》,就会把杨朱看扁了。所以天下事古人也好,今人也好,一边的话都很难确定,必须要弄清楚。照孟子骂的话,杨朱实在不太对,墨子也是过分一点;但是你如果研究了墨子的学术,看懂了杨朱的思想,问题就不是那么简单了。

一毛利天下的问题

  杨朱曰:"伯成子高不以一毫利物,舍国而隐耕。大禹不以一身自利,一体偏枯。古之人损一毫利天下不与也,悉天下奉一身不取也。人人不损一毫,人人不利天下,天下治矣。"禽子问杨朱曰:"去子体之一毛以济一世,汝为之乎?"杨子曰:"世固非一毛之所济。"禽子曰:"假济,为之乎?"杨子弗应。

我们接着上次讲的,杨朱这个所谓道家思想,对生死的看法是那么自然,不足以恐惧,没有什么欢乐,也无所谓悲哀,杨朱接着还告诉孟孙阳他的观念。这一段本来念过去大概就懂了,不过我们为了研究,再发挥一下。

"杨朱曰:伯成子高不以一毫利物",伯成子高是古代一个高士,所谓隐士,杨朱拿伯成子高来做标榜,也就是代表了道家的思想。"不以一毫利物",他说这一派的道家,不以一毛利于天下。因此"舍国而隐耕",连国君也不当,自己归隐了;等于现在说出家了,跑到高山上,自己耕种生活。这是一个标榜,在中国文化里头的所谓隐士派,也称为高士,历代都有许多这种人。有一位同学现在写博士论文，题目就是这个，可是现在碰到困难了，有名的隐士都知道，但那些真正的隐士并不留名，怎么去找呢？

另外的一派是大禹，我们的老祖宗大禹王，"不以一身自利"，墨子的思想，走的就是大禹的路线。所以大禹王治水，自己身体生命都不管，一辈子忙忙碌碌治九河，为我们国家民族奠定了农业立国的基础。因此"一体偏枯"，整个的身体，等于说都枯槁了，变成干柴了，劳苦到极点。墨子也是走这个路线，有人说他的样子就像印度的苦行僧。

伯成子高和大禹，是两个对比。"古之人，损一毫利天下不与也"，杨朱说上古的人，有一派的思想，是不损害自己的自由，所以拔一根毛而利天下不会做；相反的有一派，"悉天下奉一身不取也"，把整个的天下都给他，天下的财富也归他，一切人随便他指挥，他也不干。这就是说假使做到"人人不损一毫，人人不利天下，天下治矣。"每人是既不拔一毛利天下，人人不利天下，个个只顾自己，那天下也太平了，这是杨朱的哲学。所以个人自由主义发达到顶点，人人有自己范围的自由，天下就太平了。

杨朱的学生中有个禽子，"禽子问杨朱曰：'去子体之一毛以济一世，汝为之乎？'"他说那照这样说，老师啊，把你身上的汗毛拔一根，或者头发拔一根，就可以救这个世界的话，你干不干呢？杨朱答复说，"世固非一毛之所济"，他说这个世界，不是我拔一根毫毛，就可以安定的。他只答话到这里，他没有说自己肯不肯。

"禽子曰：'假济，为之乎？'"禽子好笨，就追问下去，他说这是假定的说法，这两天，如果你拔一根头发英国跟阿根廷就不开战了，你干不干？杨朱说我拔一根头发英国跟阿根廷也不会太平的。这个人很笨，又问，假定他们两个国家肯的话，你拔不拔？"杨朱弗应"，杨朱不说话了，不答复这个问题。拿禅宗来讲，就是那个和尚拂袖而去。这个禽子是笨字下面加一个蛋,不会讲话嘛!

为公为私之辩

禽子出语孟孙阳。孟孙阳曰:"子不达夫子之心,吾请言之。有侵若肌肤获万金者,若为之乎?"曰:"为之。"孟孙阳曰:"有断若一节得一国,子为之乎?"禽子默然有间。孟孙阳曰:"一毛微于肌肤,肌肤微于一节,省矣。然则积一毛以成肌肤,积肌肤以成一节,一毛固一体万分中之一物,奈何轻之乎?"禽子曰:"吾不能所以答子。然则以子之言问老聃、关尹,则子言当矣;以吾言问大禹、墨翟,则吾言当矣。"孟孙阳因顾与其徒说他事。

"禽子出语孟孙阳",这个禽子出来,就对孟孙阳说,刚才我问杨老师这个问题,结果他不答复我。孟孙阳说:"子不达夫子之心",你呀真是不懂杨老师的意思,"吾请言之",我来告诉你吧。"有侵若肌肤获万金者,若为之乎?"假使把你身体的皮肤削掉一块,给你一万块钱,你干不干?这个禽子大概是讲现实主义的,"曰:为之",也可以啦,一万块钱割我一小块皮,可以干的。孟孙阳说好,你干,"有断若一节得一国,子为之乎?"如果砍掉你一个膀子,或者砍掉你一条腿,然后把一个国家的财富都给你,干不干?"禽子默然",就不敢答复了,有那么多财富,不过自己残废了有什么用?所以默然,答复不出来了。"有间",过了一阵子,想了半天,他也没有答。

孟孙阳就说"一毛微于肌肤",身上一根汗毛跟皮肤比,小得多。"肌肤微于一节",皮肤一小块比起身体的四肢又小得多。"省矣",省就是清醒,由此你就懂了,你可以反省清楚了。究竟这个禽子懂了没有？还不知道，因此孟孙阳怕他不懂就告诉他。"然则"，这是古文，拿白话就是你要理解，"积一毛以成肌肤，积肌肤以成一节"，我们身体的皮肤，靠一个个细胞累积堆拢来构成的，虽然是一根小的汗毛，也是身体的一部分，不能轻视呀，皮肤堆拢来就是身体的四肢，一个骨节。"一毛固一体万分中之一物"，一毛是我们整个身体的一点点，但是你不要小看这一点啊，整个的大体是从一点一点累积起来的，"奈何轻之乎"，为什么你要轻视一根毫毛呢？

因此杨朱说拔一毛而利天下而不为，就是这个道理，他并不是不肯拔一根汗毛，而是正视生命的意义。假定生命牺牲了，对社会天下国家有贡献，那另做考虑；但牺牲而没有贡献的话，就不要谈了。虽然一根汗毛是很小的东西，但是它的价值大小是一样，是相等的。杨子就是这个哲学观念，孟子骂他"拔一毛而利天下不为也"，却把他全部的哲学一概丢到废纸篓去了，所以孟子这也不对。这个孟老先生与孔子不同，火气是大一点，我们孔夫子修养是高明得多了。

"禽子曰：'吾不能所以答子。'"禽子一听还是不服气，他说你这个话，我也没有办法答复，听了好像蛮有道理，好像也没有道理。"然则以子之言问老聃、关尹，则子言当矣"，照你这样解释，如果问老子或关尹子，以道家的思想，你这个话对了。但是"以吾言问大禹、墨翟，则吾言当矣。"如果以我的话去问大禹王、问墨子，那么我的话就对了。我们虽然幽默禽子说他很笨，他并不笨，他是赞成墨子的思想，"摩顶放踵以利天下"，等于佛家的菩萨精神。

两个人都有道理，其中是一个不明说的哲学，也就是中国哲学史上，天下为公与天下为私两派。天下为私是杨朱个人主义发展到极点的自由主义，墨子的路线是天下为公。这两个不同的路线，古今中外几千年来的人类，任何一派都没有做到。依我看来，几百万年以后也得不到优劣结论。我们只要看看自己就会知道,有时候非常自私,万事不管啦,最好只管自己。那好吧!只管自己,闭着眼睛什么都不管,睡一阵想想,不对,这是责任问题,非去管不可!那么你去管吧!管人家你就要牺牲自我,这个好麻烦呀!我还是管自己……永远在那里矛盾下去,永远得不到结论。所以杨朱这个哲学也是讲到这里为止了。

跟着下来,孟孙阳听了禽子这个反对意见,没有办法答复,"因顾与其徒说他事",回头看看自己的学生,讲别的事,把问题岔开了。因为这个问题不好答。就是《孟子》中,"王顾左右而言他",梁惠王被孟子问得没有办法答话了,只好看看旁边站的人,讲别的话岔过去了。所以孟孙阳跟禽子,辩论到最后,不好下结论,只能顾左右而言他了。

可怜的大舜

> 杨朱曰:"天下之美归之舜禹周孔,天下之恶归之桀纣。然而舜耕于河阳,陶于雷泽,四体不得暂安,口腹不得美厚,父母之所不爱,弟妹之所不亲,行年三十,不告而娶。及受尧之禅,年已长,智已衰。商钧不才,禅位于禹,戚戚然以至于死:此天人之穷毒者也。"

《杨朱》这一篇有个中心,诸位要把握住,他是讲人世间的名与利,也告诉我们不要被现实环境所骗了,不要被虚伪的虚荣所骗,告诉我们名利富贵四个字不可靠。全篇的宗旨还在这里转,中间插进来哲学的观点非常多,现在就讲这个。

"杨朱曰:天下之美归之舜禹周孔",杨朱说,我们把天下所做的好事都归之舜、禹、周公、孔子;"天下之恶归之桀纣",一提到历史上的坏人，就是商纣、夏桀。桀纣两个都是坏蛋，历史上很暴虐的帝王。

"然而舜耕于河阳"，他说但是大舜多可怜啊，父亲对他不好，后娘生了弟弟，家庭不和把他赶出来，受尽种种的折磨，在河南边境种田，父亲还是赶他。又跑到山东来，"陶于雷泽"，发明陶器，所以陶器是大舜发明的。他到雷泽这个地方，父母又要赶他，所以"四体不得暂安，口腹不得美厚"，由少年到青年这一段，身心生活都安定不下来，饭也吃不饱。"父母之所不爱，弟妹之所不亲"，父母亲不爱他，兄弟姊妹对他不亲。"行年三十，不告而娶"，大舜到了三十岁，尧的两个女儿下嫁给他，没有得父母同意啊。他就是这样可怜，而且讨了两位公主以后，弟弟还整他，叫他挖井准备活埋他，好在尧的两位公主给他出主意，叫他带着锄头，如果上面压下来把你活埋，你横地打井可以爬出来。后来又叫他盖房子，要用房子压倒他，也是太太出主意，戴个斗笠上去，如果房子塌了就跳下来，不容易受伤。"及受尧之禅，年已长，智已衰"，后来尧把皇帝的位子交给他，舜虽然当了皇帝，年纪也大了，智慧聪明已经用不上，"商钧不才，禅位于禹"，生个儿子商钧又不行，不成才，因此让位给大禹来当皇帝。

历史上这三代所谓公天下，都是让位出去的，在中国的神话史上，尧舜后来也成仙了。舜为了修道成仙，让位给大禹以后向南方走，在哪里成仙呢？在广西的九嶷山成道升天的。后来两个太太也到南方来找，到了湖南没有找到大舜，埋怨丈夫成了仙不带她们走就哭，眼泪滴到竹子上，留下了斑点，就是湖南的斑竹。结果两个太太跳下洞庭湖死了，就变成湘妃、湘君，也成了水仙了。中国有很多眼泪的故事，杜鹃花也是眼泪变的。这是中国神话故事。

杨朱讲了这个历史，他的结论说，"戚戚然以至于死"，你看大舜,从小到老,虽然当了皇帝,一辈子痛苦,在忧患中过了一生。可见他虽然修养很高,可是悲哀啊,痛苦啊,有什么福气呢?所以在道家杨朱的观点,"此天人之穷毒者也","毒"是受人家迫害,他一辈子又穷,又受迫害,这就是天下第一等的可怜人。

一生忧苦的大禹

"鲧治水土,绩用不就,殛诸羽山。禹纂业事仇,惟荒土功,子产不字,过门不入;身体偏枯,手足胼胝。及受舜禅,卑宫室,美绂冕,戚戚然以至于死:此天人之忧苦者也。"

"鲧治水土,绩用不就",再讲到大禹的父亲鲧治水的事情,上古整个中国大水弥漫。我们小时候读四书五经的《尚书》,现在叫《书经》,里头描写我们上古的时候,"浩浩怀山襄陵"。这个古书就是难读,你读懂了以后,那是一幅画面,全中国的大陆,整个都是大水。那个大水把高山围绕,那时大概台湾还在海底下,没有出来。襄陵,高的山陵,只看到一小片土地露出水面,水是那么大。

那个时候尧是皇帝,舜等于当了行政院长,碰到大水灾难,尧下命令找人治水,开始找了鲧。鲧搞了三年多,大水没有安定下来,还更糟糕,浪费财力人力,水利工程做不好,崩溃后死了不少人,财产生命都完了。鲧的工程不成,"殛诸羽山",就活活地把他埋掉,以谢天下。"羽山"在江浙这一带的江北一个地方。

后来找天下工程人员治水利,仍找不到,鲧的儿子大禹在四川家中做研究,对父亲如此下场也伤感。后来调查报告,说鲧的儿子大禹有办法治水,大舜就找他出来。大禹治水九年,把黄河、长江水利工程搞好,我们中华民族农业立国的基础才奠定下来。照上古《山海经》这部书的记载,大禹治水九年当中把黄河长江治理好,那就是神话，现在的大工程师集中起来还做不到，可是他的确治好了，所以不叫神话我们也想不通。

在中国道书上说，大禹治水是鬼神帮的忙，什么王母娘娘、九天玄女，各路的鬼神都来帮忙。说打开龙门的时候，是玉皇大帝派一个大神帮忙，那个神人一下就长到几百万丈，一手搭在龙门，一脚蹬在华山，叫一声"开"！就把龙门打开了。古书上描写得很热闹，认为大禹也到过美国、南非、欧洲，统统去过了。现在美国人正在研究《山海经》，认为大禹的确是到过美国，我们自己不要笑啊！人家是科学的研究，发现很多的迹象。

你们很少人看我们自己的远古史了，大禹怎么开山这些神话，那多得很呀！说我们淮阴有一块石头，下面有一个水怪支祁，被大禹用链子锁在那里，有时候每一朝代，二三百年还出来一次。它一旦出来，长江的水位大涨，大风大浪，船统统翻了，人统统死了，这些神话很多，历代都有记载。我们不管这些神话，只说九年当中那么大一个大陆，大禹就把长江、黄河、淮河、珠江流域的上游，都打开治好了。上古时候的人口有限，既没有那么多的人力，也没有好的工具，却能把水患治好，放之于大海，真是个奇迹。现在要研究远古史，资料很难找，所以这一段历史我们现在大概讲一讲。

"禹纂业事仇"，这个"纂"字是继承的意思，就是说禹继承了他父亲的治水事业；"事仇"，尧舜活埋他的父亲，都是他的仇人啊！"惟荒土功"，这就是道家的看法，挖苦的话，专门管这个水利工程。"子产不字"，太太告诉他生了儿子，给儿子取个名字都没有时间。你不要看成是郑国的宰相子产不认识一个字，那就搞错了。"过门不入"，九年治水三过他家门口，都没有时间进去，所以为了国家、为了老百姓做到这样。"身体偏枯"，累得已经不成人形了，身体都干枯了，"手足胼胝"，那个手像牛皮一样，皮长得厚厚的。

"及受舜禅"，舜年纪大了让位给他，他当了皇帝以后，"卑宫室"，没有修过宫殿，因为他是一个苦出身的，晓得老百姓的疾苦。"美绂冕"，从大禹开始，皇帝穿什么衣服，戴什么帽子，衣冠定了。"戚戚然以至于死"，父亲给国家治水无功，计划错误，犯罪而死，他重新把父亲的荣耀争回来，把国家水患治好了，可是一生劳苦。土木工程建筑师的祖师，本来是拜大禹，不过一般都拜鲁班祖师了。所以大禹是烦恼忧患痛苦一生，"此天人之忧苦者也"，他是一个人生最痛苦的人。

第二十三讲

列子臆说

痛苦一生的周公

"武王既终，成王幼弱，周公摄天子之政。邵公不悦，四国流言。居东三年，诛兄放弟，仅免其身，戚戚然以至于死：此天人之危惧者也。"

刚才讲到大禹，这是杨朱的看法，也代表了道家隐士派的看法。现在跟着讲周公了。

"武王既终，成王幼弱，周公摄天子之政。"周文王及武王姓姬，周公名叫姬旦，是周武王的弟弟。不过我们考据发现，周公相貌并不高明，身材也不高明，但他是大圣人，头脑之好，学问、道德之好，历史上描写他不得了的好。在孔子以前，中国文化称圣人是指周公；到了秦汉以后，圣人是以孔子做代表。由于周公是孔子以前的圣人代表，所以孔子常常做梦会梦到他。

武王死后，他的儿子成王只有六七岁，不成器，又顽皮。周公因为这个侄子小皇帝不成器，他是叔叔，就把成王废了，关起来，好好地教育，自己则担任摄政王。所以摄政这个名称，在中国政治思想史上，来源就是周公。现在我们看历史上的记述很简单，不了解周公当时痛苦的心情。历史上很多后人仿照他的做法，但多半是假的。曹操也自称摄政，汉代的霍光、清朝的多尔衮，都是摄政王。所以我们顺便插过来，提到白居易的诗，也是历史哲学的名言：

　　周公恐惧流言日　　王莽谦恭下士时
　　向使当时身便死　　一生真伪复谁知

原诗八句，最有名的是其中这四句。"周公恐惧流言日"，流言就是谣言。据说文王有一百个儿子，原来是九十九个，《封神榜》中加了一个,是石头里碰出来的雷震子,后来就是雷公,长两个翅膀,凑成了一百个儿子。所以周公当时兄弟有百个之多。自古以来帝王的宫廷,父子、母子、兄弟姊妹,遇到权力之争,就没有亲情,只有仇杀。所以帝王的宫廷,古今中外没有一个是闹得清楚的。以周文王、武王的家庭而言,本是教育最好的家庭,结果还是闹不清楚。当周公摄政时,兄弟们如邵公等等好几位,故意造谣,说他有意当皇帝,这个侄子将来会被弄死,政权永远归于周公自己。这是古代宗法社会,一个有关传统正统的问题。在这个谣言当中,周公痛苦无比,所以说"周公恐惧流言日"。

另外汉朝的王莽,在他没有篡位以前,人很谦虚,上至中央,下至全国老百姓,没有讲他不好的,历史上对他当时的描写是对人也好,对部下也好,什么地方都好,结果就达到他篡位的目的了,这是指"王莽谦恭下士时"。

所以人生啊,是非善恶很难断定,假使当时他们半路就死掉,一生的真与假就没有人知道了。还好周公活得长,后来果然成王长大,也改过了,周公把权位又交给成王。我们现在下的象棋,是周公发明的,当时的目的是教成王修心,那个时候要他打坐也坐不住,那就教他下棋吧!围棋是尧发明的,为了教他的儿子丹朱收心。

所以周公摄政,"邵公不悦",他的兄弟不同情他,三四个兄弟联合起来,要拱掉他。"四国流言",所以周公只好避位,另外再来一个办公厅,这是一个形容,"居东三年",到洛阳办公,不在长安。最后这几个兄弟闹得太不像话了,"诛兄放弟",所谓"周公诛管放蔡",周公只好把管公杀了,把蔡公流放。"仅免其身",到了晚年他的心事大白于天下,他并没有想当皇帝,还是交还给成王。他说这样的人生,多么痛苦,少年开始帮哥哥武王打天下,起来革命,推翻了纣王而建立周朝的天下。等到哥哥死了以后,哥哥的儿子又那么幼小,所以他一生都在痛苦中过,但是他建立了中国文化的制度,制礼作乐,中国政治的体制也是由他建立的。

我们的《礼记》一共是三部书。一是《礼记》,二是《周礼》,就是后代帝王政治的政府组织,等于中国三千年来最高的宪法;其实到我们现在的宪法,所谓大同思想,还是在这个《周礼》的范围里面。三是《仪礼》,建立社会人伦的制度。三部书合拢来叫《礼记》。所以《周礼》《仪礼》《礼记》共称三礼之学,现在我们研究中国文化,了解三礼的人大概不多,甚至可以说没有。你们年轻人真要研究中国文化的根基,三礼是必须要研究的。这个文化的基础是周公建立的。孔子后来所谓删诗书、订礼乐,是弘扬周朝的文化,中国文化的大成都集中在周公的手里。

所以这样一个人,政治、军事、社会、经济、教育,集中于一身,也痛苦一生。也是这句话,"戚戚然以至于死:此天人之危惧者也。"做人到这个程度,在我们看起来是了不起啊,父亲是皇帝,哥哥也是皇帝,周公封于鲁国,儿子还是国王,这个人生已经够威风了,谁知道他永远在痛苦中!随时在危险忧患中!杨朱说这有什么好啊!

多灾多难的孔子

"孔子明帝王之道,应时君之聘,伐树于宋,削迹于卫,穷于商周,围于陈蔡,受屈于季氏,见辱于阳虎,戚戚然以至于死:此天民之遑遽者也。"

现在讲到孔子的一生,他描写得真透彻,真是这样,都是不好的。孔子就是学问道德高,"明帝王之道",古今中外都通,上古三皇五帝的帝道,下至王道,再下来到春秋时的霸道,孔子皆十分通达。我们三千年来的文化,是讲王道,事实上统统是霸道;秦汉唐宋元明清,都是霸道,只是以王道做标榜而已。他说孔子明帝王之道,"应时君之聘",周游列国,国际上到处跑,当时每个国家的君主都聘请他,欢迎他,很光荣。可是他在宋国,"伐树于宋",他不是去砍树哦!是树立的敌人太多了,反对派太多,宋国的一个权臣桓魋带兵来讨伐他,结果没有把他杀掉,后来他就离开了宋国。

"削迹于卫",他在周游列国的时候,自己本国不能住,最受恭维是在卫国,卫国的妃子,我的同宗南子,也恭维他,宰相蘧伯玉又是好朋友,所以他在卫国最久。可是卫国也有反对党反对他,最后还是住不下去,只好离开了。"穷于商周",他周游列国到了周朝的殷商之地,却被赶出来了。"围于陈蔡",孔子绝粮于陈蔡,好几天饿着肚子,还在唱歌弹琴,带学生舞蹈,只有子路等跟着跳啊跳的。"受屈于季氏",鲁国是季家当权,孔子在自己的国家,也遭到种种的侮辱,所以离开了本国。

"见辱于阳虎",鲁国有个政治上的浪人阳虎,日本的观念叫浪人,就是政治流氓,有权力,好像又有帮会。阳虎相貌跟孔子一样,所以后来孔子在陈蔡之间饿饭是冤枉的,因为别人把他认做了阳虎,要把他杀掉。阳虎想拉拢孔子,所以来见孔子,孔子不见,要学生告诉他不在家。但是他有回礼给阳虎,后来阳虎跟他在路上碰面,狠狠说了他一顿,所以说孔子"见辱于阳虎"。

总而言之,这些都是孔子的事实,我们算算孔子有几次灾难,"伐树于宋,削迹于卫,穷于商周,围于陈蔡,受屈于季氏,见辱于阳虎",一共六次。释迦牟尼一辈子弘扬佛法有九次灾难,所以圣人都会遭遇很大的灾难和痛苦,不然就不叫做圣人。孔子还不止这六次,大小加上有十几次,所以这个人生"戚戚然以至于死",

一生痛苦直到去世,"此天民之遑遽者也",一辈子栖栖遑遑,如丧家之犬,《论语》中那个看门的人是这样批评他。

生前死后　名实不符

"凡彼四圣者,生无一日之欢,死有万世之名。名者,固非实之所取也。虽称之弗知;虽赏之不知,与株块无以异矣。"这是杨朱的结论。这一篇从杨朱第一句话开始,一直是批驳名利富贵,讲人的可怜,看不通,为了一个虚名。譬如南怀瑾这三个字,同我毫不相干,因为讲这三个字,知道的人蛮多,我这个人向来不出去交际应酬,认识人不多,所以人家问贵姓,我当然不好说我姓贵,只好说姓南,南……哪个"南"字也讲不清楚。万一知道,你就是南怀瑾啊?因为他记的是南怀瑾,不是我,那三个字同我毫不相干。所以有一次在火车上,有个人看我的书,看得津津有味,一路看到高雄。我跟他坐同一排位子,快到高雄了,我说你看什么书?他说这部书是……大吹一番,你看过没有?我说好像听到过,你认识这个人吗?我听说过,没有见过面。好,好,再见,就走了,那同我毫不相干嘛!为什么被名骗?恭维你是名,骂你也是名,都没有相干。

"凡彼四圣者",所以他说像这四个人,"生无一日之欢,死有万世之名。"活着时没有一天快活,可是了不起啊,死后留万世之名。名有什么用啊?"名者,固非实之所取也",名与实际不同,因为现实是一辈子在痛苦中,有什么用?孔子死了以后,我们天天去拜,"虽称之弗知",孔子啊!你就是上帝,全靠你了。万世师表同他有什么关系?他也不知道。而且"虽赏之不知",孔子在的时候那么可怜,死后封"大成至圣文宣王"。从汉高祖拜了他开始,历代都封他，真正大成至圣的封号，一般学者研究还是元朝封的。所以人一死了，这个名有什么用？"与株块无以异矣"，人死了同一棵树、一团泥巴，有什么两样？这个名有什么用呢？

浪漫的夏桀　放荡的纣王

"桀藉累世之资，居南面之尊，智足以距群下，威足以震海内；恣耳目之所娱，穷意虑之所为，熙熙然以至于死：此天民之逸荡者也。纣亦藉累世之资，居南面之尊；威无不行，志无不从；肆情于倾宫，纵欲于长夜；不以礼义自苦，熙熙然以至于诛：此天民之放纵者也。"

对桀纣的历史评论，恐怕只有《列子》这一段最正确。我们看历史，看桀纣啊，有一点你们青年同学要知道，历史上不管中外，凡是被称暴君的人，都有相同之点，就是特别聪明，特别的个性，身体强壮，样样都会，样样都好。所以构成暴君的条件并不容易，因为他的聪明无人可比，他自然看不起人，自然脾气坏，这是一个典型。除掉皇帝之外，历史上的人才，如果是世家公子出身的，大多都很聪明，都很能干，大毛病就是不能成功。三国时的袁绍，就是世家公子的代表，而且世家公子出身的，良心多数蛮好，项羽也是世家公子。做朋友宁可跟项羽，不喜欢跟刘邦，项羽很仁慈的，你不如他时，他爱护你得很呀！你比他好，他非发脾气杀了你不可，他是这样一个人。至于桀纣的故事，《列子》的评论都很真实。

第一句话要注意，"桀藉累世之资"，这一句话我们就做不到了，桀纣之所以当皇帝，八字好，这是命好啊！上代的资源给他，天生就是皇帝。藉就是依赖，靠上代，一代一代传下来的帝王的权力，他有这个资本。所以后世评论起来，像刘邦、朱元璋啊，那真不容易，一点没有依靠的；桀这一些人有依靠，"居南面之尊"，天生是个皇帝。古代皇帝一定坐北朝南，西边是师位，左边是客位。你说桀纣当一个暴君，"智足以距群下"，学问聪明第一等，所有的部下及大臣，没有一个学问知识超过他的。部下的意见提到他前面来，被他一辩，永远是不行，就是不及他。"威足以震海内"，武功又高，力气又大，精神又好，威力使天下都怕，天生的能力就强，有用不完的精力，所以拼命要玩弄天下。"恣耳目之所娱，穷意虑之所为"，非常任性，因为没有一个人比他高明，他也看不起任何人，想要怎么做就怎么做。虽然后来亡国了，"熙熙然以至于死"，但是没有亡国以前，活得很快活。"此天民之逸荡者也"，杨朱说这是人类天生的、逸荡的浪漫主义，一辈子在浪漫中过。所以说，凡是浪漫主义的人，他有天才，像西方的歌德也好，乃至德国的宰相俾斯麦也是一样，不过他很幸运。这些带有浪漫色彩的人，都有特殊的头脑和精力。

讲到纣王，"纣亦藉累世之资，居南面之尊；威无不行"，桀纣两个人，都是暴君，两个人个性不同，我们研究心理学，这里很严格地定了一个范围，夏桀是"逸荡"，个性有点浪漫，先天性浪漫；纣王是先天性的"放纵"，也就是任性至极。但是照历史上看纣王，也不得了哦！手裂虎豹，那个武功之高，老虎被他一抓就撕开了，那个力气多大！像我这种身体，他大概抓都不要抓，撕都不要撕，就裂掉了。他拉弓射箭样样好，文字也非常好。

后世研究纣王，他因好奇，而解剖孕妇，所以我们这个穴道针灸的道理，是从他那个时候开始的，他用活人来解剖，以判定穴道的位置。后来到王莽时，又拿犯人来解剖，之后是元朝的宰相耶律楚材，造了四个铜人图，把三百多个穴道搞清楚。不过现在研究，穴道又增加了，这都是中国历史文化。

纣王"志无不从"，他的思想意志，必须要达到目的，"肆情于倾宫"，肆情就是放纵，他好色，天下的美女都要；"纵欲于长夜"，有个人的精力，烟酒赌嫖，样样都来，从夜里到白天。他文化思想样样都懂，聪明绝顶，"不以礼义自苦"，他不用礼义限制自己，因此任性、放纵了一生。"熙熙然以至于诛"，最后被武王、姜太公杀掉，"此天民之放纵者也"，这是历史上一个大坏蛋放纵的典型。

四圣二凶俱往矣

"彼二凶也，生有从欲之欢，死被愚暴之名，实者，固非名之所与也。虽毁之不知；虽称之弗知，此与株块奚以异矣。彼四圣虽美之所归，苦以至终，同归于死矣。彼二凶虽恶之所归，乐以至终，亦同归于死矣。"

"彼二凶也，生有从欲之欢，死被愚暴之名"，他说不错啊，他们这两个暴君也活了一辈子，讲究现实的放逸、纵欲。死后历史上留个愚痴、暴虐的罪名，但与他们又有什么关系！"实者，固非名之所与也"，事实上他是坏蛋，但是后来你讲他坏也好，暴虐也好，这个历史上的虚名同他有什么关系？"虽毁之不知，虽称之弗知"，你就是骂他，毁他到极点，他也不知道，你恭维他到极点，他也不知道，"此与株块奚以异矣"，因为死掉就死掉了，同木头、石头一样。这是道家的正反两面的思想，对于善恶是非的看法。

"彼四圣虽美之所归，苦以至终，同归于死矣"，他说舜、禹、周公、孔子，四个圣人，天下的好话、恭维都归到他们身上，但是痛苦一生，最后的结果也是死。"彼二凶虽恶之所归，乐以至终，亦同归于死矣。"桀纣两个人，是历代坏蛋的代表，但是他二人快活了一辈子，最后的结果也是死。人生到死这个时候，所谓是非善恶,是人为观念建立的一件事,在道体上,跟这个肉体的人身毫不相干。这是道家有一派的看法,是有关唯物的思想;另一派唯心思想的讲法又不同了。这一个故事到这里为止,下面另起一段。

成大功者不成小

  杨朱见梁王,言治天下如运诸掌。梁王曰:"先生有一妻一妾而不能治,三亩之园而不能芸;而言治天下如运诸掌,何也?"对曰:"君见其牧羊者乎?百羊而群,使五尺童子荷箠而随之,欲东而东,欲西而西。使尧牵一羊,舜荷箠而随之,则不能前矣。且臣闻之:吞舟之鱼,不游枝流;鸿鹄高飞,不集污池。何则?其极远也。黄钟大吕,不可从烦奏之舞。何则?其音疏也。将治大者不治细,成大功者不成小,此之谓矣。"

  这是杨朱自己的故事,"杨朱见梁王,言治天下如运诸掌",杨朱有一天去看梁王,这个不是孟子见的梁惠王,是另外一个梁王。杨朱就对这个梁王说,如果能听他的意见,政治上就可以做到天下太平,"如运诸掌",就像拿毛巾在手掌上玩一样的简单。这不是佛经上的"如观诸掌",如观,是静态地看;如运诸掌,是动态的,所以同样的字要注意。

  "梁王曰:先生有一妻一妾而不能治",这个梁王也很聪明,他说杨先生啊,你家里有一妻一妾,家里生活都不够,"三亩之园而不能芸",只有三亩田地,还不是好田,不晓得种红薯,还是种洋芋的,你都种不好。结果你对我讲,可以把天下国家在手里玩玩,马上就弄好了,"何也?"他说杨先生啊,你不要开这个玩笑了,这是什么意思啊?这个梁王讲的道理也对啊,你自己都弄不好,你还吹个什么牛呢?

"对曰：'君见其牧羊者乎？百羊而群，使五尺童子荷箠而随之，欲东而东，欲西而西。'"一百头羊叫做一群，两百头也是一群。杨朱就对梁王讲，你有没有看过放羊的人？一群羊在一起，五尺高的童子，就是十几岁的小孩，拿个竹竿鞭子，后面赶一赶，一群羊就走动了，要它们东就东，要它们西就西。"使尧牵一羊，舜荷箠而随之，则不能前矣。"如果叫尧来拉一只羊，舜在后面拿个箠子在羊屁股上打，恐怕这只羊一步都不肯走了，前面拉不动，后面赶不动。这个是哲学道理，这个里头有政治上的行动哲学，涉及行动性的社会群众心理学，很多很多道理都在内。这个故事，你去想想看，不能跟你们讲完，讲完了你们脑筋会生锈的，你们要加一点油，去研究一下其中的道理。

"且臣闻之"，他继续说，据我所知，"吞舟之鱼，不游枝流"，海里头可以把船吞到肚子里的鱼，绝不会在小河中游的。"鸿鹄高飞，不集污池"，大鹏鸟要飞到大海，那个小水池看都不看，"何则？其远也"，为什么？眼光远大，目标远大，气派也大。"黄钟大吕，不可从烦奏之舞。何则？其音疏也。"黄钟大吕的庙堂音乐，不伴奏烦杂的歌舞，为什么？因为黄钟大吕的音质疏通流畅。"将治大者不治细"，所以他说一个有大目标、大智能、大才具的人，小事情不愿意干，注意啊！是不愿意干，不是不能干啊！他要做起来也是很能干啊！不过不愿意而已。但是如果连小事情也做不好，那就是不能，不是不愿意，这个中间有差别。"成大功者不成小"，要成大功立大业的人，小的成就是看不起的，并不是办不到啊！"此之谓矣"，就是这个道理。换句话说，你不要看我家庭生产都弄不好，生活都不能安定，因为我志在天下。

可是话说回来，这也不一定，你看历史上成功的人物，大小都弄得好，中国的名人如此，外国的名人也是如此。我们这里有同学在研究俾斯麦，这两天就困在俾斯麦里头，德国的这个铁血宰相，此人少年也是放浪，吊儿郎当，又任性，又浪漫，又悲观，很复杂的一个性格。父亲给他财产他没有败完，整理得井井有条，能大者就能小。在中国来讲，诸葛亮未出隆中时种田，农业搞得很好，最后留下的遗嘱，告诉刘备的儿子后主，不要给我家属什么钱，成都我有桑树五百株，有个农场，够我家里人吃饭了，什么都不要了。所以能治大的，小的也要能治啊，这个要注意。下面连下去今天讲不完了，杨朱的演说还没有完。

第二十四讲

列子臆说

今天还在《杨朱》这一篇,是讲杨朱的思想,代表道家的一个流派。杨朱思想的所谓为我的道理,是尊重自己的生命,尤其是本篇重点在名实之辩。这个名并不是指虚名,以现在的观念来说,就是指生命以外的一切皆是虚名,都是不实在的。所以我们不要被身外之物所欺骗,要尊重自我的生命,安详地活着,自己不要找麻烦。拿佛学来比喻,这属于解脱的一种方法、一种思想,人不要被现实所困,重点在这里。

中国历史有多久

杨朱曰:"太古之事灭矣,孰志之哉?三皇之事若存若亡,五帝之事若觉若梦;三王之事或隐或显,亿不识一。当身之事或闻或见,万不识一。目前之事或存或废,千不识一。太古至于今日,年数固不可胜纪。但伏羲已来三十余万岁,贤愚好丑,成败是非,无不消灭;但迟速之间耳。矜一时之毁誉,以焦苦其神形,要死后数百年中余名,岂足润枯骨?何生之乐哉?"

上次杨朱讲到了大小之辩,说清楚了,现在继续他这个观念,也就是哲学理论的基础。这一段是杨朱对于历史哲学的看法,就拿我们的历史来讲,中华民族的历史最悠久,这是历史学,专讲历史。中国人五千年前就很注重历史了,像《书经》也是记载历史的事,有唐尧、虞舜、夏禹、商汤、周,虽然资料不够完备,大概都有。《书经》又叫做《尚书》,是经过孔子整理的,在尧前面还有一些,那是属于远古史的范围。讲到我们的远古史,我们祖先的记载,已经有一二百万年的历史了,孔子在整理时,认为资料不够完备,所以裁定从帝尧时开始。

后来我们算历史的命运,由开天辟地,到世界地球上的变动,一共是十二万年。十二万年用十二个时辰来做代表，子、丑、寅、卯、辰、巳、午、未、申、酉、戌、亥，一个时辰代表了一万年。所以天开于子，地辟于丑，人生于寅，这是数字的阶段。人生于寅，帝尧登位就职那一天，是甲辰年辰月辰日，以后一路推算下来。譬如你们在街上买到的《中国两千年之预言》《烧饼歌》《推背图》等等，上面画的每个时代的变动都很准确，不过都是过后方知。譬如一九三七年开始抗日，这个第二次世界大战拖了八年，打仗很烦闷，大家烦起来就翻《推背图》看，什么"一朝听得金鸡叫，大海沉沉日已过"，上面画一个海洋，海岛下面一个太阳，有个公鸡在那里叫，结果鸡年（一九四五年）日本宣布投降，我们这才把《推背图》弄明白了。这个几千年流传下来，这种历史的演变，是根据什么推算的呢？是根据刚才讲十二万年用十二时辰推算来的，这个是象数。所以我讲佛经时曾提到里头的数字，跟这个都有非常密切的关系，但很少有人注意。

现在回过来讲到本书，对于历史上这些事，上古史不可考，但是资料有没有？有。譬如《神仙传》啊，还有一本书叫《竹书纪年》，这些都是关于上古史的。乃至于《山海经》，有关大禹开辟中国的土地，而且同地球变动的历史都有关系，这些都是远古史里的。杨朱现在提到远古史，也是他对历史哲学的看法，他说"太古之事"，现在新名词叫做远古，"灭矣，孰志之哉？"早过去了，谁能够记得清楚啊！譬如我们讲三皇五帝，就远得很了。三皇是天皇、地皇、人皇，不是代表三个皇帝，那不是三代；因为天皇有十二个兄弟，地皇有十二个兄弟，连续管这个世界。

这个还不是历史的开始，我们的历史开始，认为天地不是上帝造的，也不是先有鸡或先有蛋的问题；是说这个天地没有开始以前，这个宇宙像鸡蛋一样，所以叫做混沌。也就是说地球是个蛋黄,蛋黄外面,大气层就是蛋清(白),这个蛋清的外面还有一层壳,现在所谓科学说是游离层,离开这个太空最外的这一层。这个宇宙开始是这么个混沌。我们一个老祖宗盘古出来,他拿一把斧头,就把天地辟开了,所以我们小时候的天文知识,说盘古老王开天地。我们照历史推算,盘古开了天地再过一百多万年,才有三皇出来;三皇过了才是什么伏羲、神农、黄帝等五帝。

现在他说"三皇之事",这些上古的历史,我们真难研究,你说三皇没有吗?"若存",有这件事,"若亡",好像资料找不到了。这四个字形容得很妙。后来到了司马迁著《史记》,关于三皇五帝,他补了一篇,把上古史补完整。换句话说,司马迁对孔子的这个裁定,有点不大同意,不过不好意思表示,所以在《史记》里补了一篇。司马迁只说了一句话,有,都是有,我们老祖宗这些历史,"搢绅先生难言之",就是说读书人啊,都要讲证据,人证、物证,所以历史上没有文字证据的,知识分子不好意思随便空口讲,所以把上古史变成很隐晦。现在不扯远了,上古史又是一套学问,讲起来都是神话,非常好玩的。

"五帝之事若觉若梦",五帝是一场大梦一样,都过去了。"三王之事或隐或显",他说三王也是靠不住,有些事是真实的,有些都不太确实,这都是很奇怪的事。所以我们对于自己历史的怀疑,古人早就有了,所以这里就说"若存若亡""若觉若梦""或隐或显",就是这样。

是非成败皆成空

他又讲人生多短暂啊!"亿不识一",我们自己要找自己的根,在一亿桩事中,真值得确实考证的,只有亿分之一,还不要讲那么遥远的历史。"当身之事",我们现在肉体活着,"或闻或见,万不识一",眼睛所看到的,耳朵听到的,一万件事还记不到一件。譬如昨天,你做了些什么事,现在已经记不清了。我常常问大家,早晨醒来第一个思想是什么?谁记得?如果有人记得,我真要发奖金给他了。所以,眼睛还没有张开,第一个念头是什么?不记得。人生就是这样,再进一步,"目前之事或存或废",就在我们眼前,譬如我们刚刚讲了上古史,有一半听过去已经忘掉了,"千不识一",就是眼前的事情,所记得的也不到千分之一。

接着再说"太古至于今日",他说由上古到现在——就是列子写这一篇文章时——"年数固不可胜纪",历史年代搞不清楚。至少在他当时的知识范围是如此。我们晓得祖先们,从伏羲开始画八卦,八卦就是文字的开始。文字的来源先从漫画开始,八卦就是漫画,先从图画来。"但伏羲以来三十余万岁",这是他的知识范围,这三十多万年,人类社会生了多少好人,多少坏人,多少好事,多少讨厌的事。所以"贤愚好丑",这个丑是指丑陋的事情。历史上的这些"成败是非,无不消灭",这几十万年的事都过去了,就是佛经上说的四个字,"了不可得",影子都抓不住。不过在当时啊,"但迟速之间耳",只是时间的问题,活半年死和活三年死是一样的,一个时间长一点,一个短一点,就是这个道理。杨朱对历史哲学的看法,跟对佛家的看法,表面看是消极,实际上非常积极。积极是什么?他觉得人要为自己活着,为自己如何活得好,不是为给别人看的,他是完全个人的自由主义。

所以他下面的哲学观点,"矜一时之毁誉",矜就是满足、骄傲,也是夸耀的意思。所以他说,人那么不聪明,非常可怜,为什么为短时间的毁誉而烦恼呢?一旦被这个骗住,你就不能做事了,你已经把自己套上一个绳子,吊起来了。所以毁誉这个东西啊,是最可怕的。孟子也讲过"有求全之毁，不虞之誉"，批评别人容易，而且都拿圣贤的标准来批评人家。我的学生中有个人，几十年没有批评任何一个人，所以我很佩服这个学生。人是爱批评他人的，这个菩萨好不好？好呀，就是衣服塑得不对，这是"求全之毁"。"不虞之誉"，恭维太过了，有时候恭维人是靠不住的，其实他没有那么好，想不到的荣耀都到他身上了。所以人生要看通是很难的。

在佛学里头，利衰、毁誉、称讥、苦乐，这就叫做"八风"，实际上都在毁誉之中。利就是有利于我；衰就是倒霉。毁誉是广义的，称讥是狭义的，扩大了就是毁誉了。所以你看这四个字，用起来是一个，为什么分开来四个呢？因为称讥的范围小一点，你我之间；毁誉是全面性的，社会之间，或者历史之间。苦乐，不是苦就是乐，这叫八风。有个故事你们研究佛学的人都知道，苏东坡学佛，自己觉得很高明，写了一首诗，"八风吹不动，端坐紫金莲"，给他那个和尚朋友佛印禅师寄去，佛印禅师打开信一看，拿起笔来写两个字："放屁"，就把信送回去。苏东坡受不了啦，马上就过长江来看他。佛印说"八风吹不动，一屁打过江"，那个是称讥。所以人啊都在八风里头转，《列子》这里也提到这个事，在毁誉里转。

为了顾全毁誉，"以焦苦其神形"，弄得自己形体、精神都痛苦。实际上《列子》讲的这些道理，也就是说人生都是做死要面子活受罪的事，个个人都是这样，真受罪啊！他说人看不通这个道理，"要死后数百年中余名"，自己认为万古留名最重要。我们年轻的时候，觉得人生就要青史留名，历史上总要写一笔，写一笔又怎么样？你也不会来收账，这一笔还是白写。而且写了那个名字同自己没什么相干啊！可是这一点对现实的人生鼓励很大。但以哲学的观点来看，"岂足润枯骨"，你名气再好，难道死后的那一块骨头，还能给你抹一点油吗？死了化了，也抹不上油了，还是一具死骨头。"何生之乐哉",所以人活在这个社会又有什么好呢?当然他没有赞成非死不可,他只说说生命活着都是这个道理。下面一直连续下去,都是道家对人生的看法。

> 杨朱曰:"人肖天地之类,怀五常之性,有生之最灵者人也。人者,爪牙不足以供守卫,肌肤不足以自捍御,趋走不足以逃利害,无毛羽以御寒暑,必将资物以为养性,任智而不恃力。故智之所贵,存我为贵;力之所贱,侵物为贱。然身非我有也,既生,不得不全之;物非我有也,既有,不得不去之。身固生之主,物亦养之主,虽全生身,不可有其身;虽不去物,不可有其物。有其物,有其身,是横私天下之身,横私天下之物,其唯圣人乎!公天下之身,公天下之物,其唯至人矣!此之谓至至者也。"

东西方的宗教

他讲的人生哲学,简单地说,就是中国文化对天地宇宙,以及人类的看法,与西方文化完全不同。所以西方人研究中国文化,往往认为中国没有哲学;中国人当然有哲学,中国哲学中不但研究本体论,也研究知识论。西方人的看法,中国只有人生哲学最发达,过去西洋人写的中国文化历史,认为中国的宗教都是外来的,中国本身没有。对于这一点,我是绝对反对,所以很多美国来的教授跟我谈起这个,我都把他们驳得一塌糊涂,告诉他们,你们不懂,中国有宗教,只是不像你们的宗教形式。而且世界上五大教主都是东方人,释迦牟尼佛是印度人,默罕默德是中东人,耶稣也是中东边上的人,犹太人也是东方,不是西方;至于孔子、老子,都是我们中国人，都是东方人。这个还不说，你们过去的所谓宗教，是泛神教；我们过去看起来好像也是多神教、泛神教，其实不是。中华民族过去文化只有一个宗教，就是祖宗，是孝道，祖宗这个根就代表宗教了。所以拜祖宗代表了一切，是一样的宗教情操。我说哲学也有很多的道理，我们历史就代表了中国的宗教哲学，在道家来说，几千年前非常科学，但是脱开了宗教的外衣，没有任何宗教形态。

杨朱说："人肖天地之类"，我们人的生命，完全是天地的模型，拿现在的名词来说，人的形态、面孔、个性、思想等等，都是这个天地的投影。那么西方的宗教呢？譬如说人是上帝照他的形象来造的，但是上帝造的并不是我们中国人的形象哦！我们看看那个画的上帝，还是高鼻子、蓝眼睛的。所以前几个月有个比利时的神父来，他特别打电话来预约访问的。他说现在教会里开会，想派专人来东方，把基督教的教义同耶稣的像东方化，东方艺术化。我说我非常赞成，我支持你，你们弄个高鼻子蓝眼睛的耶稣，我们一看，为什么要拜他！印度的佛法来到中国以后，佛像就变成圆圆脸中国人的样子，大肚子坐在那里，我们就顶礼膜拜了，谁晓得佛是不是那个样子啊！我说你把那个上帝啊、耶稣啊，也画得跟我们一样，或者八字胡子，蒙古人似的，同我们一样黄面孔黄皮肤的，也许我们可以敬礼。因为《圣经》最初的翻译太粗俗，难被接受。你看佛经那个文学价值多高啊！这个神父说我马上回去报告你的意见。我说我这个人什么宗教都好，只要肯做好事就好，我管你上帝耶稣，穆罕默德！反正好人请上坐，泡好茶，排排坐，吃果果，没有关系，好好的教化人，我都赞成。反正好人就请坐啊，坏蛋出去，就是这个道理。

他们的教义说是照他的样子，那就不通了。实际上在中国文化哲学，"人肖"，这个肖就是像，所以有位同学给我照像，他说老师啊你写一个字嘛，什么像，我说你的意思是要写遗像是不是啊？遗像是死后,现在人活着要写肖像。年轻人只看过总理遗像,所以弄不清楚。当我们写信给父母时,我们自称不肖子、不肖男,不是那个"孝"字。就是说我这个儿子,不像父母那么好,就是一代比一代差的意思。

人靠智慧而活

现在他说"人肖天地之类",这一点牵涉很多,道家的思想,人的头是圆的,像天;脚是方的,像地,人身上整个的宇宙都有,所以道家说人身是个小宇宙、小天地;天地不过是个大人身。以此类推,我们的大肠就是大地上的大河,中国是黄河,印度是恒河;小肠就是长江;五窍都有,以及人体内部的一切都可模拟。古代学中医,先懂天文地理,人体血液的循环、气血的运行与宇宙太阳的行动,这个法则是一样,当然并不是那么呆板。所以人肖天地,万物里的人,最像天地;畜生不像,佛经上叫做傍生,四个脚走路,身体是横的。所以西方文化认为人是猴子变化来的,中国文化则认为人倒霉了、堕落了才变猴子,两个相反。

"怀五常之性",这个五常问题多了,也叫做五行,就是金木水火土。金木水火土怎么来呢?从太阳系金星、木星、水星、火星、土星这个关系来的。这个又牵涉阴阳地理之学,天地有五常金木水火土的五星,所以人身体上有五脏六腑等等,变成了人的心理、心态有喜怒哀乐,又变成人的伦理的行为,就是仁义礼智信,这些名称统统归类到五常里头。所以人的外形,"肖天地之类,怀五常之性"。

现在有了医院,医院里有专门医生,要很发心的医生才肯做法医。像我们一位同学做法医几十年,接触的都是死人。当法医验尸，他先把死人眼睛拉开看看，死了多久了，因为他有宗教信仰，一边看死人，一边就对死人说帮帮忙啊，我是来给你伸冤的，你给我灵感啊。他是学科学的，那个时候奇怪的事情多得很，解释不出来。为什么讲到他呢？因为讲到人体的内部、五常之性、同肖天地之类，现在因为他站在科学的立场，研究解剖人体多了，所以他也相信人体的气脉啊，人体上这些东西同宇宙的法则一模一样。

在我们古代，这两句话讲的内容就非常多了，可惜我们大家只晓得学外面，自己古老科学的东西不去找。你们青年同学常常出去拿学位，找不到题目写，当然因为肚子里没有什么东西啦。古文骂人，有一句"可怜公子是无肠"，叫做无肠公子，就是螃蟹，那是骂你的，说你没有学问，没得肠子，没有脑筋。假使我们书读多了，你把中国旧文化拿到西方去，写出论文来，很容易拿到学位。有一个美国人，就把冯友兰的《中国哲学史》翻译了，博士学位也拿到了。所以我们同学里头有一位，他要翻译我的《禅宗与道家》，他说已经得到哈佛大学的承诺，这本书翻好就给他学位。我说你慢慢去试吧，结果一翻到道家的时候，他全垮了，他说这个学位我不要了，因为道家的学术太多太广，并不容易，所以道家里头实在太多东西了。

接下去杨朱说："*有生之最灵者人也*"，一切众生里头，最有灵性的是人，但是人的缺点非常多，"*爪牙不足以供守卫*"，老虎狮子有爪子牙齿可以保护自己，人就不行。"*肌肤不足以自捍御*"，皮肤太嫩了，没有保护作用；不过人的皮肤本来有毛的，养尊处优，盐巴吃多了，毛掉下来，所以养猴子不能给它吃盐巴。"*趋走不足以逃利害*"，两只脚跑不快，有个限度，所以人跑也不行。"*无毛羽以御寒暑*"，也没有毛可御寒，只有头发；不过人的头发越剪越短了，没有保持温度的作用。所以这个人啊，"*必将资物以为养性*"，必须靠万物维持生命。

第二十五讲

列子臆说

真正的我

前面讲到人超过万物，了不起的是有智慧，有思想，有灵性。但是人的身体、生活方面不如动物，因此我们的生命，是靠万物来维持的。所以，人类生命的价值，就是"任智而不恃力"，这是《列子》的名言。人是靠智慧活着，不是靠体能维持生命，是用智而不是用力。"故智之所贵"，智慧最宝贵的地方，是怎么样使我们的生命存在，活下去，不是说这个肉体，而是肉体以外有一个生命的道理。"存我为贵"，真正使我存在的那个真我，要找到才是。"力之所贱，侵物为贱"，人具备了力，妨碍了其他的生物，这个行为最下贱。所以佛道两家的思想都一样，表达的方式不同，佛家是衍绎法，说得很详细，如何慈悲布施；道家是中国文化，简单明了两句话。诸位千万要注意啊！侵略别人，妨碍其他生命存在的，是最下贱的事情。

"然身非我有也"，这个身体是不属于我的，"既生，不得不全之"，既然活着，就要爱惜自己的身体；故意把自己身体弄得很苦，故意修一种苦行，是自杀的行为。所以既然父母生下来，有这个身体存在，要好好保持它。"物非我有也，既有，不得不去之。"一切身外之物，本来不属于我们的，但是我们这个生命身体，是靠万物共生的。不过，对于身外之物不要贪，如果被外界环境引诱，那是没有智慧。"身固生之主，物亦养之主"，他说我们这个身体的生命，现在活着的做了主，做了老板，其实我们真生命不是这个肉体。但是既有了这个肉体，我们这个生命只等于一个电灯泡，并不是电；可是要它发亮光的时候，这个电灯泡跟电一样的值钱。可是你要爱惜万物，万物是养之主，不靠万物，你这个身体还活不下去。

"虽全生身，不可有其身"，因此，虽然保全我们的身体，是为了现在生命的存在，但是你不要把肉体当做生命的究竟，这个肉体不是生命的究竟。"**虽不去物，不可有其物**"，虽然我们现在的身体，要万物来养我们，但是你不要有占有的思想，要感谢万物，乃至我们喝一口水，也要谢谢这个水，如果没有水，生命活不下去，所以任何一点东西都要爱惜。"**有其物，有其身，是横私天下之身**"，假使一个人，对于万物，包括吃的、穿的、以及这个身体，都认为是自己所有，这是人类自私的起点，"**是横私天下之身**"，横着来，是人类的一个错误，智慧不够，私心起来，所以想占有一切。这个宇宙万有，乃至我们的身体，学法律的人讲，只是我们暂时保有的使用权，不是你的主权，不实在，只给你使用一下，你要爱惜。"**横私天下之物，其唯圣人乎**"，可以占有天下万物，绝对自私到了极点，只有圣人做得到。为什么这样说？因为圣人是大公，他占有一切是为了大家，这是杨朱哲学思想的重点。

"**公天下之身，公天下之物，其唯至人矣**"，道家对于人的价值分三个阶段，圣人、至人、真人。真人就到极点了，真人的另外一个代名词就是神人，所以道家得道的人称真人。你到指南宫看，吕纯阳真人就是道家得道的人。换句话说，以道家的标准，佛也称真人，不过真人换了一个名字，叫金仙，所以《华严经》上称佛也称金仙。这个金是另外一个意思，代表了明心见性，又代表西方的圣人，所以称金仙，因为金在五行里代表了西方。中国文化道家的观念，就在名词上看得出来，人要做到有道德、有智慧、爱天下、爱万物，这是真正自私的人，也就是大公的人，是圣人。比这个道德还高一点叫至人，虽做到头了，还不算到顶，最好的是真人，那才叫做一个真正的人。所以这样看起来，我们没有得道的就叫做假人，道家叫假人为行尸走肉。人做到了顶巅、大公无私、爱自己、爱世界的人，爱万物，这才叫做至人。

这一段,他把人生哲学讲得很清楚了。东汉以后,中国文化思想有个玄学,玄妙之学,这个大家都知道,我们也晓得三玄之学,就是《老子》《庄子》《易经》三种学问。所以两晋南北朝有玄谈之学,就是哲学的发展,这个时候佛学的大乘思想正好进来,与三玄之学碰头了,造成南北朝哲学思想的极端发达。这个三玄之学,把人的价值提得很高,除了真人、至人的说法外,《易经》更提到一句话,"参赞天地之化育",天地是有缺陷的,佛经也讲天地有缺陷,叫做娑婆世界。这个缺陷要谁来补救呢?人来补救,因为人有智慧,所以人能够盖房子,挡住太阳,挡住风雨,吃饭能够想些花样,要穿各种各样的衣服,就是人的价值。所以人能够弥补天地的缺陷,达到智慧,这个也就发挥了人生的价值,所以叫做天地人三才,这是杨朱所代表的道家思想。下面他继续讲形而下的道理。

四种要求　四种惧怕

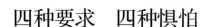

杨朱曰:"生民之不得休息,为四事故:一为寿,二为名,三为位,四为货。有此四者,畏鬼,畏人,畏威,畏刑:此谓之遁人也。可杀可活,制命在外。不逆命,何羡寿?不矜贵,何羡名?不要势,何羡位?不贪富,何羡货?此之谓顺民也。天下无对,制命在内。故语有之曰:'人不婚宦,情欲失半;人不衣食,君臣道息。'"

杨朱说人生有四样事情使我们不得休息,哪四样呢?"一为寿,二为名,三为位,四为货。"这是人生四大障碍。第一人想长寿,真正正统的道家,反对人求长寿,后来道家衍生一派神仙之学,想把这个生命修到长生不死。这属于丹道派,修炼丹法,做一种功夫,把人现有的生命,用各种的方法修炼,以能活得长久为目的。

正统的道家,老庄、列子等等,并不主张延长寿命,但是也不反对你活得长,要听其自然。可是人类不懂这个道理,为了自己要活得长久,非常辛苦。佛家也是一样不主张延寿,所以《金刚经》也反对有寿者相,因为人是做不到的。第二个障碍,人活着为了虚名,所以《杨朱》这一篇,专门分析名是假的,不要受它骗。第三人生为了地位,第四为了钱,这个货是代表物质的享受。这四点是人生最大的障碍。

"有此四者,畏鬼,畏人,畏威,畏刑:此谓之遁人也。"他说人要是具备了这四种障碍,活的时候又怕人,又怕鬼,又怕权威,又怕法律,这四样都怕。我们在座的,尤其研究佛学的同学很多,你把这一段拿来跟《金刚经》一对比,非常有意思,可见两家的教化思想,大部分相同,只是表达的方式不一样罢了。他说人生为了寿、名、位、货而无知,因此就怕人,怕鬼,怕权威,怕法律。一般人有四样要求,也有四种惧怕,因此产生了后面"**可杀可活,制命在外**",自己活着的生命不得真正的自由,所以我们的生命操纵在别人的手里,人家要杀你就杀你,要你活着你就活着。尤其是帝王时代,"学成文武艺,货与帝王家",不管你学文、学武,货就是卖,卖给当皇帝的,考取了,有了官位,升官就发财,然后就是控制你的一切,富贵功名,要杀要活都在一人之手,因为帝王的话就是法律。你说现在自由民主的时代,可杀可活则在资本家的手里,或者是在独裁统治者的手里,因此我们的生命是由别人控制,自己没有办法。你说推开了集权、民主来讲,我们完全自由的社会,生命有没有操纵在自己手里?没有,是操纵在物质的手里,你没有钱就活不下去,所以还是"**制命在外**",除非你功夫修养到不吃饭、不睡觉,也不穿衣服,随时两腿一盘可以涅个槃就走了,也行!否则就不行。

他下面说:"**不逆命,何羡寿**",人生不要违背自己的生命,这个生命该活多久就多久,你也不要去自杀,如果叫我们明天就死,你也不要留恋,留恋这个世界只有痛苦,所以不逆命,逆就是违背自己生命本有的自然法则,因而对于寿命的长短就没有什么介意了。"不矜贵,何羡名",他说不贪图贵,也就不介意有名无名了。"不要势,何羡位",我们不要权势,不把它当一回事,所以对于人生有没有地位,不会羡慕。"不贪富,何羡货",不图发财,所以对物质、钞票也没有什么羡慕。能够做到这四样都不贪图的话,"此之谓顺民也",这个才是真正顺应自然的人生。

"天下无对,制命在内",生命能够这样,天下就没有相对抗的,自己独立而不移,在天地之间,顶天立地,自己的生命自己做得了主,不靠别人,这叫做真正的自由主义。这与西方的自由主义思想不同,也可以说比西方自由主义思想更彻底,更尊重自己的生命。

所以"故语有之曰:人不婚宦,情欲失半",婚就是结婚,宦就是出去做官,这是中国上古乡下人的老古话。他说一个人既不结婚又不求一个职务,则感情和欲望的苦恼,就减少了一半。这个话当然你们诸位同学不会赞成,我也站在你们这边,有一半赞成,但有一半我投票赞成出家的同学,出家的同学这两个障碍没有了,可以说情欲就减半了。"人不衣食",进一步做到既不要吃饭,又不要穿衣服,就可以"君臣道息",此时什么社会啊,政治制度啊,都不需要了,你盘腿一坐,得道了,这些都没有了,社会制度在你前面都垮了,就是这个道理。

快乐人的生活

"周谚曰:'田父可坐杀。'晨出夜入,自以性之恒;啜菽茹藿,自以味之极;肌肉粗厚,筋节腃急,一朝处以柔毛绨幕，荐以粱肉兰橘，心㾛体烦，内热生病矣。商鲁之君与田父侔地，则亦不盈一时而惫矣。故野人之所安，野人之所美，谓天下无过者。"

"周谚曰"，周朝的老百姓有句俗话——我们上古周朝，周文王、武王这个政权维持了八百年，一直到列子写书的时候，历史上所谓春秋时代，实际上春秋战国都还属于周朝，当然有四五百年是有名无实。但是我们讲中国文化，老实讲统统是周朝的文化，孔孟老庄思想，所代表的也都是周代的文化。所以这里引用周朝老百姓的土话说，"田父可坐杀"，乡下人，没有知识的叫做田父，他说可以坐在那里"杀"，就是消磨时间，一辈子就是那么过去了，因为他活得很快活，活得很自然。他家里也没有电灯，这种日子我是过过的。譬如在山上闭关，就过那种生活了，太阳月亮就是两个很好的灯，看到太阳下山，早早准备睡觉，睡到鸡啼，等于现在大概三点钟，一听是头啼，第二次叫是四点多钟或五点钟。公鸡就是闹钟，猫的眼睛，或者鼻子的呼吸就是手表。所以你们修道的做数息观，体会了以后你做数息很快就入定了。真的，这个人体就是个小天地，自己的呼吸、血液流动，会感觉到同宇宙太阳的行度配合得很好。这个知识我们现在很缺乏，不过我也不想教给你们，因为你们没有意愿，你们如果是外国朋友，我就教你们了；因为外国人一写，说中国人这个好啊！大家就信了。我们自己讲好有什么用呢？这是我们这一代的悲哀，对不对？

他说这个田父"晨出夜入，自以性之恒"，认为早出晚归劳动是自然的生活，"啜菽茹藿，自以味之极"，吃最粗的饮食，像北方人吃窝窝头、苞谷这些东西，认为是天下最好的味道。这句话是真的啊。"肌肉粗厚"，乡下人肌肉粗，皮肤粗，尤其海边的人，背上晒得古铜色的，比油漆还亮，的确有这个事。"筋节𦞙急"，因为劳动嘛!乡下人两条腿,外面都是青的血管,一坨一坨的,可是他很有力量。这个样子的生活,他们觉得很自然很享受,的确很享受,我很喜欢过那一种生活,我都过过,觉得好舒服。

"一朝处以柔毛绨幕",一旦你把这个农夫弄来,给他毛织品、丝的衣服穿,"荐以粱肉兰橘",最好的肉菜给他吃,所谓我们这个文明的饮食给他吃,"兰橘",就是很好的营养,什么维他命一大堆,给他吃下去,"心痏体烦",他马上生病,真的,身体内部受不了。"内热生病矣",一定发炎,真的。不相信你到山里头弄一个人出来,你给他过几天这种日子,他一定生病。

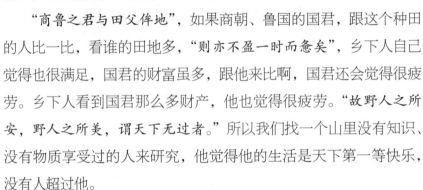

"商鲁之君与田父侔地",如果商朝、鲁国的国君,跟这个种田的人比一比,看谁的田地多,"则亦不盈一时而愈矣",乡下人自己觉得也很满足,国君的财富虽多,跟他来比啊,国君还会觉得很疲劳。乡下人看到国君那么多财产,他也觉得很疲劳。"故野人之所安,野人之所美,谓天下无过者。"所以我们找一个山里没有知识、没有物质享受过的人来研究,他觉得他的生活是天下第一等快乐,没有人超过他。

野人献曝是谁

"昔者宋国有田夫常衣缊黂,仅以过冬,暨春东作,自曝于日,不知天下有广厦隩室,绵纩狐貉,顾谓其妻曰:'负日之暄,人莫知者;以献吾君,将有重赏。'里之富室告之曰:'昔人有美戎菽,甘枲茎芹萍子者,对乡豪称之。乡豪取而尝之,蜇于口,惨于腹,众哂而怨之。其人大惭,子此类也。'"

他说从前宋国有个种田的人,"常衣缊黂",穿的衣服是麻做的,很粗的缊黂,"仅以过冬",冬天加一点棉花,可以保暖。到了春天来了,"暨春东作",春天东方的太阳容易发暖,"自曝于日,不知天下之有广厦隩室",所以到了春天,太阳一晒,温度就高起来了,很舒服。那个身上的棉袄晒了太阳,比我们冬天的暖气还舒服。他不晓得天地之间还有放暖气的大厦,也不晓得人家穿的还有皮袄,这些他都不知道,因此他在冬天晒了太阳,就觉得冬天的太阳之可爱啊。"顾谓其妻曰",回来给他太太讲,"负日之暄,人莫知者",他说春天到了,把背转过来对着东方的太阳晒,太舒服了,大家都不知道。

这个"负日"很有道理呀,十九世纪最可怕的病是肺病,那时没有特效药,很痛苦。有一个方法可以治肺病,就是晒太阳,很多人也晒好了。夏天头要盖好,就是把背部肺这一节让太阳晒,晒得皮焦了,脱皮了,慢慢的肺部的细菌也杀死了,这个是十九世纪,靠太阳晒肺病。二十世纪威胁人的是癌症,也靠太阳治的,现在照的钴六十也是太阳能量之一,不过还没有自然的太阳好。二十一世纪快来了,癌症将来很快就有对症的药,不怕了。不过二十一世纪的麻烦是精神病,现在已经开始了。青年同学们注意,这个不要传染上,因为无药可救。所以这个乡下人,他好像发了神经病,告诉太太,背上晒太阳是那么舒服,可惜世界上没有人知道。"以献吾君,将有重赏",他说他要把这个秘方献给国君,国君一定会重赏他。

"里之富室告之曰:昔人有美戎菽",同乡有个富贵人家听到了,就对他说,从前有个人,他对于粗糙的饮食,窝窝头啊,西北的锅盔啊,像铁饼一样的硬,还有"甘枲茎芹萍子者",就是芹菜、空心菜等等,他自己认为是天下最好的饮食,"对乡豪称之",对一个富人夸耀。"乡豪取而尝之",有钱人听了把这个菜拿来吃,"蜇于口",嘴巴都吃麻了,"惨于腹",结果拉肚子。"众哂而怨之",所以一班人就笑这个乡巴佬,不懂富贵人的享受,大家笑他又埋怨他,乡巴佬受了耻辱以后，非常惭愧。"子此类也"，他说你把晒太阳的秘方也去告诉国君，你真奇怪，你也像这个乡巴佬一样的。

所以我们文学上有一个名词，叫做"野人献曝"，就是《列子》这里来的。我们中国还有一本清朝人写的小说，拿王阳明的时代做背景，叫《野叟曝言》。这个书名同这个典故，都出在《列子》这个地方。

忠义有什么用

> 杨朱曰："丰屋、美服、厚味、姣色，有此四者，何求于外？有此而求外者，无餍之性。无餍之性，阴阳之蠹也。忠不足以安君，适足以危身；义不足以利物，适足以害生。安上不由于忠，而忠名灭焉；利物不由于义，而义名绝焉。君臣皆安，物我兼利，古之道也。"

"杨朱曰：'丰屋、美服、厚味、姣色，有此四者，何求于外？'"他说人生的境界，有好房子住，好衣服穿，有好吃的饮食，有很好看的太太或丈夫，人生只要具备了这四个条件，已经够满足了，还对外面有什么要求呢？"有此而求外者，无餍之性"，如果有些人四样东西都有了，欲望还不能满足，还向外面求，又买股票，股票又暴跌，他贪求无厌，就是"无餍之性"。"无餍之性，阴阳之蠹也。"这个阴阳代表天地，贪求的人应该受这个毒害。蠹就是生在阴湿地方的蠹鱼，也叫书虫，书物就慢慢被吃了。

杨朱这个道家的思想，为什么在中国不流行啊？因为古代的帝王表面不喜欢，偷偷都是用他的，所以是挂羊头卖狗肉。中国历史有个秘密，"内用黄老"，政治上用的都是道家黄老的学问；"外示儒术"，外面招牌挂着孔孟，就是挂羊头卖狗肉。为什么表面不喜欢呢？因为道家有些话，会使民智开，人们懂了以后，很难统治，所以古代帝王不提倡。譬如第一句话碰到就很可怕，"忠不足以安君"，对国家效忠，皇帝不一定信赖，他说忠臣有什么好处啊？"适足以危身"，把自己身体生命先牺牲掉，这叫做忠臣。"义不足以利物"，所谓义就是帮忙人家啦，见义勇为拔刀相助就是义，侠客之道。义有什么好处？"适足以害生"，也不好，有时候对自己对别人都无益。人家打架同你什么相关？结果你去劝架，自己身上被捅了五六刀，害了自己。杨朱所讲的话，令帝王很讨厌。但是道家的道理在下面，他也主张忠义，另外一面的道理，一般人做不到。

他说"安上不由于忠"，真正要使国家天下太平，何必要靠忠呢？不需要提倡忠臣，乱世才有忠臣，天下都安定了，当然不需要忠臣。譬如文天祥是忠臣，我们为什么提倡文天祥呢？亡国的时候才有文天祥啊，不要复国就不需要文天祥了。你说岳飞是忠臣，碰到昏君了嘛！就出了岳飞，我们不希望历史上有昏君嘛！如果历史上都是明王，就不必要出岳飞了，所以道家的道理还是对的，真正的安定，不是靠忠。而一个真了不起的人，把社会安定下来，天下太平，你也不晓得他是忠臣，"而忠名灭焉"，所以他并没有忠臣之名。老子思想说到孝子，父母不好才有孝子，父母又好，家庭又好，个个都是孝子嘛，二十四孝都是父母不对，问题家庭，所以才出孝子嘛，这是道家的思想。国家坏了才有忠臣，国家永远太平，个个是忠臣，所以忠这个字也不需要。"利物不由于义，而义名灭焉"，真正利人利世，就不需要义，大家都是你爱我，我爱你，也人人自爱，就不需要什么慈悲啊，博爱啊，都不需要了。所以这个样子的天下，这个样子的人类，"君臣皆安，物我兼利"，自利利人都有了，个个能够自利利人的话，连自利利人这个名词都不需要了，"古之道也"，这个就是道家的道，中国文化道就在这里，这叫自然之道。

生命的现实　客位的名利

"鬻子曰:'去名者无忧。'老子曰:'名者实之宾。'而悠悠者趋名不已。名固不可去,名固不可宾邪!今有名则尊荣,亡名则卑辱,尊荣则逸乐,卑辱则忧苦。忧苦,犯性者也;逸乐,顺性者也;斯实之所系矣。名胡可去?名胡可宾?但恶夫守名而累实;守名而累实,将恤危亡之不救,岂徒逸乐忧苦之间哉!"

"鬻子曰",鬻子是周朝的一个隐士,在《神仙传》上也是神仙,可以说他比列子的年代还高远,跟姜太公那个年代差不多,也是一个长生不老的人。"去名者无忧",一个人去掉这些外表的名称,他就永远没有忧愁。

"老子曰:'名者实之宾。'"这个我们读过《老子》都晓得,虚名是假的,生命的现实才是真的,所以人不要被外面的虚名所骗。名是客人,我们生命活着的真谛,才是主要的事。"而悠悠者趋名不已",悠悠是形容词,是普普通通的人,后世佛学进来以后,就换了一个名词"芸芸众生"。芸芸也是形容,什么是芸呢?就是普通地下的草,不要培养的,乱七八糟长出来,叫做芸草。芸芸众生,形容众生有那么多。可是这世界上一般人都被名所骗,拼命求名。"名固不可去,名固不可宾邪!"人为什么那么愚蠢啊?被这个虚名骗,被这个外客骗了。

逸乐与解脱

《杨朱》这一篇剩下一点结论,这个结论所讨论的,就是以杨朱的哲学,说明人不要被外界的虚荣所困扰,最后他引用老子的观念,"老子曰:名者实之宾",这两句是《老子》的原文,一切外界不实在的虚名,都是我们生命现实以外的、客观的东西,不需要去注重它。

下面是列子的话,前面已简单地讲过,现在再多说几句,"**而悠悠者趋名不已**",悠悠代表一切众生,世界上的一切人,都被外界的虚名所困扰。"**名固不可去,名固不可宾邪!今有名则尊荣,亡名则卑辱,尊荣则逸乐,卑辱则忧苦。**"他说普通一般世上的人,对于外界的虚名,始终没有办法舍弃。"不可宾邪",不认为这个是身外之物,所以去不掉。为什么呢?一般社会的现象,有名就受人尊重,就有光荣;没有名到处被人看不起,就会有遭遇侮辱的状况。但是大家忘记了一个矛盾,就是这个虚名的后遗症,尽管有表面的光荣,受人家的尊敬,自己对自己不免就宽松,对自己的要求也不会严格了,逸乐因而就产生了。如果没有名,环境又不好的,"卑辱则忧苦",则都在忧患、苦恼中,这是道家的观念,佛家叫做烦恼。有了烦恼,"犯性者也",这个本性的清净就受了妨碍。

"**逸乐则顺性者也**",杨朱的哲学,走的是道家的路线,主张逸乐;这个逸乐等于佛家所讲的解脱,不是孔孟思想的逸乐。"**斯实之所系矣**",人能够随时使自己心中安逸、快乐,才是真实的人生。我们提过几次,后世道家修神仙之道有一句话说,"神仙无别法",要随时保持自己的心境"只生欢喜不生愁",所谓逸乐是这个意思,这就是修神仙之道,并不是一定要打坐。

"**名胡可去**",一般人爱好虚名、虚荣,名哪里能够去得掉呢!一般人去不掉,因为没有高度的修养。"**名胡可宾**",相反地说,何以一定要把"名"当做客观的呢?当做主观的也没有关系啊,反正不必在意就是了。他讲了半天,这个理由在后面,全篇的要旨就是说,"**但恶夫守名而累实**",这个恶就是厌恶的恶,最可怜的就是一般人也知道名是假的，功名富贵都是假的，可是被假的骗住了，不能够利用它，反而被它所利用。"守名而累实"，死守虚名而拖累真实的人生，这样的人生，"将恤危亡之不救"，随时随地在烦恼、痛苦、危险、死亡之中，那么所谓解脱烦恼也都谈不上了。

所以如果人看不通的话，解脱也很困难；换句话说，烦恼死了也没有办法，古文就是一句话，"岂徒逸乐忧苦之间哉"。好了，本篇我们做了一个结束，接着下一篇是《力命》。

南怀瑾先生著述目录

1. 禅海蠡测 （一九五五）
2. 楞严大义今释 （一九六〇）
3. 楞伽大义今释 （一九六五）
4. 禅与道概论 （一九六八）
5. 维摩精舍丛书 （一九七〇）
6. 静坐修道与长生不老 （一九七三）
7. 禅话 （一九七三）
8. 习禅录影 （一九七六）
9. 论语别裁（上） （一九七六）
10. 论语别裁（下） （一九七六）
11. 新旧的一代 （一九七七）
12. 定慧初修 （一九八三）
13. 金粟轩诗词楹联诗话合编 （一九八四）
14. 孟子旁通 （一九八四）
15. 历史的经验 （一九八五）
16. 道家密宗与东方神秘学 （一九八五）
17. 习禅散记 （一九八六）
18. 中国文化泛言（原名"序集"） （一九八六）
19. 一个学佛者的基本信念 （一九八六）
20. 禅观正脉研究 （一九八六）

21. 老子他说　（一九八七）

22. 易经杂说　（一九八七）

23. 中国佛教发展史略述　（一九八七）

24. 中国道教发展史略述　（一九八七）

25. 金粟轩纪年诗初集　（一九八七）

26. 如何修证佛法　（一九八九）

27. 易经系传别讲（上传）　（一九九一）

28. 易经系传别讲（下传）　（一九九一）

29. 圆觉经略说　（一九九二）

30. 金刚经说什么　（一九九二）

31. 药师经的济世观　（一九九五）

32. 原本大学微言（上）　（一九九八）

33. 原本大学微言（下）　（一九九八）

34. 现代学佛者修证对话（上）　（二〇〇三）

35. 现代学佛者修证对话（下）　（二〇〇四）

36. 花雨满天　维摩说法（上下册）　（二〇〇五）

37. 庄子諵譁（上下册）　（二〇〇六）

38. 南怀瑾与彼得·圣吉　（二〇〇六）

39. 南怀瑾讲演录二〇〇四—二〇〇六　（二〇〇七）

40. 与国际跨领域领导人谈话　（二〇〇七）

41. 人生的起点和终站　（二〇〇七）

42. 答问青壮年参禅者　（二〇〇七）

43. 小言黄帝内经与生命科学　（二〇〇八）

44. 禅与生命的认知初讲　（二〇〇八）

45. 漫谈中国文化　（二〇〇八）

46. 我说参同契（上册）　（二〇〇九）

47. 我说参同契（中册） （二〇〇九）

48. 我说参同契（下册） （二〇〇九）

49. 老子他说续集 （二〇〇九）

50. 列子臆说（上册） （二〇一〇）

51. 列子臆说（中册） （二〇一〇）

52. 列子臆说（下册） （二〇一〇）

53. 孟子与公孙丑 （二〇一一）

54. 瑜伽师地论 声闻地讲录（上册） （二〇一二）

55. 瑜伽师地论 声闻地讲录（下册） （二〇一二）

56. 廿一世纪初的前言后语（上册） （二〇一二）

57. 廿一世纪初的前言后语（下册） （二〇一二）

58. 孟子与离娄 （二〇一二）

59. 孟子与万章 （二〇一二）

60. 宗镜录略讲（卷一至五） （二〇一三至二〇一五）

打开微信,扫码观看
《复旦大学出版社南怀瑾著作出版纪程》视频

打开微信,扫码观看
南怀瑾先生授课原声视频

打开微信,扫码听南怀瑾著作有声书

《金刚经说什么》有声书

《原本大学微言》有声书

打开微信,扫码看南怀瑾著作电子书

《易经杂说》电子书

《我说参同契》(上)电子书

购买南怀瑾先生纸质图书,请打开淘宝,扫码登陆
复旦大学出版社天猫旗舰店

图书在版编目(CIP)数据

列子臆说(上册)/南怀瑾著述. —上海:复旦大学出版社,2017.8(2024.10重印)
ISBN 978-7-309-12899-4

Ⅰ.列… Ⅱ.南… Ⅲ.①道家②《列子》-通俗读物 Ⅳ.B223.2-49

中国版本图书馆 CIP 数据核字(2017)第 054979 号

列子臆说(上册)
南怀瑾 著述
出 品 人/严 峰
责任编辑/邵 丹

复旦大学出版社有限公司出版发行
上海市国权路 579 号 邮编:200433
网址:fupnet@fudanpress.com http://www.fudanpress.com
门市零售:86-21-65102580   团体订购:86-21-65104505
出版部电话:86-21-65642845
上海新艺印刷有限公司

开本 787 毫米×960 毫米 1/16 印张 18.75 字数 212 千字
2017 年 8 月第 1 版
2024 年 10 月第 1 版第 7 次印刷

ISBN 978-7-309-12899-4/B·602
定价:36.00 元

如有印装质量问题,请向复旦大学出版社有限公司出版部调换。
版权所有 侵权必究